Inhaltsübersicht

Inhaltsverzeichnis

Teil 3: Die Schenkung im Steuerrecht

A. Schenkung und Schenkungsteuer

B. Schenkung und sonstige Steuern

Teil 4: Erbschaftsteuer

Abkürzungsverzeichnis

Abs.	Absatz
a. F.	alte(r) Fassung
AfA	Absetzungen für Abnutzung
AO	Abgabenordnung vom 16. 3. 1976 (BGBl. I 1976 S. 613)
Az.	Aktenzeichen
BauGB	Baugesetzbuch i. d. F. der Bekanntmachung vom 8. 12. 1986 (BGBl. I 1986 S. 2253), zuletzt geändert durch das Jahressteuergesetz 1997 (BGBl. I 1996 S. 2049)
BewG	Bewertungsgesetz i. d. F. vom 1. 2. 1991 (BGBl. I 1991 S. 230), zuletzt geändert durch das Jahressteuergesetz 1997 (BGBl. I 1996 S. 2049)
BFH	Bundesfinanzhof
BGB	Bürgerliches Gesetzbuch
BGBl. I	Bundesgesetzblatt Teil I
BGH	Bundesgerichtshof
BMF	Bundesministerium der Finanzen
BStBl. I	Bundessteuerblatt Teil I
BStBl. II	Bundessteuerblatt Teil II
DBA	Abkommen zur Vermeidung der Doppelbesteuerung (Doppelbesteuerungsabkommen)
DM	Deutsche Mark
DStR	Deutsches Steuerrecht (Zeitschrift)
EigZulG	Eingeheimzulagengesetz i. d. F. der Bekanntmachung vom 30. 1. 1996 (BGBl. I 1996 S. 113)
ErbSt-DBA	Erbschaftsteuer-Doppelbesteuerungsabkommen
ErbStDV	Erbschaftsteuer-Durchführungsverordnung i. d. F. vom 19. 1. 1962 (BGBl. I 1962 S. 22), zuletzt geändert durch das Jahressteuergesetz 1997 (BGBl. I 1996 S. 2049)
ErbStH	(Amtliche) Erbschaftsteuer-Hinweise (Gleichlautender Ländererlaß vom 21. 12. 1998, BStBl. I 1998 S. 1529)

ErbStG	Erbschaftsteuer- und Schenkungsteuergesetz i. d. F. vom 19. 2. 1991 (BGBl. I 1991 S. 468), zuletzt geändert durch das Jahressteuergesetz 1997 (BGBl. I 1996 S. 2049)
ErbStR	Erbschaftsteuer-Richtlinien (R) vom 21. 12. 1998 (BStBl. I Sondernummer 2)
EStDV	Einkommensteuer-Durchführungsverordnung i. d. F. vom 28. 7. 1992 (BGBl. I 1992 S. 1418), zuletzt geändert durch das Steuerentlastungsgesetz 1999/2000/2002 (BGBl. I 1999 S. 402)
EStG	Einkommensteuergesetz i. d. F. vom 7. 9. 1990 (BGBl. I 1990 S. 1898), zuletzt geändert durch das Steuerentlastungsgesetz 1999/2000/2002 (BGBl. I 1999 S. 402)
f., ff.	folgend, folgende
FG	Finanzgericht
GbR	Gesellschaft bürgerlichen Rechts
GmbH	Gesellschaft mit beschränkter Haftung
GmbH & Co. GbR	beschränkte Haftung gewährende Gesellschaft bürgerlichen Rechts mit GmbH als Komplementärin, strukturiert wie eine Kommanditgesellschaft
GmbH & Co. KG	Kommanditgesellschaft mit GmbH als Komplementär
GrEStG	Grunderwerbsteuergesetz vom 17. 12. 1982 (BGBl. I 1982 S. 1777), zuletzt geändert durch dasSteuerentlastungsgesetz 1999/2000/2002 (BGBl. I 1999 S. 402)
H	siehe bei ErbStR/ErbStH
i. d. F.	in der Fassung
i. e.	im einzelnen
JStG	Jahressteuergesetz
KG	Kommanditgesellschaft
KiSt	Kirchensteuer
n. F.	neue(r) Fassung
Nr.	Nummer
OFD	Oberfinanzdirektion
OHG	Offene Handelsgesellschaft
R	siehe bei ErbStR
RFH	Reichsfinanzhof
Rz.	Randziffer

S. .... Satz; Seite
SolZ .... Solidaritätszuschlag
TDM .... Tausend Deutsche Mark
vgl. .... vergleiche
VStG .... Vermögensteuergesetz i. d. F. vom 14. 11. 1990
                      (BGBl. I 1990 S. 2467)
z. B. .... zum Beispiel

Einleitung

Ein englischer Rechtsanwalt soll in der TIMES mit dem Slogan geworben haben: „Die Bezahlung der Erbschaftsteuer ist freiwillig. Bemessungsgrundlage ist die Dummheit". So provokant und reißerisch, wie diese Anzeige zunächst scheinen mag, ist sie gar nicht: Immerhin ist es – übrigens nicht nur – in Großbritannien möglich, die Erbschaftsteuer durch rechtzeitige Übertragung des Vermögens auf die nächste Generation zu vermeiden, denn freigebige Zuwendungen werden zunächst von der Besteuerung ausgenommen und bleiben es endgültig, wenn der Schenker sieben Jahre nach der Schenkung noch lebt.

Ganz so großzügig ist der deutsche Steuerfiskus nicht. Immerhin ist es aber auch hierzulande so, daß es bei der Erbschaft- und Schenkungsteuer stärker als bei anderen Steuern in der Hand der Beteiligten selbst liegt, wie hoch die Steuerbelastung ausfällt. Entsprechende Gestaltungsmöglichkeiten aufzuzeigen, ist das Anliegen dieses Buches.

Zwang zum Handeln besteht für den Einzelnen hier um so mehr, als die Bedeutung der Erbschaft- und Schenkungsteuer ständig wächst. Zum einen sind die Vermögen der Bevölkerung auf mittlerweile über 10 Billionen DM angewachsen, von denen jährlich ca. 300 Milliarden DM (mit zunehmender Tendenz) durch Schenkung oder Erbschaft übertragen werden; zum anderen hatte sich die ErbSt-Reform zum Ziel gesetzt, die mittlerweile entfallene Vermögensteuer zu kompensieren: Zwar sind für die Bemessung der Erbschaft- und Schenkungsteuer bei bestimmten Vermögensarten nicht die Verkehrswerte, sondern „nur" die häufig niedrigeren Steuerwerte anzusetzen; aber die vorstehenden Zahlen machen doch deutlich, daß derjenige, der Gestaltungsmöglichkeiten nicht wahrnimmt, sich tatsächlich den Vorwurf gefallen lassen muß, er sei mit einer „Dummensteuer" belegt worden. Das Jahressteuergesetz 1997, das zur Umsetzung der Bundesverfassungsgerichtsentscheidung vom 22. Juni 1995, mit der die Einheitswerte für obsolet erklärt wurden, ergangen ist, hat neue, diffizile Gestaltungsmöglichkeiten eröffnet, die einen erhöhten Beratungsbedarf erfordern; die tiefgreifende Reform durch das Steuerentlastungsgesetz 1999/2000/2002 vom 24. 3. hat die Komplexität des Steuerrechts potenziert.

Von der richtigen und zweckmäßigen Gestaltung hängt somit nicht nur die Belastung mit Erbschaft- und Schenkungsteuer ab: Schon Mitte des Jahres 1990 hat der Große Senat des Bundesfinanzhofs Beschlüsse erlassen, nach denen die im Einzelfall gewählte – oder auch „nicht gewählte" – Gestaltung des Erbfalles oder der Übertragung von Vermögen zu Lebzeiten erhebliche Auswirkungen bei der Einkommensteuer hat. Das Steuerentlastungsgesetz 1999/2000/2002 hat durch seine „Gestaltungsfeindlichkeit" die Problemlagen verschärft. Dies gilt insbesondere – aber durchaus nicht nur –, wenn zum Nachlaß Betriebsvermögen gehört. Auch hierauf wird in diesem Buch eingegangen.

Die Vorgehensweise ist dabei folgende: Thema und damit naturgemäß Schwerpunkt des Buches bilden die Gestaltungsmöglichkeiten zur Steueroptimierung, hier wiederum vorwiegend bezogen auf die Erbschaft- und Schenkungsteuer (Teil 3 und Teil 4). Wie der Name dieser Steuer ausweist, knüpft sie an zwei zivilrechtliche Tatbestände an, nämlich an die Schenkung und an den Erbfall. Beide Rechtsinstitute, geregelt im Bürgerlichen Gesetzbuch (BGB), sollen daher eingangs kurz dargestellt werden und zwar zunächst das Recht der Schenkung (Teil 1), sodann das Erbrecht (Teil 2) und bei letzterem auch der Sonderfall der sogenannten „vorweggenommenen Erbfolge". Diese ist zwar zivilrechtlich an und für sich Schenkung, im Hinblick auf ihre Komplexität und Zielsetzung jedoch – so auch ihr Name – dem Erbrecht näherstehend, stellt sie doch eine vom späteren Erblasser bereits zu seinen Lebzeiten vollzogene Übertragung maßgeblicher Vermögensbestandteile auf die späteren Erben dar, oft gegen Zusage lebenslagner Versorgungsleistungen. Bezogen auf den Erbfall werden die zivilrechtlichen Grundlagen allenfalls gestreift, da eine Darstellung des Erbrechts, einer komplexen und komplizierten Materie, den Rahmen dieses Buches sprengen würde. Zudem existieren hier – nicht zuletzt auch im Beck-Verlag – zahlreiche eigenständige Darstellungen.

Die in den Erläuterungen angesprochenen Gesetze, Richtlinien mit amtlichen Hinweisen und weiteren Verwaltungsanweisungen sind allgemein zugänglich. Die Gesetze sind z. B. abgedruckt im dtv-Band Nr. 5550 „Steuergesetze 2" sowie in der Beck'schen Loseblattsammlung „Steuergesetze", die Richtlinien und Hinweise in der Beck'schen Loseblattsammlung „Steuerrichtlinien"; eine zusammenfassende Darstellung der einschlägigen Gesetze und Richtlinien betreffend das Erbschaftsteuerrecht, befindet sich in der dtv-Ausgabe Nr. 5547 „Erbschaftsteuerrecht". Ihr Abdruck war daher entbehrlich.

Wegen der wachsenden internationalen Verflechtung wurden auch Aspekte des internationalen Erbschaft- und Schenkungsteuerrechts in die Darstellung miteinbezogen. Inwieweit künftig im Rahmen der Europäischen Union eine Harmonisierung des Erbschaft- und Schenkungsteuerrechts erfolgen wird, bleibt abzuwarten. Wegen der teilweise schon im Grundsatz unterschiedlichen systematischen Ansatzpunkte in den verschiedenen Mitgliedsstaaten ist insoweit mit jedenfalls kurzfristigen Ergebnissen nicht zu rechnen. Immerhin ist in den Aufgabenbereich der „Ratsgruppe Steuerharmonisierung" der Europäischen Union auch die Erbschaft- und Schenkungsteuer mit aufgenommen worden.

Rüdiger Fromm
Hans Vogt

Teil 1: Die Schenkung

Schätzungen zufolge beläuft sich der durchschnittliche Wert *1* einer Erbschaft heute bereits auf mehr als DM 200 000,–. Die Tendenz ist klar steigend. Teile des entsprechenden Vermögens werden erfahrungsgemäß auch vorab und „zu Lebzeiten" übertragen. Die im Zusammenhang mit diesen Vorgängen entstehenden Steuern, insbesondere also die Erbschaft- und Schenkungsteuer und deren Minimierung, sind Thema dieses Buches. Lediglich soweit es zum Verständnis der steuerlichen Ausführungen dient oder sonst erfahrungsgemäß von allgemeinem Interesse ist, soll auf den entsprechenden zivilrechtlichen Hintergrund eingegangen werden, nämlich auf die Bestimmungen zur Schenkung (§§ 516–534 BGB) sowie auf das im 5. Buch des BGB (§§ 1922–2385) geregelte Erbrecht. Wie alleine schon die Zahl der einschlägigen Paragraphen belegt, ist das Erbrecht eine sehr umfangreiche und komplexe Materie und als solche Gegenstand zahlreicher eigenständiger Darstellungen (Zum Erbrecht vgl. zum Beispiel den in dieser Reihe erschienenen Beck-Rechtsberater im dtv Nr. 5084 Testament und Erbrecht von Walter J. Friedrich). Letzteres gilt in nur geringerem Umfang für das Recht der Schenkung. Der Reihenfolge im BGB entsprechend, sollen den steuerlichen Ausführungen zunächst einige Grundzüge des Rechts der Schenkung und sodann des Erbrechts vorangestellt werden.

I. Begriff und Arten der Schenkung

1. Zum Schenkungsbegriff

Was sich hinter dem Begriff „Schenkung" verbirgt, scheint je- *2* dermann zu wissen: Wenn die Oma dem Enkel zum Geburtstag einen Game-Boy überreicht, wenn die Eltern ihrer Tochter DM 20 000,– zum Hausbau zuschießen oder der Verlobte seiner Braut einen Brillantring verehrt, sind dies Schenkungen.

Indessen wird der Leser in folgenden Fällen durchaus schon ins Grübeln geraten: Liegen auch Schenkungen vor, wenn Alfred seinem Bekannten Thomas ein zinsfreies Darlehen über DM 10 000,– einräumt oder ihm sein Wochenendhaus für einen Monat zur kostenlosen Nutzung überläßt? Nach wohl überwiegender Ansicht sind dies keine Schenkungen, da die Zuwendung nicht aus dem Vermögen des Darlehensgläubigers bzw. Eigentümers stammt. Wie ist es, wenn Simone ihrer Freundin Carmen einen gebrauchten CD-Player, bei deren Verkauf sie sonst noch DM 200,– erlösen würde, für einen „Freundschaftspreis" von DM 50,– überläßt? Hier liegt der Sonderfall einer sogenannten **„gemischten Schenkung"** vor. Ist es schließlich eine Schenkung, wenn Franz zugunsten seines Freundes Harry den Ankauf einer Eigentumswohnung unterläßt, damit dieser sie kaufen kann? Ist die Ausschlagung einer Erbschaft oder eines Vermächtnisses eine Schenkung?

Alle vorstehenden Beispiele (in den letzten Fällen liegt übrigens gemäß der ausdrücklichen Regelung des § 517 BGB keine Schenkung vor) sollten lediglich verdeutlichen, daß die Frage, was denn nun Schenkung sei, nicht immer so einfach zu beantworten ist, wie es auf den ersten Blick scheint. Indessen soll der Begriff der Schenkung hier nicht näher untersucht werden, zumal der Begriff im schenkungsteuerlichen Sinn zwar weitgehend, keinesfalls aber vollkommen identisch ist mit dem Begriff der zivilrechtlichen Schenkung. Das Unterlassen einer näheren Begriffserklärung ist auch unter dem Gesichtspunkt gerechtfertigt, daß der ganz überwiegende Teil der im praktischen Leben vorkommenden (und auch später zu behandelnden) Schenkungen tatsächlich zu der „unproblematischen Sorte" gehört, an die man beim Begriff der „Schenkung" spontan und typischerweise denkt und zu der die ganz am Anfang genannten Beispiele rechnen.

2. Der zeitliche Ablauf von Versprechen und Vollzug

3   Jurastudent Frank, der ein knappes Jahr zuvor zum Abitur von seinem Vater eine wertvolle goldene Uhr geschenkt erhielt, stößt in der Vorlesung „Schuldrecht" auf § 518 Abs. 1 BGB und liest

dort folgendes: „Zur Gültigkeit eines Vertrages, durch den eine Leistung schenkweise versprochen wird, ist die notarielle Beurkundung des Versprechens erforderlich". Da Frank in einer anderen Vorlesung gehört hat, daß Verträge, bei denen die vom Gesetz geforderte Form nicht eingehalten wurde, nichtig sind, fürchtet er nun, sein Vater könne gegebenenfalls irgendwann einmal die Uhr zurückfordern.

Die Sorge ist – Sie werden es schon ahnen – unberechtigt: Liest Frank nämlich auch den zweiten Absatz von § 518 BGB, so wird er erleichtert folgenden Text zur Kenntnis nehmen: „Der Mangel der Form wird durch die Bewirkung der versprochenen Leistung geheilt". Da ihm im Beispielsfall die goldene Uhr von dem Vater bereits übergeben worden ist, dieser als Schenker also die entsprechende Leistung zweifelsfrei „bewirkt" hatte, ist die Sache so anzusehen, als sei das seinerzeitige Schenkungsversprechen, das möglicherweise der eigentlichen Schenkung vorausging, notariell beurkundet worden. Frank darf die Uhr also behalten.

a) Das Schenkungsversprechen

Gleichwohl kommen wir nochmals auf den § 518 Abs. 1 BGB *4* zurück, nämlich die Bestimmung, daß zur Gültigkeit eines Schenkungsversprechens dessen **notarielle Beurkundung** erforderlich ist.

Beispiel: Willi und Hubert haben sich gerade an der Theke von Huberts Stammkneipe kennengelernt. Zu vorgerückter Stunde – wir unterstellen: trotzdem noch im Zustand voller Geschäftsfähigkeit – verspricht Willi, dem ihm sehr sympathischen Hubert beim nächsten Zusammentreffen eine wertvolle alte Tabakdose aus seiner entsprechenden Sammlung zu schenken. Am anderen Morgen tut Willi die ganze Sache leid und er möchte die Tabakdose doch nicht weggeben. Hubert beruft sich auf den Grundsatz „Versprochen ist versprochen" sowie darauf, daß sowohl der Wirt als auch vier weitere Stammgäste das Versprechen bezeugen könnten.

Hier hat Willi Glück gehabt: Da die Schenkung nicht beurkundet wurde und die Schenkung auch noch nicht bewirkt wurde (er hat die Tabakdose Hubert ja gerade noch nicht ausgehändigt), ist das Schenkungsversprechen mangels notarieller Beurkundung unwirksam. Willi braucht die Dose also nicht herzugeben. Im übrigen belegt der vorliegende Fall deutlich den Sinn und Zweck, der hinter der Formvorschrift des § 518 Abs. 1 BGB steht: Diese Bestimmung soll nämlich vor Übereilung und vor unbedachten und aus einer spontanen Laune heraus entstandenen Verpflichtungen schützen, insbesondere vor großzügigen Versprechungen, die dem Betreffenden später leid tun.

Auch die „Heilungsvorschrift" des § 518 Abs. 2 BGB, wonach der Formmangel mit Bewirkung der entsprechenden Leistung geheilt wird, erklärt sich aus dieser Motivation: Wenn jemand eine Schenkung nicht nur verspricht, sondern sie tatsächlich vollzieht, dann soll es – so der Gesetzgeber – in Gottes Namen dabei bleiben, denn die tatsächliche Hingabe einer Sache als Geschenk erfordert schon die Überwindung einer größeren psychischen Hemmschwelle als das so leicht dahingesagte Versprechen. Daher die Regelung des § 518 Abs. 2 BGB, verkürzt beschreibbar mit „weg ist weg!".

b) Die sogenannte Handschenkung

5   In der Praxis fallen – insbesondere bei kleineren Geschenken – Schenkungsversprechen und Schenkungsvollzug meist zusammen. Man spricht dann von einer sogenannten **„Handschenkung"**. Diese ist in § 516 Abs. 1 BGB geregelt. Da hier sogleich die Hingabe des entsprechenden Vermögensgegenstandes erfolgt, bedarf es insoweit ebenfalls keiner besonderen Formvorschrift. Auch die Handschenkung (typisch: Weihnachts- oder Geburtstagsgeschenk) ist damit **formlos gültig**.

6–10   (einstweilen frei)

II. Die Rechtsfolgen der Schenkung

1. Die Haftung des Schenkers

11   Hierzu ein kurzes

Beispiel: Onkel Paul schenkt seinem Neffen Hugo zu dessen Abitur seinen gebrauchten Kleinwagen, weil er sich ohnehin ein neues Fahrzeug kaufen wollte.

Kurze Zeit später ruft der Neffe an: Auf dem Weg zur Universität sei sein Auto wegen eines Getriebeschadens liegengeblieben. Der Wagen sei (Abschleppkosten: DM 80,–) mittlerweile zur Werkstatt geschleppt worden. In der Werkstatt habe man ihm berichtet, der Getriebeschaden sei auf unsachgerechtes Schalten zurückzuführen und eine Reparatur werde voraussichtlich etwa DM 400,– kosten. Der Neffe stellt sich auf den Standpunkt, da der Onkel schließlich das Getriebe „heruntergewirtschaftet" habe, sei es nicht mehr als gerecht, wenn er auch den Schaden (Abschleppkosten und Reparatur) ersetze.

Hier liegt der Neffe falsch: Er muß sich vielmehr an den Grundsatz halten, daß man einem geschenkten Gaul nicht ins Maul oder: einem geschenkten Auto nicht unter die Kühlerhaube schaut. Auch der Gesetzgeber ist dieser Ansicht: In § 524 Abs. 1 BGB hat er nämlich geregelt, daß der Schenker nur für solche **Sachmängel** haftet, die er dem Beschenkten arglistig verschwiegen hat. Dies aber war vorliegend nicht der Fall. Der Neffe muß die Abschleppkosten und die Reparatur selbst bezahlen.

2. Widerruf der Schenkung

Fahren wir fort im vorausgegangenen *12*

Beispiel: Der Onkel ärgert sich doch sehr über den Anruf des Neffen und dessen von ihm so empfundene Unverschämtheit.
Er ruft seinen Rechtsanwalt an und fragt ihn, ob er von dem undankbaren Neffen nicht sogar das Auto zurückverlangen könne. Hierzu habe er große Lust.

Angesprochen ist hier der **Widerruf der Schenkung wegen groben Undankes.** In § 530 BGB ist nämlich geregelt, daß eine Schenkung dann widerrufen werden kann, wenn sich der Beschenkte durch eine schwere Verfehlung gegen den Schenker oder einen nahen Angehörigen des Schenkers groben Undankes schuldig macht. Wie der Begriff „grober" Undank aussagt, muß das Fehlverhalten objektiv eine gewisse Schwere aufweisen und subjektiv eine tadelnswerte Gesinnung offenbaren, die einen Mangel an Dankbarkeit erkennen läßt. Dies ist durch eine Gesamtwürdigung aller Umstände des Einzelfalles festzustellen.

Vorliegend ist zwar eine Undankbarkeit durchaus zu erkennen; es dürfte jedoch an der erforderlichen Schwere (Grobheit) des Undankes fehlen. Indessen sind die Grenzen hier fließend. Nimmt man etwa an, der Neffe hätte den Onkel am Telefon gleichzeitig beschimpft und beleidigt, so wäre durchaus ein Widerruf in Erwägung zu ziehen und als Folge eine Rückforderung des geschenkten Gegenstandes. Will der Onkel widerrufen, so muß er sich hier allerdings spätestens innerhalb eines Jahres nach dem fraglichen Vorfall (Telefonanruf) entscheiden. Ist nämlich seit seiner Kenntnis von dem möglichen Widerrufsgrund mehr als ein Jahr verstrichen, ist der Widerruf nicht mehr zulässig.

Die Berufung auf den „groben Undank" kommt in der Praxis nicht so selten vor, wie man an und für sich vermuten möchte.

Besonders häufig sind die Fälle, in denen Eltern ihren Kindern Zuwendungen gemacht haben (etwa im Zusammenhang mit einem Hausbau oder auch sonst) und in denen die Eltern sich im Alter von den Kindern vernachlässigt fühlen. Auch hier ist es stets eine Frage des Einzelfalles, wann die Schwelle zum „groben" Undank überschritten ist. In der Praxis kann aber der Ablauf der gerade angesprochenen, den Beteiligten jedoch meist unbekannten Jahresfrist das Widerrufsrecht ausschließen.

3. Notbedarf und Verarmung des Schenkers

13 Altruismus soll den Schenker nicht in Not bringen. Diesen Grundsatz weisen schon die Protokolle zum BGB aus.

Gegen eine solche Not schützt den Schenker vor dem Schenkungsvollzug § 519 BGB und nach dem Schenkungsvollzug § 528 BGB.

Beispiel: Der vermögende Witwer Andreas Schwarz hat seiner Freundin zu deren 25. Geburtstag eine Eigentumswohnung in der City von München versprochen. Herr Schwarz hatte sein Vermögen – bis auf die Eigentumswohnung – im wesentlichen in Aktien angelegt und die Aktienkäufe zu einem Großteil auch noch fremdfinanziert.
Einige Wochen vor dem Geburtstag der Freundin kommt es zu einem Einbruch an der Aktienbörse und Schwarz muß, um die Finan-

zierungsschulden zu tilgen, praktisch alle Aktien verkaufen und verliert so fast sein gesamtes Vermögen. Die Freundin stellt sich auf den Standpunkt, geschenkt sei geschenkt und sie könne schließlich nichts dafür, daß Schwarz sein gesamtes Vermögen verloren habe. Sie besteht deshalb auf der Erfüllung des – notariell beurkundeten – Schenkungsversprechens.

Hier hilft § 519 BGB: Müßte Schwarz die Eigentumswohnung trotz des Verlustes fast seines gesamten Vermögens gleichwohl auf seine Freundin übertragen, würde sein angemessener Unterhalt gefährdet. Er kann deshalb die Erfüllung der Schenkung verweigern. Er bleibt somit Eigentümer der Eigentumswohnung.

Variieren wir aber nun das vorstehende   *14*

Beispiel: Nehmen wir an, erst zwei Monate, nachdem die Eigentumswohnung bereits auf seine Freundin umgeschrieben worden war, sei der Börsenkrach passiert und Schwarz habe in der geschilderten Weise sein Vermögen verloren.

Kann er dann die Wohnung eventuell sogar zurückfordern?
Immerhin hat in diesem Falle die Beschenkte den Gegenstand ja schon erhalten und sich im Vertrauen auf die Rechtsbeständigkeit des Erwerbs entsprechend eingerichtet. Die **Rückforderung einer bereits vollzogenen Schenkung** (§ 528 BGB) unterliegt daher einigen weiteren Einschränkungen.
Zunächst ist erforderlich, daß der Notbedarf nicht nur droht (wie bei § 519 BGB), sondern bereits eingetreten sein muß. Dies wird man hier bejahen können. Im Grunde genommen besteht daher das Rückforderungsrecht. Allerdings hat der Beschenkte die Möglichkeit, die Rückgabe dadurch abzuwenden, daß er erklärt, dem Schenker den für seinen Unterhalt erforderlichen Betrag zu zahlen. Ob dies im konkreten Fall in Betracht kommen könnte, ist Tatfrage und soll hier nicht näher geprüft werden.

Die Unterschiede zwischen der Verweigerung des Vollzugs *15* einer Schenkung und der Rückforderung einer bereits erfolgten Schenkung zeigen sich auch an folgendem

Beispiel: Nehmen wir an, Schwarz habe sein Vermögen nicht durch einen Börsenkrach verloren, sondern, nachdem er die Eigentumswohnung verschenkt hat, beim Roulette verspielt.

Hier greift nun § 529 BGB, wonach der Anspruch auf Herausgabe des Geschenkes ausgeschlossen ist, wenn der Schenker seine Bedürftigkeit vorsätzlich oder durch grobe Fahrlässigkeit herbeigeführt hat.

Dies wird man dann, wenn jemand sein nicht unerhebliches Vermögen gänzlich im Casino verspielt, bejahen müssen. Ist also die Wohnung schon verschenkt, verbleibt es dabei. Hätte – um dies klarstellend anzufügen – Schwarz die Wohnung noch nicht übertragen gehabt, als er sein Vermögen verspielte, wäre sie ihm verblieben.

16   Wie lange aber muß der Beschenkte fürchten, der Schenker könne das Geschenk **wegen Bedürftigkeit** zurückverlangen? Hier ist § 529 BGB Abs. 1, letzter Halbsatz, einschlägig: Danach ist die Herausgabe des Geschenkes ausgeschlossen, wenn zur Zeit des Eintritts der Bedürftigkeit seit der Leistung des geschenkten Gegenstandes mindestens 10 Jahre verstrichen sind. Erst dann gehört dem Beschenkten – mindestens sofern er sich nicht irgendwann doch noch „grob undankbar" zeigt – das Geschenk endgültig.

17–20   (einstweilen frei)

Teil 2: Erbrecht

„Mit dem Tode einer Person (Erbfall) geht deren Vermögen (Erbschaft) als Ganzes auf eine oder mehrere andere Personen (Erben) über."

Mit diesen Worten beginnt das 5. Buch des BGB zum Erbrecht. In § 1922 BGB ist die **Gesamtrechtsnachfolge** geregelt. Die verstorbene Person wird quasi fortgesetzt durch ihre Erben.

Alle Rechtsbeziehungen, Vertragsverhältnisse, Besitzstände gehen mit einem Mal, mit und ohne Wissen des Erben, auf diesen über. Hierbei reicht es aus, wenn der künftige Erbe bereits gezeugt ist; er braucht noch nicht geboren zu sein.

Mit dieser Festlegung vermeidet der Gesetzgeber, daß irgendwann herrenloses Vermögen entsteht: Wenn nämlich der Erblasser seinen künftigen Sohn oder seine künftige Tochter, die weder geboren noch erzeugt sind, zu Erben berufen könnte, würde zwangsläufig ein Zwischenstadium entstehen, in dem das Vermögen keinen Vermögensträger hätte. Das aber ist im deutschen Recht unbekannt.

I. Darstellung des Erbsystems

Um eine Ordnung unter mehrere mögliche Erben des Erblas- sers zu bringen, hat der Gesetzgeber dementsprechend **gesetzliche Ordnungen** geschaffen, die für die Vermögensnachfolge jeweils entscheidend und gegenüber nachrangigen Ordnungen verdrängend sind:

1. Grundprinzipien der Verwandtenerbfolge

Gesetzliche Erben erster Ordnung sind die Abkömmlinge des Erblassers (Deszendenten). Gesetzliche Erben zweiter Ordnung sind seine Eltern (Aszendenten) und deren Abkömmlinge, gesetzliche Erben dritter Ordnung sind die Großeltern des Erblassers und deren Abkömmlinge. Dieses Ordnungssystem heißt **„Parentelsystem"**. Erben der vorrangigen Ordnung verdrängen Mitglieder nachrangiger Ordnungen.

24   Innerhalb der jeweiligen Ordnung erfolgt die Erbfolge zu gleichen Teilen und nach Stämmen, d. h. jeder Abkömmling bildet zusammen mit seinen Abkömmlingen einen Stamm (sog. **„Stammeserbfolge"**). Hierbei fasert sich das Erbrecht, je weiter die Ordnung entfernt ist, nach Linien auf. Ist in einer Linie kein Abkömmling mehr vorhanden, so erben die anderen Linien allein. Ein Abkömmling scheidet nicht nur durch kinderloses Versterben aus der Linie aus, sondern er kann durch Erbverzicht oder Enterbung schon vor seinem Versterben, aber auch durch Erbausschlagung oder Geltendmachung der Erbunwürdigkeit aus der Erbfolge ausscheiden.

25   Schon an dieser Stelle zeigt sich die **Kompliziertheit des Erbrechts,** das, je nach Gestaltung und Modifikation, recht unterschiedliche Ergebnisse zeitigen kann. Diese Ergebnisse sind – insoweit soll auf die folgenden Ausführungen vorgegriffen werden – sämtlich für die Erbschaftsteuerbelastung relevant, so daß ihre Kenntnis für eine steuergünstige Vermögensgestaltung unerläßlich ist.

Die Kompliziertheit des Erbsystems veranschaulicht das folgende

Beispiel: Als der Vater verstirbt, lebt sein Sohn Alfons mit dem Enkelkind Doris; seine Tochter Birgit ist bereits verstorben, hat aber die Enkeltochter Elke hinterlassen; der weitere Sohn Caspar hat einen Erbverzicht gegen lebzeitige Abfindung ausgesprochen.

Der Vater hat kein Testament errichtet, so daß er gesetzlich beerbt wird von Alfons und Elke zu je $^1/_2$. Das Kind des Alfons ist solange von einer Erbfolge nach dem Großvater ausgeschlossen, wie sein Vater, Alfons, noch lebt (sog. Repräsentationsgrundsatz).

Die Enkelin Elke dagegen ersetzt den Stamm ihrer vorverstorbenen Mutter und führt ihn fort (Stammeserbfolge).

Caspar hat infolge des Erbverzichtes nicht nur sich, sondern auch seine Abkömmlinge herauskatapultiert.

Unterstellt, der Vater wäre kinderlos verstorben, so hätten seine Eltern oder – wenn diese verstorben gewesen wären – seine Geschwister die gesetzliche Erbfolge angetreten. Wären auch diese bereits verstorben gewesen, so hätten entferntere Ordnungen gesetzlich geerbt, bis letztlich, soweit keine Verwandtschaft mehr hätte nachgewiesen werden können, der **Fiskus** als **letzter Erbe** den Nachlaß übernommen hätte (§ 1936 BGB).

(einstweilen frei) 26–30

2. Ehegattenerbrecht

Das System der Erbordnungen wird auch dadurch zusätzlich 31 kompliziert, daß neben den gesetzlichen Erben aufsteigender und absteigender Linie auch **Ehepartner** ein **gesetzliches Erbrecht** haben. Der Ehegatte ist nach § 1931 BGB grundsätzlich neben den Verwandten der 1. Ordnung, also den Abkömmlingen, zu ¼, neben Verwandten der 2. Ordnung oder neben Großeltern zur Hälfte erbberechtigt. Leben nur noch Verwandte der weitergehenden Ordnung, so erbt der Ehegatte alles.

Exkurs: Darstellung der Güterstände 32

Obwohl das Erbrecht durch diese Differenzierungen bereits kompliziert genug wäre, erfährt es noch eine weitere Komplizierung dadurch, daß, je nach Güterstand der Eheleute, das Erbrecht des Ehegatten sich verändert:

Sind die Eheleute im gesetzlichen Güterstand der **Zugewinn-** 33 **gemeinschaft** verheiratet, so erbt der Ehegatte ¼ gemäß § 1931 Abs. 1 BGB und ein weiteres ¼ gemäß § 1371 Abs. 1 BGB: Die Erhöhung des Erbrechtes nach § 1371 Abs. 1 BGB soll ein Äquivalent für den in der Ehe erwirtschafteten Zugewinn darstellen, der dem überlebenden Ehepartner ohnedies zusteht.

Bei der Zugewinngemeinschaft, bei der die Vermögen von Ehemann und Ehefrau getrennt und somit wechselseitige Haftungsfolgen ausgeschlossen sind, geht der Gesetzgeber davon aus, daß das in der Ehe erwirtschaftete Vermögen, gleichgültig, welcher Ehepartner de jure Eigentümer ist, wirtschaftlich beiden Ehepartnern zusteht. Er erachtet somit die Ehegattenbeiträge zum Gelingen der Ehe als gleichwertig, auf der einen Seite also die wirtschaftliche Betätigung, auf der anderen Seite etwa auch die hausfrauliche Familienführung.

Wird diese Ehe beendet, sei es durch Tod, Scheidung oder vertragliche Veränderung des Güterstandes, so ist der eheliche Zugewinn dergestalt auszugleichen, daß der „reichere" Ehepartner

dem „ärmeren" Ehepartner die Hälfte des Zugewinns in bar
auszahlt.

Dieser unmittelbar zahlungsfällige Geldanspruch, **Zugewinnausgleichsanspruch** genannt, ist insofern für den Fortbestand
eines jeden Vermögens von hoher Gefahr, weil er oftmals nur
durch Liquidierung des Vermögens erfüllt werden kann. Das hat
aber der Gesetzgeber bewußt in Kauf genommen.

34   Demgegenüber haben die Ehepartner es in der Hand, durch
Vereinbarung eines Wahlgüterstandes eine andere Rechtsfolge
zu bedingen: So können sie **Gütertrennung** vereinbaren, die
zum Inhalt hat, daß das in der Ehe von dem jeweiligen Ehepartner erworbene Vermögen ungeachtet der Beendigung der Ehe
diesem verbleibt. Ausgleichspflichten gibt es nicht.

35   Dies ist anders bei der sogenannten **Gütergemeinschaft,** bei
der sämtliches Vermögen einschließlich des in die Ehe mit-
gebrachten Vermögens grundsätzlich beiden Ehepartnern gesamthänderisch gehört, ein wegen der Gemeinschaftlichkeit des
Vermögens und der dadurch ausgelösten Gesamthaftung oft un-
zweckmäßiger Güterstand für Vermögende.

36   Nach dem Beitritt der fünf neuen Bundesländer ist noch ein
weiterer Güterstand erwähnenswert: die **Errungenschaftsgemeinschaft.** Hier wird nur das in der Ehe hinzuerwirtschaftete
Vermögen, also nicht das mit in die Ehe gebrachte Vermögen,
Gemeinschaftseigentum.

37   Diese nur in der Struktur aufgezeigten Grundzüge des ehelichen Güterrechts haben **Auswirkungen** auf das jeweilige gesetzliche **Erbrecht des Ehepartners:**

Bei der Zugewinngemeinschaft erhöht sich, wie bereits gesagt,
das gesetzliche Erbrecht pauschal um ein weiteres $1/4$ auf $1/2$ des
Nachlasses, was wiederum unmittelbare Auswirkungen auf das
Erbrecht der gemeinsamen Kinder hat: Denn denen steht nur die
nicht vom Ehegattenerbrecht erfaßte Hälfte des Vermögens zur
Verfügung; ihr Erbanspruch wird hierdurch reduziert.

Sind dagegen die Ehepartner in Gütertrennung verheiratet, so
erbt der längerlebende Ehepartner nur $1/4$, seine Kinder erben $3/4$,
allerdings mit folgender Modifikation:

Ist nur 1 Kind vorhanden, so erben Ehepartner und Kind je $1/2$, sind 2 Kinder vorhanden, so erben die Beteiligten je $1/3$, erst nach dem 3. Kind verbleibt es bei dem Regelerbrecht von $1/4$ für den längerlebenden Ehegatten.

Bei der Gütergemeinschaft – ebenso bei der Errungenschafts-gemeinschaft – erbt zwar der längerlebende Ehepartner $1/4$; es darf jedoch nicht verkannt werden, daß er bereits an der Hälfte ($4/8$) des Vermögens, bzw. bei der Errungenschaftsgemeinschaft, an dem Zuerwerb gesamthänderisch beteiligt ist, so daß er nach dem Tode seines Ehepartners $1/4$ von dessen Hälfte erbt, somit insgesamt zu $5/8$ Vermögensträger wird neben den gemeinsamen Kindern zu $3/8$.

3. Pflichtteilsrecht

Nun könnte eingewandt werden, daß diese komplizierte Be- **38** rechnung doch ohne praktische Auswirkung sei: Wen – außer den Juristen – interessiert schon die Kenntnis der gesetzlichen Erbquoten?

Die Lösung liegt auf der Hand: Die **Größenordnung der Erb-quoten** ist maßgeblich für das Pflichtteilsrecht, mit dem der Gesetzgeber die grundsätzlich unvermeidbare Mindestteilhabe enger Verwandter am Vermögen des Erblassers angeordnet hat.

Nach § 2303 BGB haben enterbte Abkömmlinge, Ehegatten und, wenn keine Abkömmlinge vorhanden sind, die Eltern des Erblassers das Pflichtteil, d. h. sie können die **Hälfte des Wertes des gesetzlichen Erbteils** in Geld für sich beanspruchen. Hierbei ist der Verkehrswert des Nachlasses entscheidend, und zwar unter Einbezug aller Vermögenswerte, die in den letzten 10 Jahren vor dem Tod des Erblassers durch Schenkung aus dem Nachlaß ausgeschieden sind: Diese Werte werden rechnerisch wieder hinzugezogen und erhöhen das Pflichtteilsrecht **(Pflicht-teilsergänzungsanspruch,** § 2325 BGB). Sind Schenker und Beschenkter verheiratet, beginnt der Fristenlauf zur Feststellung des Pflichtteilsergänzungsanspruchs erst mit Auflösung der Ehe (§ 2325 Abs. 3, 2. Halbsatz BGB): Eine häufig übersehene Sper-re, wenn Eheleute versuchen, drohende Pflichtteilsrechte der Kinder durch Vermögensverschiebungen zu verringern!

39   Weil der **Pflichtteilsanspruch grundsätzlich unentziehbar** ist,
steht jede letztwillige Verfügung, die der Erblasser tätigt, unter
dem Vorbehalt, daß sie weder das Pflichtteilsrecht noch das
Recht auf Pflichtteilsergänzung der Berechtigten beschneidet:
Denn ist dies der Fall, so können die Benachteiligten den
Pflichtteil fordern und damit die vielleicht sinnvolle Verfügung
von Todes wegen konterkarieren.

Beispiel: Der Erblasser, Vater zweier Kinder, hat ein Unternehmen
im Verkehrswert von 2 Mio. DM, des weiteren ein Privathaus im
Wert von 300 000 DM. Er möchte dem Unternehmensnachfolger den
Betrieb reservieren und testiert deshalb wie folgt:
„Erben werden meine Kinder. Mein Sohn erhält das Unternehmen,
meine Tochter erhält das Privathaus."

Weil der Verkehrswert des gesamten Vermögens sich auf
2,3 Mio. DM beläuft, beträgt der Pflichtteilsanspruch beider
Kinder je 575 000 DM (=$\frac{1}{4}$). Da die Tochter auf ihr Pflichtteilsrecht nur einen Wert von 300 000 DM (Privathaus) erhält, kann
sie weitere 275 000 DM in bar fordern als **Zusatzpflichtteil**
(§ 2305 BGB). Damit droht dem Unternehmensnachfolger – entgegen der Erwartung des Erblassers – ein doch erheblicher Geld-
abfluß, den er aus seinem Kapital, also ohne steuerliche Entlastung, zu finanzieren hat **(Gleichstellungsanspruch).**

Stattdessen kann die pflichtteilsberechtigte Tochter aber auch
Auseinandersetzung unter Einbezug des Unternehmens verlangen, weil die vom Erblasser vorgesehene Teilungsanordnung,
wonach sie das Haus, der Bruder das Unternehmen zu bekommen hätte, eine Beschwerung darstellt, die sie als Pflichtteilsberechtigte nicht hinzunehmen gezwungen ist (§ 2306 Abs. 1 S. 1
BGB). Das Unternehmen kann also entgegen der väterlichen
Absicht in den Erbstreit geraten.

Man sieht also, das Pflichtteilsrecht schwebt über jeder letztwilligen Verfügung wie ein Damoklesschwert. Wird es bei Testierung vernachlässigt, so läuft der Erblasser Gefahr, daß seine Ver-
mögensdisposition durchkreuzt wird. Das gilt nach mittlerweile
gefestigter BGH-Rechtsprechung auch für sogenannte **Nieß-
brauchsgestaltungen:** Überträgt z. B. der Vater zwecks Reduzierung des Pflichtteils seines „bösen" Sohnes sein Mehrfamili-

enhaus gegen Nießbrauchsvorbehalt auf den „braven" Sohn, so braucht der „böse" sich diese Übertragung im Rahmen der Pflichtteilsberechnung nicht entgegenhalten zu lassen: Denn der Vater hatte ja zu Lebzeiten noch keine endgültige Vermögenseinbuße, die aber erforderlich wäre, um den Nachlaß auch mit Wirkung gegen den Pflichtteilsberechtigten zu reduzieren.

Gerade in der heutigen Zeit der Mehrfachheirat sind Pflichtteilsprobleme mit Kindern aus früheren Ehen geradezu vorprogrammiert. **Pflichtteilsresistente Gestaltungen** zum Schutz des „jüngsten" Ehepartners und der Kinder aus dieser Ehe sind oftmals zur Vermögenserhaltung unerläßlich. Hierbei bietet die bloße Schenkung an den Ehepartner, selbst ohne Nießbrauchsvorbehalt, kein geeignetes Mittel: Denn die Frist, innerhalb der der Pflichtteilsergänzungsanspruch geltend gemacht werden kann, beginnt bei Ehegattenschenkungen erst mit Auflösung der Ehe (§ 2325 Abs. 3, 2. Halbsatz BGB)! Eine wirksame Maßnahme ist aber dennoch möglich, wenn etwa eine vertragliche Beendigung des gesetzlichen Güterstandes herbeigeführt wird, im Rahmen dessen dann dem zu schützenden Ehepartner Vermögen übertragen wird: Weil dieser Transfer zur Befriedigung des Zugewinnausgleichsanspruchs und damit nicht unentgeltlich erfolgt, ist er pflichtteilsresistent!

Da das Pflichtteilsrecht die Hälfte des Wertes des gesetzlichen Erbrechts ausmacht, ist die Feststellung der gesetzlichen Erbteile zur Einschätzung der Vermögens- und Nachfolgegefährdung von hoher Bedeutung.

a) Exkurs: Wahlrecht des Ehegatten zwischen erbrechtlicher und güterrechtlicher Lösung

Beim Ehegattenerbrecht hat die Feststellung der Erbteile noch *40* eine zusätzliche Bedeutung:

Wie bereits erwähnt, ist gerade beim gesetzlichen Güterstand der Zugewinngemeinschaft das Ehegattenerbrecht von $1/4$ um ein weiteres $1/4$ des Nachlasses verstärkt, wodurch der Zugewinnausgleichsanspruch pauschal abgegolten werden soll.

Der längerlebende Ehegatte hat aber das Wahlrecht, statt dieser pauschalen Erhöhung seines Erbrechtes folgenden Weg einzuschlagen:

41   Er schlägt die Erbschaft aus und verlangt von den Erben den **Zugewinnausgleich** neben dem sog. **kleinen Pflichtteil.**

Das wird er immer dann tun, wenn die Hälfte des Nachlasses an Wert geringer ist als der Zugewinnausgleichsanspruch zuzüglich des kleinen Pflichtteilsanspruchs, der sich an dem um den Zugewinnausgleichsanspruch reduzierten Nachlaß orientiert.

Beispiel: Die Eheleute Alfons und Berta haben mit einem beiderseitigen Anfangsvermögen von „0" die Ehe geschlossen. Alfons verstirbt. Er hinterläßt ein Vermögen im Verkehrswert von 4 Mio. DM, seine Frau hat kein eigenes Vermögen gebildet.
Er hat kein Testament hinterlassen, so daß seine Frau und seine beiden Kinder die gesetzliche Erbfolge antreten. Da das gesamte Vermögen von Alfons in der Ehe erwirtschaftet wurde, unterliegt es dem Zugewinnausgleich. Er schuldet mithin seiner Ehefrau danach 2 Mio. DM.

Seine Frau kann nunmehr wählen:

Sie tritt die gesetzliche Erbfolge an und wird zur Hälfte Rechtsnachfolgerin ($1/4$ Erbrecht plus $1/4$ pauschale Erhöhung), so daß sie wertmäßig 2 Mio. DM erhält **(erbrechtliche Lösung).**

Stattdessen kann sie aber auch ihr gesetzliches Erbrecht ausschlagen ($1/4$) und den Zugewinnausgleich verlangen, der für sich betrachtet schon 2 Mio. DM wert ist. Daneben kann sie, weil sie infolge der Ausschlagung nicht Erbe geworden ist, ihr Pflichtteilsrecht in Höhe eines Achtels fordern. Dieser **„kleine Pflichtteil"** bemißt sich am Nachlaß abzüglich des Zugewinnausgleichsanspruchs, mithin $1/8$ von den verbliebenen 2 Mio. DM, das sind 250 000 DM. Sie erhält also nach dieser sog. **güterrechtlichen Lösung** mehr an Vermögen als nach der erbrechtlichen Lösung, die ihr nur die Hälfte des Nachlasses verschafft hätte.

Auch diese Konsequenz muß der Erblasser berücksichtigen, wenn er ein Interesse hat, daß sein Nachlaß nicht zerschlagen wird, sondern im Interesse des Familienverbundes möglichst unbeeinträchtigt den Familienangehörigen zukommt.

Je nachdem, ob dem Ehegatten die erbrechtliche oder die güterrechtliche Lösung günstiger ist, steht ihm bei Enterbung auch ein entsprechend „großer" oder „kleiner" Pflichtteil zu, mithin $1/4$ des gesamten Nachlasses bei der erbrechtlichen Lösung, ein

¹/₈ von der reduzierten Bemessungsbasis (allerdings neben dem Zugewinnausgleich) bei der güterrechtlichen Lösung.

Es ist demnach zu beachten, daß der Ehegatte mindestens so- 42 viel durch testamentarische Verfügung zugewendet erhält, daß er keinen Anlaß sieht, von diesen liquiditätsbelastenden Lösungen Gebrauch zu machen: Denn die Ansprüche sowohl auf Zugewinn als auch auf Pflichtteil sind **unmittelbar zahlungsfällige Geldansprüche,** die also Liquiditätsprobleme auslösen, somit dem Erben das Vermögensverwertungsrisiko zuweisen; demgegenüber führt das gesetzliche Erbrecht dazu, daß der überlebende Ehepartner selbst Miterbe wird und insofern das Vermögensverwertungs- und Finanzierungsrisiko wie die anderen Miterben trägt.

Beispiel: Der Vater, dessen Vermögen aus einem Unternehmen mit 43 einem Wert von 2 Mio. DM und einem Privathaus mit einem Wert von 300 000,– DM bestand, hat kein Testament hinterlassen. Seine Ehefrau und die beiden Kinder sind somit zur gesetzlichen Erbfolge gelangt. Das Vermögen war in der Ehe, für die die Zugewinngemeinschaft galt, aufgebaut worden.

Nach der **erbrechtlichen Lösung** ist die Ehefrau zu ¹/₂ Erbin geworden neben ihren Kindern, die zu je ¹/₄ geerbt haben. Wollen die Beteiligten Geld sehen, müßten sie eine einheitliche Vermögensverwertung vornehmen, notfalls im Wege der Teilungsversteigerung, bei der das Vermögen liquidiert wird.

Favorisiert dagegen die Ehefrau die **güterrechtliche Lösung,** so verlangt sie die Hälfte des Nachlasses in bar als Zugewinnausgleich, das sind 1,15 Mio. DM, sowie ihren kleinen Pflichtteil, den sie nach Erbausschlagung geltend machen kann, in Höhe von weiteren 143 750 DM (¹/₈ von 1,15 Mio. DM) ebenfalls in bar. Insgesamt bekommt sie also annähernd 1,3 Mio. DM in bar, wobei das Vermögensverwertungsrisiko bei den Kindern liegt. Können sie etwa den sachverständig festgestellten und der Geltendmachung zugrundegelegten Vermögenswert nicht realisieren, so geht dies zu Lasten ihres Erbteils (soweit nicht durch den Zwangsverkauf zugleich die Bestimmung des echten Wertes erfolgt).

44 Damit beantwortet sich zugleich nochmals die Frage nach dem Sinn, die gesetzlich vorgeschriebenen Erbquoten zu kennen: Ohne ihre Kenntnis kann der Erblasser nicht mit der erforderlichen Sicherheit die Gefahr der Pflichtteilsgeltendmachung abwehren. Er braucht diese Kenntnis, um die Größenordnung der Pflichtteilsgefahr quantifizieren zu können.

b) Exkurs: Nichteheliche Kinder

45 **aa) Erbrecht von nichtehelichen Kindern.** Ursprünglich galten nichteheliche Kinder als wohl mit ihrer Mutter, aber nicht mit ihrem Vater verwandt. Dies wurde als unerträglich empfunden. Eine Gesetzesnovellierung brachte 1969 die weitgehende Gleichstellung nichtehelicher mit ehelichen Kindern; mit dem **Erbrechtsgleichstellungsgesetz** vom 16. 12. 1997 wurden die letzten Ungleichbehandlungen beseitigt:

Der Gesetzgeber hatte vermeiden wollen, daß nach dem Tod des Vaters dessen nichteheliche Kinder zusammen mit seinen ehelichen Kindern und dem Ehepartner eine Erbengemeinschaft bildeten: Aus diesem Grund hatte er das ihnen ansonsten zustehende gesetzliche Erbrecht dahin modifiziert, daß er ihnen einen obligatorischen **Erbanspruch in Geld** verschaffte, den sog. **Erbersatzanspruch** (§ 1934a–e BGB a. F.). Dieses Argument, eine Erbengemeinschaft zwischen nichtehelichen Kindern und ehelicher Verwandtschaft zu vermeiden, ist allerdings aus heutiger Wertung der Rechtstatsachen nicht mehr stichhaltig: Gerade die hohe Zahl von Geschiedenen, deren Abkömmlinge in Erbengemeinschaften geraten, belegt, daß Erbengemeinschaften auch zwischen Nicht-Verwandten häufig vorkommen und keineswegs im Erbstreit enden. Deshalb sei der diskriminierende Schutz der ehelichen Familie zu Lasten des nichtehelichen Kindes entbehrlich.

46 Der Gesetzgeber strich kurzerhand mit dem Erbrechtsgleichstellungsgesetz diesen Erbersatzanspruch aus dem BGB. Er verschaffte darüber hinaus dem noch in Ausbildung befindlichen nichtehelichen Kind einen eigenen Anspruch auf **Ausbildungsfinanzierung** (§ 1371 Abs. 4 BGB), den der überlebende Ehegatte aus der pauschalen Erhöhung des Ehegattenerbrechts (ein weiteres Viertel § 1371 Abs. 1 BGB) zu befriedigen haben wird:

Auch diese Unterschiedlichkeit kann Einfluß auf die Wahl des Ehegatten haben, ob er den erbrechtlichen oder güterrechtlichen Ausgleich bevorzugt. Das nichteheliche Kind wird ebenso Erbe wie das eheliche Kind.

bb) Pflichtteilsrecht von nichtehelichen Kindern. Ist das Erb- 47 recht gleich, ist folgerichtig auch das Pflichtteilsrecht gleich: Es ist somit ebenso zu beachten und in die Erbschaftsplanung einzubeziehen wie das Pflichtteilsrecht ehelicher Kinder.

Es erwächst, wenn das nichteheliche Kind enterbt wird. Hier- 48 bei sollte die **Enterbung ausdrücklich** geregelt werden, weil andernfalls die Gefahr entsteht, daß eine **Anfechtung des Testaments** erfolgen kann, wodurch dann alle Regelungen des Erblassers durchkreuzt werden:

Beispiel: Ein Vater hatte zwei seiner drei ehelichen Kinder zu Alleinerben berufen, das dritte Kind damit eo ipso enterbt. Vom Vorhandensein eines weiteren, allerdings nichtehelichen Kindes hatte keiner Kenntnis; dieses war stillschweigend enterbt worden.

Nachdem der Vater verstorben war und die beiden bedachten Kinder die Erbfolge angetreten hatten, meldete sich erstmals das nichteheliche Kind: Das von der Erbfolge ausgeschlossene eheliche Kind nutzte diese Gelegenheit und focht das Testament des Seniors erfolgreich unter dem Gesichtspunkt der **Übergehung von Pflichtteilsberechtigten** (§ 2079 BGB) an. Die Folge war, daß alle vier Kinder zu gleichen Teilen erbten, was letztlich zur Zerschlagung des Vermögens führte. Hätte demgegenüber der Vater ausdrücklich das nichteheliche Kind unter Namensnennung ausgeschlossen, so wäre dieser Anfechtungsgrund, mit dem, wie sich auch noch später zeigen wird, ein bestehendes Testament ausgehebelt werden kann, jedenfalls nicht gegeben.

(einstweilen frei) 49

II. Nachfolgeregelung

1. Gestaltung der Nachfolgeregelung

Der Erblasser hat es grundsätzlich in seiner Macht zu bestim- 50 men, von wem und wie sein Nachlaß fortgesetzt wird: Regelt er gar nichts, so kommt es zwangsläufig zur gesetzlichen Erbfolge. Danach erben die engsten Familienmitglieder statt der weiter entfernten: Pflichtteilsgefahren gibt es nicht, weil ja der Erbe nicht nur die Hälfte, sondern sein ganzes Erbteil erhält: Man kann sagen, daß die gesetzliche Erbfolge tendenziell familienfreundlich und gesellschaftspolitisch erwünscht ist.

Sie hat aber den entscheidenden Nachteil, daß eine spezielle Vermögensnachfolge mit individueller Akzentuierung nicht zustandekommt, sondern vielfach die Beendigung der Erbengemeinschaft zur streitigen Zerschlagung des Vermögens führt.

Demgegenüber kann der Erblasser seine Individualvorstellungen – wenn auch nur unter Beachtung des zwingenden Pflichtteilsrechts – durchsetzen, indem er die ihm zu Gebote stehenden Gestaltungsmittel einsetzt.

2. Testament

51 Das in der Praxis häufigste und damit gewichtigste Gestaltungsmittel ist die **Errichtung eines Testamentes.** Hierbei kann der Erblasser persönlich eine oder mehrere Personen bestimmen, die seinen Nachlaß fortsetzen; er kann einzelne, zum Nachlaß gehörige Wirtschaftsgüter einzelnen Personen zuweisen, auch wenn sie andernfalls nicht am Vermögen teilnähmen; er kann einzelne Personen, die an sich erbberechtigt wären, von der Erbfolge ausschließen oder sie beschränken, kurzum, er kann in den Schranken des Pflichtteilsrechtes durch Testament eine freie Vermögensverfügung treffen. Er kann dies für seine Person alleine treffen, er kann aber auch mit seinem Ehepartner zusammenwirken und ein gemeinschaftliches Testament errichten, indem über das Vermögen beider Ehepartner zugleich, wenn auch durchaus mit unterschiedlichen Regelungsinhalten, verfügt wird.

52 **Mindestvoraussetzung für die Wirksamkeit** des Testaments ist, daß der Testator das 16. Lebensjahr vollendet hat und er in der Lage ist, die Bedeutung der von ihm abgegebenen Willenserklärung zu erkennen (§ 2229 BGB), was übrigens nicht gleichbedeutend mit „geschäftsfähig" ist! Auch eine unter **Betreuung**

stehende Person kann somit durchaus wirksam testieren. Hierbei kann sie ein Testament in der Form errichten, daß sie einen Notar zu Hilfe nimmt oder sie errichtet es, was in der Praxis gebräuchlich ist, durch eine eigenhändig geschriebene und unterschriebene Erklärung (privatschriftliches Testament, § 2247 BGB).

Mit Blick über die Grenzen muß darauf hingewiesen werden, daß diese Form keineswegs in allen Ländern gleichermaßen Geltung hat: Es kann ohne weiteres vorkommen, daß der Erblasser mit **internationalem Vermögen** mehrere Paralleltestamente, entsprechend der einschlägigen Form des jeweiligen Belegenheitsstaates, errichten muß, um die Vermögensnachfolge sicherzustellen. Welche Form entscheidend ist, richtet sich nach dem **Internationalen Privatrecht** der Vermögensträgerländer, das – zur weiteren Komplizierung – keinesfalls in allen Ländern gleichlautend ist: Es können demnach Kollisionslagen entstehen, die danach aufzulösen sind, wo welcher Erbe die Klage erhebt. Um diese Irritationen möglichst zu vermeiden, empfiehlt sich bei internationalem Vermögen stets die Bestimmung im Testament, welches Recht Anwendung finden soll. Außerdem sollte gerade bei Auslandsvermögen stets flankierend eine **postmortale Vollmacht** erteilt worden sein, weil trotz wirksamen Testaments langwierige Verfahren, z. B. zur Erlangung eines im Ausland anerkannten Erbscheins, Verzögerungen auftreten können, während deren Dauer das Auslandsvermögen praktisch verwaist ist. *53*

Zur Wirksamkeit des Testamentes nach deutschem Recht ist lediglich die **handschriftliche Niederlegung** des Textes und die **Unterschrift** erforderlich, dennoch soll der Erblasser Zeit der Testamentserrichtung und den Ort, wo er dies niedergeschrieben hat, angeben. *54*

Denn die **Zeitangabe** kann deshalb Bedeutung erlangen, weil die jeweils jüngere Verfügung die ältere aufhebt; der **Ort** kann Bedeutung erlangen, weil gerade im internationalen Privatrecht von dem Ort der Testamentserrichtung abhängen kann, welches Rechtsstatut – deutsches oder ausländisches Recht – im Kollisionsfall maßgeblich sein soll.

55   Außerdem kann es zweckmäßig sein, das Testament zur Vermeidung von Zweifeln **als solches zu bezeichnen.**

Beispiel: Der Urlauber Udo erlebte, wie seine Wirtsfamilie sich wegen eines ungeklärten Erbfalles zerstritt. Um dies seiner Familie zu ersparen, schrieb er eine Postkarte mit folgendem Inhalt nach Hause: „Liebe Frau, damit das nicht uns passiert, sollst Du nach meinem Tod einmal alles erben, liebe Urlaubsgrüße Dein Mann". Als der Ehemann auf seiner Urlaubsrückreise tödlich verunglückte, stellte sich die Frage, ob seine Frau aufgrund dessen testamentarische Erbin geworden war oder ob die Postkarte nur Ankündigung einer zu treffenden Regelung geworden war.

56   Eine Selbstverständlichkeit liegt darin, daß ein Testament dort **aufbewahrt** wird, wo es auch tatsächlich Chancen hat, gefunden zu werden: So ist es zum Beispiel sinnlos, wenn der zum Survival-Urlaub fliegende Unternehmer erst hoch in der Luft daran denkt, daß er noch ein Testament errichten wollte:
In diesem Fall ist es zu spät zum Testieren, denn wenn wirklich ein Luftunfall passiert, dürfte das Testament kaum unversehrt aufgefunden werden. Ein sicherer Ort der Aufbewahrung ist die **amtliche Verwahrung** des Testamentes beim Nachlaßgericht, wobei jedes Amtsgericht hierzu geeignet ist. Der Erblasser kann in einem solchen Fall sicher sein, daß das Nachlaßgericht, sobald es vom Tod des Erblassers Kenntnis erlangt, das Testament auch tatsächlich eröffnet und die von ihm gewünschte Rechtsfolge verkündet.

57   Die Ehegatten haben die Möglichkeit der Errichtung eines **gemeinschaftlichen Testamentes.** Hierbei ist von hoher praktischer Bedeutung das gerade im Unternehmensbereich allerdings nicht sehr zweckmäßige **„Berliner Testament".**

58   Warum ist das Berliner Testament **nicht zweckmäßig?**
Die Antwort lautet: Weil dadurch das **Vermögen der Ehepartner kumuliert** wird, was die negative Folge der Pflichtteils-gefahrerhöhung in sich birgt, sowie – im Vorgriff auf die Erbschaftsteuerdarstellung – zur Erbschaftsteuererhöhung führt.

Beispiel: Die Eheleute Arnold und Berta haben ein gemeinschaftlich erwirtschaftetes Vermögen, bestehend aus dem Unternehmen

im Werte von 2 Mio. DM und dem Wohnhaus in Höhe von 300 000,– DM.
Sie errichten ein Berliner Testament und sagen darin ihren Kindern als Schlußerben zu, daß sie das gesamte elterliche Vermögen zu gleichen Teilen erhalten werden.

Verstirbt der erste Ehepartner, so sind infolge der wechselseitigen Erbeinsetzung sämtliche Kinder enterbt: Ihnen erwächst dadurch das berüchtigte **Pflichtteilsrecht.**

Nehmen wir an, daß zwei Kinder vorhanden sind und die Eheleute in Zugewinngemeinschaft verheiratet waren, so beträgt immerhin das Pflichtteilsrecht eines jeden Kindes im Erstversterbensfall $1/8$, das sind im Beispielsfall 143 750,– DM.

Haben die Ehepartner keine Vorsorge für den Fall getroffen, daß eines der Kinder den Pflichtteil verlangt, so erbt das „böse" Kind sogar im Zweitversterbensfall neben dem „braven" Kind die Hälfte des Nachlasses, bestehend aus dem Eigenvermögen des Längstlebenden und dem ererbten Teil, so daß das „böse" Kind letztlich mehr erhalten wird als das „brave" Kind.

Selbst wenn aber eine **Pflichtteilsabwehrklausel** in das Testament einbezogen wurde, wonach das „böse" Kind auch im Zweitversterbensfall nur den Pflichtteil erhalten soll, so muß doch gesehen werden, daß ihm die erste Tranche aus dem elterlichen Vermögen (143 750,– DM) schon wesentlich früher zufließt als dem „braven" Kind, was ein reizvoller Vorteil sein kann.

Beim Zweitversterbensfall berechnet sich das Pflichtteilsrecht immerhin von dem durch den Nachlaß erhöhten Vermögen des Längstlebenden, was im Beispielsfall wiederum zu einem Pflichtteilsanspruch in Höhe von ($1/4$ von 2,3 Mio. DM abzüglich bereits gezahltem Pflichtteil in Höhe von 143 750,– DM =) 539 063,– DM führt.

Das „böse" Kind hat also 682 813,– DM aus dem elterlichen Vermögen bekommen, das sind knapp 30% anstatt erst im Letztversterbensfall 50%. Unter Berücksichtigung der Abzinsung des erst später, nämlich erst im Zweitversterbensfall fällig werdenden Kapitalschnitts kann bei einem Zinssatz von 8% schon dann die Pflichtteilsgeltendmachung zweckmäßiger sein, wenn der längerlebende Ehepartner etwa eine Lebenserwartung von mehr als 20 Jahren hat: Denn der Kapitalwert des erst in 20 Jahren fällig werdenden Kapitals beträgt unter Annahme einer 8%-igen Verzinsung nur 21,5% des Nominalwertes.

Das heißt: Wenn das „böse" Kind etwa 20 Jahre auf sein Erbteil wird warten müssen, ist es wirtschaftlich günstiger, wenn es den Pflichtteil fordert, weil es dann wirtschaftlich bereits den vollen Wert des künftigen Erbes hat, und die Gefahr, daß der Längerlebende alles verwirtschaftet, diesbezüglich effektiv ausgeschlossen ist.

Beispiel: Der in zweiter Ehe verheiratete Vater zweier Kinder setzt seine um 20 Jahre jüngere Ehefrau in einem Berliner Testament zur Alleinerbin ein und beruft seine Söhne erst für deren Versterbensfall zu Schlußerben. Er verstirbt mit 82 Jahren.

Nach der (steuerlich noch immer maßgeblichen) **Sterbetafel 1986/88** des Statistischen Bundesamtes für die Bundesrepublik Deutschland hat eine 62-jährige Frau noch eine Lebenserwartung von knapp mehr als 20 Jahren.

Die Söhne werden im Zeitpunkt der Alleinerbschaft ihrer Stiefmutter überlegen, ob sie, entgegen Vaters Wunsch, nicht bis zu ihrem Todestag warten, sondern sofort den Pflichtteil verlangen, was sie immerhin in den Stand setzt, schon heute über Vermögen zu verfügen und nicht erst – bei vollem Vermögensverlustrisiko auf seiten der längerlebenden Stiefmutter – dieses in 20 Jahren zu bekommen.

Angenommen, das vom Vater auf die 62jährige Ehefrau übergegangene Vermögen hat einen Nominalwert von 1 Mio. DM, so ist dieses, abgezinst auf den Versterbenszeitpunkt des Vaters, nur 21,5% des Nominalwertes wert, das sind 215 000,– DM, pro Kind also eine Erwartung von $1/2$ = 107 500,– DM Kapitalwert.

Der Pflichtteilsanspruch beträgt dagegen jetzt je Kind $1/8$, das sind 125 000,– DM Kapitalwert. Die Söhne sind also nicht schlecht beraten, wenn sie unter Mißachtung des väterlichen Willens sofort den Pflichtteil verlangen anstatt abzuwarten, bis ihre Stiefmutter verstirbt.

59 Außerdem wird durch die gegenseitige Erbeinsetzung ersichtlich die **Erbschaftsteuerbelastung verstärkt:** Denn die Erbschaftsteuer ist ebenso wie die Schenkungsteuer progressiv ge-

staffelt, so daß die Erhöhung des weiterzugebenden Vermögens letztlich zu einer Vermehrung der Erbschaftsteuer führt.

Beispiel: Die Ehepartner haben ein Vermögen von je 1 Mio. DM. Die Freibeträge nach ihnen sind bereits ausgeschöpft. Sie haben sich wechselseitig zu Alleinerben berufen.

In dem Moment, da der Vater als erster verstirbt, hat seine Ehefrau den Nachlaß in Erbschaftsteuerklasse I mit **15%** zu versteuern, mithin werden 150 000,– DM fällig.

Verstirbt die Ehefrau als zweite, so hat sie ihr eigenes sowie das ererbte Vermögen (abzüglich gezahlter Erbschaftsteuer) zu vererben, das sind 1,85 Mio. DM, die den Söhnen zu je ½ zufallen. Jedes Kind schuldet hierauf 138 000,–DM Erbschaftsteuer, zusammen mithin 276 000,– DM. Das elterliche Vermögen ist somit insgesamt mit 426 000,– DM Erbschaftsteuer belastet worden, das sind 21,3%.

Hätten dagegen die Eltern nach ihrem jeweiligen Versterben sofort ihre Kinder zu Alleinerben berufen, so wäre die Erbschaftsteuerbelastung wesentlich geringer gewesen: Im Erstversterbensfall hätten beide Söhne je 500 000,– DM erhalten, die 11% Erbschaftsteuer ausgelöst hätten, das sind 55 000,– DM je Kind, insgesamt also 110 000,– DM.

Im Zweitversterbensfall wäre dieselbe Steuerbelastung nochmals angefallen, so daß insgesamt beide Erbfälle das Vermögen „nur" mit 220 000,– DM belastet hätten, das sind, bezogen auf den gemeinsamen Nachlaß von 2 Mio. DM, „nur" 11%.

Gerade an diesem Beispiel zeigt sich die **Fehlerhaftigkeit der Erbschaftsteuerreform** vom 27. 2. 1997: Bei Annahme der gleichen Daten hat die Erbschaftsteuer nach altem Recht, je nach Gestaltung, nur 290 000,– DM (statt 426 000,– DM) bei Schlußerbschaft der Söhne ausgemacht, bei sofortiger Erbeinsetzung schon im Erstversterbensfall sogar nur 150 000,– DM (statt 220 000,– DM). Die vom Bundesverfassungsgericht mit Beschluß vom 22. 6. 1995 eingeforderte „schonende" Behandlung des Vermögensübergangs auf nächste Familienangehörige wird ersichtlich nicht gewährt!

Da die **Erbschaftsteuer** ein **Kapitalabfluß nach Steuern** ist, verbraucht sie einen Gewinnanteil, der unter Berücksichtigung der einkommensteuerlichen Spitzenprogression weit mehr als das doppelte ausmacht: Es kann also ohne weiteres lohnend sein, statt der auch unter dem Pflichtteilsgesichtspunkt gefährlichen Regelung des Berliner Testamentes eine differenzierte Verfügung schon für den Erstversterbensfall zu treffen.

60   Außerdem muß folgendes beachtet werden:

Das gemeinschaftliche Testament, das die Eheleute errichten können, entwickelt nach dem Tode des einen Ehegatten eine oftmals störende und vom Erblasser nicht gewollte Wirkung: Es **bindet** nämlich **den überlebenden Ehegatten** an den Willen des Verstorbenen, und zwar nicht nur bezüglich dessen Nachlasses, sondern auch hinsichtlich des eigenen Nachlasses (§ 2271 BGB).

Beispiel: Die Eheleute Alfons und Berta haben ein wechselseitiges Berliner Testament errichtet, als ihre Kinder noch minderjährig waren.

Zwischenzeitlich ist ihr Sohn zum Unternehmensnachfolger herangewachsen und es ist beabsichtigt, daß er das Geschäft alleine übernehmen solle. Die Tochter soll nach Vorstellung der Eheleute mit privatem Immobilienbesitz abgefunden werden.

Als Alfons plötzlich verstirbt, erbt die Ehefrau Berta. Sie ist ohne Mitwirkung ihrer Kinder nicht in der Lage, einseitig den letzten Willen beider Eheleute in die Tat umzusetzen, nämlich dem Sohn das Unternehmen, der Tochter die Immobilien zuzuwenden.

Aus diesem Grund empfiehlt es sich, wenn man diese Bindungswirkung vermeiden will, dem Längstlebenden durch eine **Flexibilisierungsklausel** im Testament wenigstens die Freiheit einzuräumen, über sein und das ererbte Vermögen im Sinne und zugunsten der Abkömmlinge frei verfügen zu dürfen, damit nicht die oben beschriebene Blockade eintritt.

61   Wie an anderer Stelle bereits erwähnt, berechtigt die Tatsache, daß in einem Testament ein zur Zeit des Erbfalls vorhandener Pflichtteilsberechtigter übergangen worden ist, zur **Anfechtung des Testaments** (§ 2079 BGB).

Beispiel: Wie im vorangegangenen Fall hatten Alfons und Berta ihre Kinder zu Schlußerben berufen.

Die längerlebende Mutter entzweit sich mit ihren Kindern, die sie für unfähig hält, das Vermögen richtig zu verwalten. Sie möchte das Vermögen deshalb in eine Familienstiftung einbringen.

Allerdings ist sie durch die wechselseitige Erbeinsetzung nach dem Tode des Erstverstorbenen an die im Testament getroffene Regelung gebunden, wodurch das Vertrauen des Verstorbenen darin, daß sein Wille auch tatsächlich vollzogen wird, geschützt ist (§ 2271 Abs. 2 Satz 1 BGB).

Wenn sie aber eine neue Ehe eingeht, entsteht nachträglich ein weiterer, im Zeitpunkt des Erbfalls nicht bekannter Pflichtteilsberechtigter, so daß sie ihren letzten Willen deshalb anfechten kann: Die Rechtsfolge wird sein, daß sie zwar nur den gesetzlichen Erbteil nach ihrem vorverstorbenen Ehemann erbt, die Kinder ebenfalls den ihnen zustehenden gesetzlichen Erbteil, aber bezüglich ihres eigenen Vermögens und des ererbten Erbteils ist Berta nunmehr in der Testierung völlig frei.

3. Erbvertrag

Tritt beim gemeinschaftlichen Testament diese **Bindungswir-** 62
kung oftmals ungewollt ein, so ist sie für den Erbvertrag geradezu **typisch** (§§ 2274 ff. BGB).

Der **notariell beurkundungsbedürftige** Erbvertrag bindet sowohl den Erblasser als auch den durch den Erbvertrag begünstigten Erben, Vermächtnisnehmer oder den, der durch eine Auflage im Testament beschwert oder begünstigt ist. Eben wegen der gewollten, grundsätzlich unabänderlichen Bindung bedarf es der Mitwirkung des Notars, der die Partei hierauf hinzuweisen hat.

Der Erbvertrag bewirkt zwar kein Veräußerungsverbot unter 63
Lebenden, das heißt, der künftige Erblasser kann **uneinge-**
schränkt über sein Vermögen unter Lebenden **verfügen,** er kann dieses verschenken oder verschleudern, aber er darf dies nicht tun, wenn er hiermit nur das Interesse verfolgt, den Vertragserben zu benachteiligen und in seiner Erwartung zu beeinträchtigen. In einem solchen Fall verschafft § 2287 BGB dem benachteiligten Vertragserben einen Anspruch gegen den Beschenkten

auf Herausgabe bzw. **Wertersatz** für den ihm entgangenen Vermögenswert.

Beispiel: Der Vater hat mit dem Sohn einen Erbvertrag geschlossen, wonach er diesem, sozusagen als Entgelt für künftige Altenpflege, sein Haus zugesagt hat.
Weil der Sohn eine dem Vater nicht genehme Ehefrau heiratet, fühlt er sich an sein Erbversprechen nicht mehr gebunden; er verschenkt das Haus einem karitativen Verein, zu dem er allerdings keinerlei Beziehungen unterhält, um zu verhindern, daß sein Sohn und dessen Ehefrau in den Genuß des Hauses kommen.

In einem solchen Fall verfolgt der durch Vertrag gebundene Erblasser kein Eigeninteresse, vielmehr verfügt er nur deshalb über den versprochenen Gegenstand, um den Vertragserben zu schädigen. Das berechtigt den Geschädigten zur Geltendmachung des Ausgleichsanspruchs nach § 2287 BGB.

Anders wäre natürlich zu entscheiden, wenn der Erblasser ein **lebzeitiges Eigeninteresse** verfolgt hätte, etwa die Hingabe des Vermögensgegenstandes an den karitativen Verein mit der Auflage, ihn lebenslänglich zu versorgen. In diesem Fall hätte der geschädigte Vertragserbe keine Aussichten darauf, für den hingegebenen Vertragsgegenstand einen Ausgleich zu erlangen.

64　　　Auch der Erbvertrag kann, wenn er unter Ehepartnern geschlossen wurde, – ebenso wie ein gemeinschaftliches Testament – durch ein (neues) gemeinschaftliches Testament wieder aufgehoben werden. Andernfalls setzt die Aufhebung des Erbvertrages stets die Mitwirkung des Vertragserben voraus, wenn kein Rücktrittsrecht vorbehalten worden war; beim Ehegattenerbvertrag, in dem lediglich die Ehepartner von Todes wegen verfügt haben, genügt ein gemeinschaftliches Testament zur Aufhebung; eine einseitige Lossagung vom Erbvertrag etwa durch abweichendes Einzeltestament ist dagegen nicht möglich.

4. Instrumente der Nachlaßplanung

65　　　Testament und Erbvertrag sind Instrumente der Nachlaßplanung:
Hiermit kann der **Kreis der Erben** gegenüber der gesetzlichen Erbfolge erweitert, aber auch verengt werden. **Erbquoten** kön-

nen verändert werden, ja selbst einzelne **Wirtschaftsgüter** können differenziert den bedachten Empfängern **zugewendet** werden. Wichtig ist, daß die letztwillige Verfügung auch einen **auf Zeit** befristeten **Vermögenserwerb** vorschreiben kann, so daß sogar mehrere Erben nacheinander in den Genuß des Wirtschaftsgutes oder Nachlasses gelangen können.

Kurzum: Das Testament sowie der Erbvertrag sind geeignete 66 Mittel zur Verplanung des Nachlasses, von denen dann Gebrauch gemacht werden soll, wenn die gesetzliche Erbfolge zu nicht gewünschten Ergebnissen führt. Das wird immer dann der Fall sein, wenn ein Vermögen bestimmter Größenordnung vorhanden ist, das durch Beteiligung mehrerer Erben im Wege der gesetzlichen Erbfolge zerschlagen zu werden droht. Besonders gefährdet sind in diesem Zusammenhang natürlich **Unternehmensvermögen** und Unternehmensbeteiligungen, die – insbesondere im Mittelstand – vielfach reine Tätigkeitsbeteiligungen darstellen, das heißt, deren Innehabung an die Ausübung einer meist gehobenen Tätigkeit für das Unternehmen gekoppelt sein soll.

Beispiel: Der Vater beabsichtigt, das Unternehmensvermögen seiner Tochter zuzuwenden. Er ist sich nur nicht sicher, ob seine Tochter auch auf lange Sicht im Unternehmen tätig bleiben wird oder ob sie, nach Heirat, dem Unternehmen den Rücken kehren wird.

Verfügt er in seinem Testament, daß die Tochter das Unternehmen erhält, so besteht nach seinem Tod keine Handhabe, ihr bei etwaigem Wegzug und Einstellung ihrer Dienste für das Unternehmen den Unternehmensanteil wieder zu entziehen.

a) Vorerbschaft/Nacherbschaft

Der Vater kann dadurch, daß er im Beispiel zunächst seine 67 Tochter zur Vorerbin, ein anderes Kind für den Fall, daß die Tochter ihre Arbeit einstellt, zum Nacherben bestimmt, die von ihm gewünschte Rechtsfolge erreichen.

Die Anordnung der Vorerbschaft und Nacherbschaft ist ein besonderes Gestaltungsmittel, um Erben in zeitlicher Reihenfolge zum Zuge kommen zu lassen: Der **Nacherbe erbt** erst nach dem Vorerben, aber infolge der gesetzlichen Konstruktion nicht etwa von diesem, sondern **vom Erblasser.** Der Gesetzgeber fingiert also, daß der Nachlaß vom Vorerben bei dessen Tod oder bei Eintritt des Vorerbfalles von diesem auf den Erblasser zurückfällt und sodann vom Erblasser unmittelbar an den Nacherben gelangt (§§ 2100 ff. BGB).

68   Dies hat Auswirkungen insbesondere im **Erb- und Pflichtteilsbereich:**

Beispiel: Der Vater hatte seine Ehefrau zur alleinigen Vorerbin berufen, seine Tochter zur Nacherbin im Falle des Todes der Vorerbin.
Die Vorerbin (Ehefrau) verheiratet sich wieder. Erbt der neue Ehepartner auch das vom vorverstorbenen Ehemann stammende Vermögen?

Wenn die Ehefrau verstirbt, erben ihr zweiter Ehemann sowie etwaige Kinder aus dieser Ehe nach gesetzlicher Erbfolge. Wäre sie nicht Vorerbin geworden, so würde der gesamte Nachlaß einschließlich dessen, was aus der ersten Ehe stammt, auch den neuen Erbberechtigten eröffnet sein.
Durch die Anordnung der Vorerbschaft allerdings wird erreicht, daß das Vermögen des Erblassers fiktiv auf diesen zurückfällt und von ihm unmittelbar an die Tochter gelangt.
Der Nachlaß des vorverstorbenen Erblassers fällt so ungeschmälert und unbeeinträchtigt durch Erbrechte des neuen Ehepartners und weiterer Kinder an das gemeinsame Kind, die Nacherbin.
Ebenso wenig wie ein Erbrecht entsteht den neuen Erbberechtigten ein Pflichtteilsrecht, das am Nachlaß des vorverstorbenen Erblassers orientiert werden könnte.

Beispiel: Der Vater beruft seine Frau zur Vorerbin, seine Tochter zur Nacherbin. Der Nachlaß beträgt 1 Mio. DM. Verheiratet sich die Mutter nochmals, so ist das andernfalls daran entstehende Pflichtteilsrecht ihres neuen Gatten, das immerhin – je nach Güterstand – $\frac{1}{4}$ bzw. $\frac{1}{8}$ betragen würde, verhindert. Ebenso ist ohne weiteres ein Erbrecht (neben der Nacherbin) ausgeschlossen!

Es zeigt sich also, daß die Vorerbschaft und Nacherbschaft ein durchaus geeignetes Mittel ist, das Familienvermögen in der

Familienlinie zu halten unter Ausschluß etwa hinzukommender neuer Erbberechtigter.

Steuerlich wird allerdings dieser juristische Kniff **nicht nach-** 69 **vollzogen:**

Nach § 6 ErbStG gelten Vorerbschaft und Nacherbschaft als **separate, selbständig zu besteuernde Erbfälle,** wobei unterstellt wird, daß der Nacherbe vom Vorerben den Nachlaß erhält: Der Nachlaß wird also zweimal belastet. Diese Folge gilt auch, wenn der Erblasser einen einzelnen Gegenstand im Wege des **Vor- und Nachvermächtnisses** erst dem einen, dann dem nächsten Vermächtnisnehmer zugewandt oder er bestimmt hat, daß das Vermächtnis – z.B. zur Ausschöpfung der Freibeträge – erst beim Tode des Längstlebenden fällig werden soll (§ 6 Abs. 4 ErbStG).

Wenn also der Vorerbe erbt, hat dieser den Nachlaß zu versteuern; der Nacherbe, der zwar schon ein zivilrechtliches Anwartschaftsrecht auf den künftigen Erhalt des Nachlasses hat, kann dieses noch nicht versteuern; erst beim Eintritt des Nacherbfalles versteuert der Nacherbe, und zwar grundsätzlich aufgrund seines Verwandschaftsverhältnisses zum Vorerben, es sei denn, er steht in einem engeren Angehörigkeitsverhältnis zum Erblasser, das er dann auf Antrag als maßgeblich erklären kann.

Beispiel: Der Vater hat seinen Bruder als Vorerben, seinen Sohn als Nacherben eingesetzt auf den Tag des Erreichens der Volljährigkeitsgrenze.

Wenn der Nacherbfall eintritt, hat der Sohn den Nachlaß grundsätzlich in Erbschaftsteuerklasse II (nach seinem Onkel) zu versteuern; er kann aber beantragen, daß das – zivilrechtlich maßgebliche – Rechtsverhältnis, das nach seinem Vater als Erblasser bestand, auch steuerlich maßgeblich wird, so daß er den Erhalt des Nachlasses in Erbschaftsteuerklasse I versteuert.

b) Vermächtnisanordnung

Will der Erblasser erreichen, daß nicht der gesamte Nachlaß, 70 sondern nur ein einzelner Gegenstand dem Begünstigten zufällt, so bietet sich dem Erblasser die Möglichkeit, dies durch Vermächtnisanordnung zu erreichen.

Im Gegensatz zur Erbeinsetzung, bei der der Erbe im Wege der Gesamtrechtsnachfolge unmittelbar in die Rechtsposition des Erblassers hineinwächst, wird der Vermächtnisnehmer Rechtsnachfolger im Wege der **Einzelrechtsnachfolge,** das heißt, der Erbe muß ihm den vermachten Gegenstand aushändigen.

71   Dies kann in der Weise geschehen, daß der Gegenstand, der an den Vermächtnisnehmer übertragen wird, bereits zum Nachlaß gehört, aber es ist auch möglich, daß der Erblasser den Erben anweist, mit Mitteln des Nachlasses einen bestimmten Gegenstand zu erwerben und diesen dann dem Vermächtnisnehmer auszuhändigen **(Verschaffungsvermächtnis).**

Diese Gestaltung kann unter erbschaftsteuerlicher Sicht besonders zweckmäßig sein.

Beispiel: Der Erblasser hinterläßt ein Geldvermögen von 3 Mio. DM. Erbe wird sein Sohn. Vermächtnisnehmer soll seine Lebensgefährtin in Höhe von 1 Mio. DM werden.
Wenn er seiner Lebensgefährtin unmittelbar die 1 Mio. DM zuwendet, hat diese hierauf 29% Erbschaftsteuer zu entrichten.
Deshalb schreibt er in sein Testament, daß der Sohn ein Grundstück im Wert von 1 Mio. DM erwerben möge, das er seiner Lebensgefährtin zuwendet.

Die Zuwendung des Grundstücks geschieht im Wege des **Verschaffungsvermächtnisses.** Das hat den Vorteil, daß die im Regelfall immer noch deutlich geringeren Steuerwerte des Grundstücks für das Vermächtnis maßgeblich werden, wobei – insofern ebenfalls steuersenkend – der Sohn die Anschaffungskosten für das Grundstück zum Nominalwert von seinem Nachlaß absetzen kann: Es entsteht also ein **zweifacher Steuerspareffekt.**

Aber auch dieses Beispiel ist signifikant für die **Unausgewogenheit der Erbschaftsteuerreform 1997.** Die Lebensgefährtin, die zwar nach nicht ganz nachvollziehbarer Wertung des Gesetzgebers immer noch schlechtergestellt ist als die geschiedene Ehefrau (Steuerklasse III gegenüber II), ist erheblich entlastet worden: Sie hätte bei einer Bereicherung um 1 Mio. DM nach altem Recht 48% Erbschaftsteuer statt nur 29% entrichten müssen, wogegen etwa Kinder statt bisher 10% künftig 15% Erbschaftsteuer schulden: Ob dies mit dem verfassungsgerichtlichen Postulat der Schonung von Vermögenstransfers in der engsten Familie vereinbar ist, dürfte fraglich sein!

Im übrigen ist das Vermächtnis ein geeignetes Mittel, selbst 72 unter Miterben Verschiebungen zu bewirken, die für den einen oder anderen begünstigend sind.

Beispiel: Der Vater möchte seine beiden Kinder gerecht bedenken. Er beruft sie deshalb zu seinen Alleinerben. Er möchte aber, daß seine Tochter das von ihr genutzte Wohnhaus alleine und ohne Anrechnung auf ihre Erbquote erhält. Insofern ergänzt er das Testament und verschafft im Wege des **Vorausvermächtnisses** der Tochter das Haus.

Ein **Vorausvermächtnis** nach § 2150 BGB liegt immer dann vor, wenn dem Erben ohne Anrechnung auf seine Erbquote ein Einzelgegenstand zugewandt wird, wobei er diesbezüglich nicht gegenüber anderen Erbberechtigten ausgleichspflichtig wird.

Ein wirtschaftlich vergleichbares Ergebnis, das aber rechts- 73 theoretisch anders begründet ist, erreicht man über die soge-nannte **Teilungsanordnung** (§ 2048 BGB): Hier schreibt der Erblasser, ohne die Erbquoten zu verändern, eine bestimmte Auseinandersetzung des künftigen Nachlasses vor.

Beispiel: Der Erblasser beruft seine beiden Kinder zu Alleinerben. Er bestimmt aber im Wege der Teilungsanordnung, daß der Sohn das Unternehmen, die Tochter die privaten Immobilien erhält.

Stellt sich sodann heraus, daß das Unternehmen gegenüber den Immobilien höherwertig ist, so hat der Sohn, der das Unternehmen ja nur in Anrechnung auf seine Erbquote erhalten hat, im Gegensatz zum vorausgegangenen Fall des Vorausvermächt-nisses seiner Schwester Ausgleichszahlungen für den Mehrerhalt zu leisten.

Erbschaftsteuerlich taucht dann allerdings das Problem auf, daß beide Geschwister trotz unterschiedlich hoher Nachlaß-erwartungen gleich hohe Erbschaftsteuern entrichten müssen, weil die Teilungsanordnung eben keine unterschiedliche Wert-zuweisung zum Inhalt hat, sondern nur die quotale Teilung in gleiche Anteile, auf die, erbschaftsteuerlich unbeachtlich, unterschiedliche Vermögensgegenstände angerechnet werden. Das kann schnell zu „ungerechten" Steuerbelastungen führen, weil der, der laut Anordnung weniger erhält, gleich viel versteuern muß wie der, der mehr erhält. Das wird in den neuen ErbStR auch ausdrücklich klargestellt (R 5 Abs. 1 Satz 3). **Wir empfehlen deshalb folgende Steuerausgleichsklausel:**

In einem solchen Fall sollte die letztwillige Verfügung die Bestimmung enthalten, daß jeder Erbe einen Anteil der insgesamt anfallenden Erbschaftsteuer zu übernehmen hat, der dem wirtschaftlichen Wert seines Erhalts im Vergleich zu dem der Miterben entspricht.

c) Auflage

74 Etwas ähnliches, aber strukturell anderes liegt vor, wenn der Erblasser eine Auflage statuiert: Dann nämlich bedarf es, anders als beim Vermächtnis, keines Begünstigten und keiner Zuwendung eines Vermögensvorteils, was beim Vermächtnis unerläßlich ist (§§ 2192 ff. BGB).

Die Auflage kann darin bestehen, daß dem Beschwerten **Leistungsverpflichtungen** auferlegt werden, die er zu erfüllen hat, ohne daß ein Dritter vorhanden ist, der diese Erfüllung von ihm fordern kann.

Die Auflage wird häufig dann genutzt, wenn **Begünstigungen für Erbunfähige** (z. B. nicht rechtsfähige Personengemeinschaften oder Tiere) erzielt werden sollen oder der Erblasser bestimmte Zwecke nach seinem Tod verfolgt, die er gesichert haben will, ohne jemandem einen unmittelbaren Vorteil zuzuwenden.

Beispiel: Der Erblasser setzt seinen Sohn als Erben ein, auferlegt diesem aber, zur Förderung der Wirtschaftswissenschaften jährlich einen Betrag von 10 000,– DM der wirtschaftswissenschaftlichen Fakultät einer bestimmten Universität zur Anschaffung von Büchern zur Verfügung zu stellen.

Zwar kann die Universität nicht unmittelbar die **Erfüllung der Auflage** fordern, aber dieses Recht steht den Miterben, dem Testamentsvollstrecker, sonstigen Personen, die als Vollziehungsberechtigte im Testament benannt worden sind, oder den sogenannten Wegfallbegünstigten zu, das sind solche Personen, die beim Wegfall der beschwerten Person (Erben) unmittelbar die Rechtsnachfolge anzutreten hätten, also zum Beispiel die nächstberufenen gesetzlichen Erben (Ersatzerben).

Werden Auflagen gemacht, wonach der Erbe oder Beschenkte *74a* für den Schenker/Erblasser oder Dritte bestimmte Nutzungen gestatten muß, handelt es sich erbschaftsteuerlich um **gemischte Schenkungen,** die teils unentgeltlich, teils entgeltlich sind: Dadurch wird dann gegebenenfalls Schenkungsteuer, möglicherweise in Kombination mit anderen Steuern ausgelöst.

Beispiel: Anton schenkt seiner Lebensgefährtin Lisa ein Haus mit einem Steuerwert von 500 000 DM, belastet sie aber damit, seiner Tante eine lebenslängliche „Rente" zu gewähren; diese hat einen Steuerwert von 100 000 DM. Das Haus hat einen Verkehrswert von 800 000 DM.
Somit bereichert er sie nur um einen Verkehrswert von (800 TDM ./. 100 TDM =) 700 TDM.
Die Auflage der Rentenzahlung begründet für sich einen entgeltlichen Teil. Demnach muß die Lisa, wie bei der **gemischten Schenkung,** nach folgender Formel die Bereicherung versteuern:

$$\frac{\text{Steuerwert des Hauses} \times \text{Verkehrswert der Bereicherung}}{\text{Verkehrswert des Hauses}} = \text{Steuerwert} = \frac{500\,\text{TDM} \times 700\,\text{TDM}}{800\,\text{TDM}}$$
$$= 437\,500\,\text{DM (statt nur 400 TDM)}$$

Außerdem muß die Lisa die Rentenverpflichtung als von ihr geleisteten Anteil des Hauserwerbs **neben** der Schenkungsteuer der Grunderwerbsteuer unterwerfen. Hätte Anton ihr das Haus dagegen unter **Nießbrauchs-** oder sonstiger **Duldungsauflage** zugunsten seiner Tante übertragen, hätte diese Auflagenschuld die Erbschaftsteuer gemindert (siehe R 17 Abs. 1 ErbStR).

d) Testamentsvollstrecker

Gerade dann, wenn der Erblasser künftige Entwicklungen beeinflussen möchte, ist ihm oftmals mit der Einsetzung eines Testamentsvollstreckers gedient, der den mutmaßlichen Willen des Erblassers kennt und diesen über den Tod hinaus sichert. *75*
Hierbei begegnet man häufig dem Wunsch von künftigen Erblassern, über die Testamentsvollstreckung noch Einfluß zu neh-

men auf die Vermögensverwaltung der Hinterbliebenen. So ehrbar dieses Verlangen ist, es sollte jedoch niemals außer Betracht gelassen werden, daß die Testamentsvollstreckung eine **Beschwer für den Erben** darstellt, da sie de iure und de facto an der uneingeschränkten Nutzung und Verwertung des Nachlasses hindert. Aus diesem Grund sieht auch § 2306 BGB vor, daß die Anordnung der Testamentsvollstreckung jedenfalls dann konterkariert werden kann, wenn ein Pflichtteilsberechtigter hiermit nicht einverstanden ist: Er kann die so belastete Erbschaft ausschlagen und stattdessen den Pflichtteil in Geld verlangen. Die Folge ist, daß eine vom Erblasser sinnvollerweise getroffene Nachlaßregelung zerstört wird. Insofern sollte gerade bei der Auswahl des Testamentsvollstreckers auf den mutmaßlichen Willen der künftigen Erben Rücksicht genommen werden:

Der Testamentsvollstrecker sollte nicht nur vom wirtschaftlichen Verständnis her geprägt sein, die Vermögensverwaltung auch sinnvoll wahrnehmen zu können, sondern darüber hinaus das Vertrauen der künftigen Erben genießen, da er andernfalls Gefahr läuft, entweder sein Amt nicht sachgerecht auszuüben oder mit den Erben in (ständigen) Konflikt zu geraten bis hin zu seiner streitigen Abberufung wegen unüberbrückbarer Diskrepanzen (§ 2227 BGB).

5. Erbverzicht/Pflichtteilsverzicht

76   Wegen der jedem Testament immanenten Gefahr, daß Rechte von Pflichtteilsberechtigten beschnitten oder beschränkt worden sind, was die Pflichtteilsgeltendmachung zur Folge haben kann, ist zu erwägen, ob nicht mit den Pflichtteilsberechtigten, flankierend zur letztwilligen Verfügung, ein Pflichtteilsverzicht vereinbart wird (§§ 2346 ff. BGB).

Der **Pflichtteilsverzicht ist** ein vom Inhalt her **eingeschränkter Erbverzicht** (§ 2346 Abs. 2 BGB).

77   Während der Erbverzicht bewirkt, daß der gesetzliche Erbe mit seiner gesamten Linie aus der gesetzlichen Erbfolge ausscheidet, sich dadurch das Erbrecht der übrigen gesetzlichen Erben erhöht, bewirkt der Pflichtteilsverzicht lediglich für den Verzichtenden und, wenn nichts anderes bestimmt ist, für seine

Abkömmlinge ein Ausscheiden aus der Schar der Pflichtteilsberechtigten ohne Vermehrung der Rechte anderer Pflichtteilsberechtigter.

Hat der Pflichtteilsberechtigte einen Pflichtteilsverzicht ausgesprochen, so kann er nach dem Tod des Erblassers zwar nicht mehr den Pflichtteil fordern, wenn er enterbt wird; liegt aber eine letztwillige Verfügung nicht vor, so ist er ungeachtet seines Pflichtteilsverzichtes gesetzlicher Erbe geworden. Insofern ist es falsch, wenn undifferenziert von pflichtteilsberechtigten Personen ein „Erb- und Pflichtteilsverzicht" verlangt wird, soweit nur angestrebt ist, Sicherheit herzustellen, eine Pflichtteilsgeltendmachung auszuschließen.

Beispiel: Der Vater beabsichtigte, seinen Nachlaß in der Form aufzuteilen, daß sein Sohn das Unternehmen, seine Tochter den Privatbesitz erhalten sollte. Der Vater erwartete, daß beide Kinder einen Pflichtteilsverzicht aussprächen, damit die Unternehmensnachfolge vor Querschlägern gesichert sei. Der Sohn war bereit, den Pflichtteilsverzicht auszusprechen, die Tochter dagegen nicht. Fälschlicherweise hatte der Sohn beim Notar einen Erb- und Pflichtteilsverzicht unterschrieben gegen die Zusage, daß sein Vater ihn kraft Testaments zum Erben berufen werde. Hierzu kam es aber nicht mehr.

Die Folge war, daß der Sohn durch den Erbverzicht vollständig aus der gesetzlichen Erbfolge ausgeschieden war, die Tochter wurde somit alleinige gesetzliche Erbin nach ihrem Vater.

Hätte der Sohn dagegen lediglich einen Pflichtteilsverzicht ausgesprochen, so wäre er wenigstens noch zu $1/2$ gesetzlicher Erbe geworden und hätte aufgrund dieses Erbrechts mit seiner Schwester erfolgversprechende Verhandlungen zur Erlangung des Unternehmens führen können.

Ein Erbverzicht kommt deshalb nur dann in Betracht, wenn *78* der Erblasser beabsichtigt, den Verzichtenden samt seinen Abkömmlingen gänzlich aus jedweder gesetzlichen Erberwartung auszuschließen. Es versteht sich, daß ein Erbverzicht, der zwangsläufig die Erhöhung der gesetzlichen Erbrechte der verbleibenden Erben zur Folge hat, zugleich auch zu einer Vergrößerung ihrer Pflichtteilsrechte führt.

Nur wenn dieses Ergebnis vom Erblasser beabsichtigt ist, soll der Pflichtteilsverzicht mit einem Erbverzicht kombiniert werden.

79 Vielfach ist ein Kind nur dann bereit, auf sein Pflichtteilsrecht zu verzichten, wenn es hierfür eine **Abfindung** erhält, die zu erbringen der künftige Erblasser aber (noch) nicht in der Lage ist. Oder ein minderjähriges Kind soll im Interesse der Nachfolgegestaltung auf sein Pflichtteilsrecht verzichten, was der Mitwirkung des Vormundschaftsgerichts bedarf, die nur bei „mündelsicherer Anlage" des Pflichtteilsentgelts zu erlangen ist.

Einen Ausweg aus dieser Bredouille bietet dann der **modifizierte Pflichtteilsverzicht,** durch den der Erblasser im Gegenzug zum Pflichtteilsverzicht vertraglich zusichert, daß der Pflichtteilsberechtigte soviel an Vermögen erhalten wird, daß sein Pflichtteilsrecht (unter Einschluß des Pflichtteilsergänzungsanspruchs) erfüllt wird. Der Vorteil liegt darin, daß zum einen dem Verzichtenden kein Vermögenswert verlorengeht, der künftige Erblasser noch nicht leisten muß und dennoch die zu treffende letztwillige Verfügung vor einem unerwarteten, auf Geld gerichteten Pflichtteilsprozeß bewahrt ist.

6. Erbschein

80 Das Nachlaßgericht ist auf Antrag verpflichtet, dem Erben einen Erbschein auszustellen, womit ein mit **öffentlichem Glauben** ausgestattetes Zeugnis über sein Erbrecht oder, wenn er nur zu einem Teil der Erbschaft berufen ist, über die Größe des Erbteils erteilt wird (§ 2353 BGB).

Der Erbschein ist eine unerläßliche Voraussetzung immer dann, wenn Grundbuchkorrekturen erfolgen, das heißt, immer wenn **Grundvermögen** zum Nachlaß gehört, wird das Grundbuchamt die Eigentümerveränderung im Grundbuch erst vornehmen, wenn ihm kraft Erbscheins das Erbrecht dokumentiert worden ist. Eine Ausnahme lassen die Grundbuchämter jedoch dann zu, wenn das Testament in notarieller Form errichtet worden war: Hier genügt die **Vorlage des notariellen Testamentes,** um auch ohne Erbscheinvorlage die Grundbuchänderungen zu erlangen. Ein einfaches Testament wird hierzu als unzureichend erachtet.

Dieser zuletzt genannte Aspekt kann unter Kostengesichtspunkten von Bedeutung sein, dann nämlich, wenn hohes Immobilvermögen zum Nachlaß gehört. Hier kann es empfehlenswert sein, zur Vermeidung der Erbscheinkosten, die sich am Verkehrswert des Grundvermögens bemessen, das Testament in notariell gehöriger Form zu errichten, also auf die Möglichkeit des einfachen handschriftlichen Testaments zu verzichten, um später die hohen Erbscheinkosten zu vermeiden. Derselbe Rat gilt übrigens auch, wenn (zugleich) über ausländisches Immobilienvermögen verfügt wird. In vielen Ländern (z. B. Florida) gilt das notarielle Dokument als nachweisgeeignet, nicht aber das bloß handschriftliche Testament.

7. Gesellschaftsrechtliche Nachfolgeregelungen

Eine besonders komplizierte Variante erfährt das Erbrecht, *81* wenn es mit Gesellschaftsrecht zusammentrifft.

Beispiel: Der Unternehmer ist Inhaber einer KG-Beteiligung, eines GmbH-Geschäftsanteils sowie eines nennenswerten Immobilienvermögens.
Er möchte erreichen, daß jedes seiner drei Kinder einen Vermögensblock für sich alleine erhält. Reicht es, wenn er dies testamentarisch festlegt?

Bezüglich des Immobilienvermögens ist die Regelung einfach: Der Unternehmer hat die Möglichkeit, durch Testament entweder eine Teilungsanordnung zu treffen, wonach jedes Kind zu $\frac{1}{3}$ erbt und in Anrechnung auf die Quote das eine Kind das Immobilvermögen übernimmt, oder er läßt eines der Kinder zum Erben werden, das mit einem Vermächtnis zugunsten des mit dem Immobilvermögen zu Begünstigenden belastet wird. Beide Wege können, wenn auch mit unterschiedlichen Erbschaftsteuerfolgen, zu dem gewünschten Ergebnis im privaten Bereich führen.

Probleme bereitet dagegen die Rechtsnachfolge in die Beteiligungen:

a) Rechtsnachfolge in Personengesellschaftsanteile

Die **Personengesellschaft,** wie die Gesellschaft bürgerlichen *82* Rechts, die offene Handelsgesellschaft und die Kommanditgesellschaft einschließlich der Mischform GmbH & Co. KG, ist von der Struktur her als **Tätigkeitsgemeinschaft** ausgestaltet; grundsätzlich geht beim Tod des Personengesellschafters die Gesellschaft in Liquidition (§ 727 Abs. 1 BGB). Für Personen**handels**gesellschaften, zu denen nach der Handelsrechtsreform vom 22. 6. 1998 auch die nur **vermögensverwaltende** Gesellschaft gehören kann (§ 105 Abs. 2 HGB), gilt dies jedoch nach dem Willen des Reformgesetzgebers nicht mehr, vielmehr führt der Tod des Gesellschafters nach § 131 Abs. 3 Nr. 1 HGB n. F. zum Ausscheiden des Gesellschafters: Der Gesetzgeber hat dem Fortbestandsinteresse der Handelsgesellschaft Rechnung getragen. Damit ist die frühere Ansicht, daß speziell Anteile von vollhaftenden Gesellschaftern unvererblich seien (vgl. 3. Auflage Rz. 82), überholt.

Der **Tod des Kommanditisten,** des beschränkt haftenden Gesellschafters, hatte dagegen schon vorher nicht die Auflösung der Gesellschaft zur Folge, da seine Beteiligung vom Gesetzgeber lediglich als Finanzbeteiligung, also kapitalistisch, gesehen wurde: Der **Kommanditanteil** ist damit **vererblich** (§ 177 HGB). In jedem Fall zeigt sich aber, daß ohne spezielle Regelung, und korrespondierend in der letztwilligen Verfügung des Gesellschafters, Rechtsfolgen eintreten, die jedenfalls aus Sicht der Unternehmenskontinuität unerwünscht sein können.

Deshalb stehen den Gesellschaftern verschiedene Möglichkeiten offen, die Nachfolge in ihren Anteil zu regeln, von denen sie freilich in Abstimmung zur letztwilligen Verfügung Gebrauch machen müssen.

83 **aa) Fortsetzungsklausel.** Mit der **einfachen Fortsetzungsklausel** wird im Gesellschaftsvertrag festgelegt, daß beim Tod eines persönlich haftenden Gesellschafters die übrigen Gesellschafter die Gesellschaft fortführen. Das hat zur Folge, daß der Erblasser mit seinem Tod – entsprechend der neuen Gesetzeslage – aus der Gesellschaft ausscheidet und sein Anteil auf die übrigen Gesellschafter im Wege der **Anwachsung** übergeht. Die Erben selbst gelangen gar nicht erst in die Gesellschaft, sondern bleiben außen vor. Ihnen steht allenfalls ein Abfindungsanspruch zu in Höhe des Guthabens, das dem verstorbenen Erblasser zustand.

Es zeigt sich also, daß hier die Gesellschaftsbeteiligung nicht in den Nachlaß fällt, sondern regelrecht am Nachlaß vorbeigesteuert wird. Diese Erkenntnis hat natürlich Auswirkungen:

Die gravierendste Auswirkung liegt darin, daß diese Gestaltung es zuläßt, etwaige Abfindunganprüche von Erben gänzlich auszuschließen:

Denn das jetzt gesetzlich gesicherte Fortführungsinteresse des Unternehmens ist vorrangig gegenüber irgendwelchen Erberwartungen von Nichtgesellschaftern; wenn die Gesellschafter Abfindungen an Erben ausschließen, hat dies Geltung.

Da alle Gesellschafter die gleiche Chance haben, durch den Tod eines Mitgesellschafters dessen Anteil (anteilig) zu erwerben, handelt es sich der Struktur nach um einen **entgeltlichen Vertrag** unter Lebenden und nicht etwa um eine Nachfolgeregelung auf den Todesfall: Auch dies hat wiederum Auswirkungen, weil jedenfalls dann, wenn der Gesellschaftsanteil weder in den Nachlaß gelangt noch unentgeltlich an ihm vorbeigesteuert wird, auch hieran keine Pflichtteilsrechte oder -ergänzungsansprüche übergangener Erben orientiert werden können.

Die Fortsetzungsklausel bewirkt also einen entgeltlichen 84 Übergang des Anteils auf die Mitgesellschafter außerhalb des Nachlasses und damit **außerhalb des Erbrechtes.**

Insofern bietet gerade diese gesellschaftsrechtliche Gestaltung eine **pflichtteilsresistente Maßnahme,** wenn diese z. B. für nötig erachtet wird, „begehrliche" Kinder aus früherer Ehe vom Unternehmensvermögen fernzuhalten oder dem längstlebenden Ehepartner Schutz vor solchen Angriffen auf sein den Lebensabend sicherndes Vermögen zu verschaffen. Da schließlich nicht nur operatives, sondern schließlich jedes Vermögen als Gesellschaftsvermögen tauglich ist, kann über die Gesellschaftsbildung der Pflichtteilsdrohung unliebsamer Kinder wirksam begegnet werden!

Beispiel: Im Gesellschaftsvertrag der Arnold KG hieß es:
„Verstirbt ein Gesellschafter, wird die Gesellschaft von den übrigen Gesellschaftern fortgesetzt; Erben des Verstorbenen haben keine Abfindungsansprüche gegen die Gesellschaft."

Diese einfache Fortsetzungsklausel bewirkt, daß beim Tode des Mitgesellschafters die übrigen Gesellschafter den Anteil entgeltlich im Wege der **Anwachsung** erwerben. Sie sind damit vor etwaigen Pflichtteilsergänzungsansprüchen der ohne Abfindung bleibenden Erben bewahrt; außerdem kann sich keiner der „geprellten" Erben darauf berufen, die Abfindungsklausel sei unwirksam: Denn ihm fehlt ersichtlich die Legitimation, gesellschaftsrechtliche Einwendungen vorzutragen, weil er niemals zur Gesellschaft gehörte.

85 Bei der Fortsetzungsklausel wäre auch die testamentarische Bestimmung des Mitgesellschafters zum Erben entbehrlich gewesen; denn bei der Fortsetzungsklausel **erwirbt** der Mitgesellschafter **unter Lebenden** und nicht von Todes wegen.

Es zeigt sich, daß der Ausgestaltung der Klausel erhebliche zivilrechtliche Bedeutung zukommt. Das gilt selbstverständlich auch für andere erbrechtliche Rechtsfolgen wie zum Beispiel für die Anordnung eines Testamentsvollstreckers. Da der Gesellschaftsanteil nicht zum Nachlaß gehört, gibt es auch hier keine Testamentsvollstreckung. Ebensowenig haben Nachlaßgläubiger die Möglichkeit, auf den Gesellschaftsanteil zuzugreifen.

86 **bb) Nachfolgeklausel.** Konstruktiv anders, nämlich mit dem Erfolg, daß die Erben in die Gesellschaft einrücken, wirkt die sogenannte (einfache) **Nachfolgeklausel:**

Beispiel: Im Gesellschaftsvertrag der X KG steht folgende Klausel: „Beim Tod eines Gesellschafters wird die Gesellschaft unter Einschluß seiner Testamentserben, falls keine solchen benannt sind, der gesetzlichen Erben, fortgesetzt."

87 Der Unterschied zur Fortsetzungsklausel liegt darin, daß hier die Gesellschaft nicht ausschließlich mit den Gesellschaftern, sondern mit den Erben des Verstorbenen fortgesetzt wird. Der Anteil des Erblassers ist vererblich gestellt. Der Gesellschaftsanteil gelangt aber nicht in die Gemeinschaft der Erben, sondern zerfasert auf die einzelnen Miterben, die diesen im Wege der **Sondererbfolge** erhalten. Damit wird der Gesellschaftsanteil auch hier – allerdings nicht wertmäßig – außerhalb des übrigen Nachlasses weitervererbt. Weil er aber trotz der Sondernachfolge dennoch wertmäßig zum Nachlaß gehört, ist er für etwaige

Pflichtteilsansprüche benachteiligter Erben – insoweit im Gegensatz zu der Rechtsfolge bei Fortsetzungsklausel – von Bedeutung.

Häufig bestimmt der Erblasser, daß nicht alle seine Erben   *88*
nachfolgeberechtigt sind, sondern er trifft eine Personenauswahl im Wege der **qualifizierten Nachfolgeklausel,** durch die eine bestimmte Person ausersehen wird, den Anteil zu übernehmen.

Beispiel: Beim Tode des Arthur übernimmt der Mitgesellschafter den Anteil, was ihm testamentarisch zugesagt war. Kann der Sohn von Arthur, der enterbt ist, Pflichtteilsansprüche am Wert des Anteils orientieren?

Die Frage ist nur dann zu bejahen, wenn es sich um eine Nachfolgeklausel handelt, nicht aber, wenn eine Fortsetzungsklausel vereinbart war. Bei der Nachfolgeklausel gehört der Anteil wertmäßig zum Nachlaß. Also kann der Pflichtteilsberechtigte wegen Schmälerung seines Anspruchs Pflichtteilsergänzungs- bzw. -restansprüche gegen den Rechtsnachfolger des Anteils richten. Weil der Anteil wertmäßig zum Nachlaß zählt, ist er auch für Nachlaßgläubiger verwertbar, die Gesellschaft ist also zunächst insoweit ungeschützt. Andererseits ist der Anteil, da er nur im Wege der Sondererbfolge und damit außerhalb des Nachlasses weitergegeben wird, auch hier grundsätzlich der Testamentsvollstreckung unzugänglich, wobei aber der Rechtsprechungswandel insoweit zu beachten ist, daß gemäß BGH die **Testamentsvollstreckung an einem Kommanditanteil** dennoch möglich sein soll: Das hängt mit der Bewertung des Kommanditanteils als Finanzierungsmittel zusammen. Ob mit der neuerlichen Wertung des Handelsreformgesetzgebers, daß Vollhafteranteile vererblich sind, auch die Testamentsvollstreckung möglich geworden ist, scheint naheliegend (vergleichbar der Testamentsvollstreckung beim Tod des Einzelkaufmanns, sein Geschäft betreffend).

In jedem Fall ist es gerade hier unerläßlich, eine **Koordination**   *89*
zwischen Gesellschaftsvertrag und testamentarischer Verfügung herzustellen, weil andernfalls die qualifizierte Nachfolgeklausel ins Leere geht. Im Gegensatz zur Fortsetzungsklausel,

die das Nachfolgeproblem auf gesellschaftsrechtlicher Ebene löst und insofern sämtliche Ansprüche im erbrechtlichen Bereich abschneidet, wirkt die Nachfolgeklausel erbrechtlich mit der Folge, daß hier alle erbrechtlichen Probleme wie Pflichtteilsentstehung, Ausgleichszahlungen unter Erben, Testamentsvollstreckung und Nachlaßhaftung entstehen.

90   Will also der Erblasser in jedem Fall sicherstellen, daß sein Unternehmen vor erbrechtlichen Ansprüchen geschützt ist, so bietet sich ihm der Weg der gesellschaftsvertraglich bestätigten Fortsetzungsklausel; will er dagegen seine Gesellschaftsbeteiligung als Teil des Nachlasses behandelt wissen, so gestaltet er mit der Nachfolgeklausel.

91   Der Vorzug der Nachfolgeklausel gegenüber der Fortsetzungsklausel ist darin begründet, daß weiteren Personen über den Gesellschafterkreis hinaus die Rechtsnachfolge in Gesellschaftsanteile eröffnet wird; die Fortsetzungsklausel, die sich ja nur auf den Kreis der Gesellschafter beschränkt, führt irgendwann dazu, daß das Unternehmen zur Einzelfirma wird; sie wirkt insofern kontinuitätsfeindlich.

92   **cc) Eintrittsklausel.** Will aber dennoch der Unternehmer vermeiden, daß erbrechtliche Streitigkeiten in die Gesellschaft hineingetragen werden, und will er zugleich die Kontinuitätsbeschränkung durchbrechen, so empfiehlt sich die **Kombination der Fortsetzungsklausel mit einer sogenannten Eintrittsklausel:**
Dabei vollzieht sich der Mitgliedschaftswechsel im Unterschied zu den vorbesprochenen Klauseln nicht automatisch, sondern es bedarf der Mitwirkung des Eintrittsberechtigten: Seine Mitgliedschaft muß erst nach dem Erbfall begründet werden.
Allerdings fällt die Beteiligung dann dem Eintrittsberechtigten unentgeltlich zu, so daß sowohl Pflichtteilsansprüche als auch Ausgleichsansprüche unter Erben bedeutsam werden können.
Es ist also, wie sich an den Rechtsfolgen zeigt, von weitreichender Bedeutung, welche Kontinuitätsklausel der Gesellschaftsvertrag enthält.

93   Verdeutlicht wird dies nochmal an folgendem

Beispiel: In dem Gesellschaftsvertrag der Baumann KG steht folgende Bestimmung:
„Beim Tode des Komplementärs tritt dessen ältester Sohn die Rechtsnachfolge an."
Ein korrespondierendes Testament fehlt. Der Sohn des Baumann ist bereits Gesellschafter.

Wenn diese Formulierung als **Fortsetzungsklausel** interpretiert wird, vollzieht sich der Gesellschafterwechsel auf der gesellschaftsrechtlichen Ebene, das heißt, der Sohn des Baumann übernimmt gemäß der gesellschaftsvertraglich getroffenen Bestimmung den Anteil des Erblassers außerhalb des Erbfalls. Erbrechtliche Ansprüche seiner Geschwister oder sonstiger Pflichtteilsberechtigter können sich nicht an dem Wert des Gesellschaftsanteils orientieren.

Anders bei Annahme einer **Nachfolgeklausel:** Da ein Testament des Herrn Baumann fehlt, ist er nicht von seinem Sohn alleine beerbt worden mit der Folge, daß stattdessen eine Erbengemeinschaft im Wege der Sondererbfolge den freigewordenen Anteil übernommen hat, aber kraft der Bestimmung im Gesellschaftsvertrag mit Ausnahme des hierdurch begünstigten Sohnes gezwungen ist, aus der Gesellschaft auszuscheiden.

Das löst gesellschaftsrechtliche Abfindungsansprüche der scheidenden Erben aus, erbrechtlich entstehen Pflichtteilsrechte, falls die Pflichtteilsgrenzen unterschritten sind. Die Unternehmung wird also durch diese unkoordinierte Nachfolgeregelung geschwächt.

Sollte es sich dagegen um eine **mißglückte qualifizierte Nachfolgeklausel** handeln, so wirkt letztlich im Wege der Umdeutung die getroffene Bestimmung wie eine Eintrittsklausel: Der Begünstigte hat aufgrund dieser Bestimmung das Recht, in die Gesellschaft einzutreten und den Anteil von den Erben, falls er nicht dazugehört, zu erwerben. Hier wird das private Budget des Nachfolgers belastet. Das von dem Nachfolger gezahlte Eintrittsgeld entspricht dem Abfindungsguthaben des Erblassers und bildet als solches Teil des Nachlasses.

Aber nicht nur von den zivilrechtlichen Rechtsfolgen her unterscheiden sich die verschiedenen Gestaltungsmöglichkeiten, sondern, wie sich später zeigen wird, insbesondere auch im einkommensteuerlichen und erbschaftsteuerlichen Bereich.

b) Nachfolge in Kapitalgesellschaften

94   Ebenso wie neuerdings die Vererbung von Anteilen an Personengesellschaften ist die Vererbung von Kapitalgesellschaftsanteilen seit jeher unbeschränkt zulässig, sie darf nicht einmal erschwert oder gar ausgeschlossen werden.

Wenn also der Anteilsinhaber eines GmbH-Geschäftsanteils erreichen möchte, daß eine bestimmte Person diesen Anteil erhält, so kann er dies nicht durch **Vinkulierung** des Anteils selbst, d. h. durch die Zustimmungspflicht der GmbH zur Übertragung, sondern nur durch gesellschaftsvertragliche Bestimmungen erreichen, wonach nicht gewünschte Erben aus der Gesellschaft auszuscheiden haben oder bestimmte Personen erst gar nicht zur Erbschaft gelangen. In der Regel wird die Gesellschaft ermächtigt, den Anteil des nicht gewünschten Nachfolgers einzuziehen, wodurch er untergeht (§ 34 GmbHG), oder ihn zu veranlassen, den Anteil auf eine gewünschte Person übertragen zu müssen. Infolge seiner Vererblichkeit fällt aber der GmbH-Geschäftsanteil in jedem Fall in den Nachlaß, so daß Auseinandersetzungen hierüber stets erbrechtlich relevant sind.

Dennoch ist es nicht einerlei, wie die Nachfolge in den GmbH-Anteil geregelt wird: Denn gravierende Auswirkungen der Einziehungs- oder Abtretungsklausel, durch die eine qualifizierte Nachfolge gesichert werden kann, können sich im steuerlichen Bereich ergeben (vgl. später Rz. 335, 336).

Das gilt erst recht, wenn die Nachfolge in sog. **Mischgesellschaften** wie Betriebsaufspaltung und GmbH & Co. KG geregelt werden: Denn bei Unkoordiniertheit der Nachfolgeregelung kann der Verlust der Beteiligung drohen!

Beispiel: Arndt ist Teilhaber einer in Betriebsaufspaltung organisierten Unternehmung. Er beruft seine Ehefrau zur Alleinerbin, hat aber im Gesellschaftsvertrag seinen Sohn als nachfolgeberechtigt bestimmt.
Verstirbt Arndt, so hat der Sohn keine rechtliche Möglichkeit, die Anteilsübernahme zu erzwingen.

Handelte es sich bei dem Unternehmen gar um eine Gesellschaft, an der Arndt beteiligt war, kann der Familie sogar „blühen", daß sie endgültig infolge des Harmonisierungsfehlers aus den Beteiligungen ausgeschlossen wird!

Spätere Korrekturen sind nur unter Inkaufnahme zusätzlicher Liquiditäts- und Steuerbelastungen möglich.

8. Vorweggenommene Erbfolge

Der künftige Erblasser hat es in der Hand, ob er sein Vermögen erst im Zeitpunkt seines Versterbens an die von ihm auserkorenen Erben bzw. an die gesetzlichen Erben weitergibt oder ob er dies schon unter Lebenden herstellt. Er kann im Wege der sogenannten vorweggenommenen Erbfolge sein Vermögen zu Lebzeiten erbberechtigten Personen zuwenden. Das wird er immer dann tun, wenn er daran interessiert ist, bestimmte Vermögensgegenstände bestimmten Empfängern zuzuwenden, um so zu vermeiden, daß bezüglich des Vermögensgegenstandes Streit in einer Erbengemeinschaft oder sonstige Erbauseinandersetzungen entstehen. 95

Das typische Beispiel ist die Weitergabe etwa des Unternehmens an den Unternehmensnachfolger zu Lebzeiten.

Zivilrechtlich ist die vorweggenommene Erbfolge in aller Regel ein **unentgeltlicher Vorgang,** eine Qualifikation, der auch das Steuerrecht folgt.

Zu den den Charakter der Unentgeltlichkeit nicht verändernden „Gegenleistungen" gehört beispielsweise die Verpflichtung zu bestimmten **Sachwertausgleichungen,** die konstruktiv unmittelbar das weitergegebene Vermögen im Wert und im Umfang mindern.

Beispiel: Der Vater überträgt im Wege vorweggenommener Erbfolge seinem Sohn ein Mietshaus mit zehn Eigentumswohnungen, wobei er ihm auferlegt, seiner Schwester drei Eigentumswohnungen zu übertragen.

Der Sohn hat nicht für den Erhalt von sieben Eigentumswohnungen drei Eigentumswohnungen aufwenden müssen, sondern er hat von vornherein nur sieben Eigentumswohnungen unentgeltlich erhalten.

Dieselbe Bewertung steht an, wenn der künftige Erblasser sich oder anderen **Versorgungsleistungen** zubilligen läßt: Auch diese verändern nicht den Charakter der Unentgeltlichkeit, solange das hingegebene Vermögen den Wert der Versorgungsleistungen übersteigt. Anders ist es dagegen, wenn er dem Vermögensempfänger die Auflage macht, ihn von privaten Schulden freizustellen: Das schafft den Charakter der Entgeltlichkeit, weil nunmehr der Vermögensempfänger außerhalb dieses Vermögens Werte aufwenden muß, um die Auflage zu erfüllen.

Diese konstruktiven Unterschiede sind, wie sich zeigt, auch steuerlich bedeutsam.

Schenkungsteuerlich handelt es sich bei einer Schenkung unter Auflage (§ 525 BGB) um eine **gemischte Schenkung,** bei der die Gegenleistung nur quotal, entsprechend dem Verhältnis des Steuerwerts zum Verkehrswert der Leistung des Schenkers, die schenkweise Zuwendung mindert, so daß die Steuerbelastung höher ausfällt; demgegenüber sind Schenkungen unter sogenannter Nutzungsauflage, wie z.B. ein vorbehaltener Nießbrauch, steuerlich günstiger, weil hier der gesamte Wert der Nutzungsauflage den Steuerwert mindert.

Beispiel: Der Vater schenkt dem Sohn ein Haus im Steuerwert von 500 000,– DM gegen Nießbrauchsvorbehalt zugunsten seines Enkels im Wert von 300 000,– DM.
Der Sohn muß 200 000,– DM versteuern.
Der Vater „schenkt" dasselbe Haus gegen Übernahme von 300 000,– DM Verbindlichkeiten. Das Haus hat einen Verkehrswert von 700 000,– DM.
Steuerwert der Zuwendung

$$= \frac{\text{Steuerwert} \times \text{Verkehrswert der Bereicherung}}{\text{Verkehrswert}}$$

$$= \frac{500\,000 \times (700\,000 - 300\,000)}{700\,000}$$

$$= 285\,714 \text{ DM (statt } 200\,000 \text{ DM)}$$

Eine Besonderheit gilt jedoch für **betriebliche Verbindlichkeiten:**

Beispiel: Der Vater überträgt seinem Sohn den Betrieb, der einen Wert von DM 500 000,– hat, aber mit Schulden von DM 300 000,– belastet ist, sowie seiner Tochter ein Wohnhaus, das ebenfalls DM 500 000,– wert ist und mit DM 300 000,– Grundschulden belastet ist.

Der Sohn erhält den Betrieb gänzlich unentgeltlich, die Tochter erhält das Hausgrundstück teilentgeltlich, soweit sie die Schulden übernommen hat.

Dieser Differenzierung folgt auch das Einkommensteuerrecht, wie dies der Große Senat des BFH in seiner Entscheidung vom 5. 7. 1990 klargestellt hat (vertiefend Rz. 370 ff.). Sie ist begründet in der sog. **Einheitstheorie,** die bei Betriebsvermögen eine Saldierung zuläßt, entgegen der **Trennungstheorie** bei Übertragung von Einzelwirtschaftsgütern gegen Schuldübernahme.

III. Reaktionen der potentiellen Erben

Der Erbe weiß bei Antritt der Erbschaft noch nicht, ob der **96** Nachlaß ihm eine Bereicherung bringt oder nicht. In vielen Fällen weiß er möglicherweise nicht einmal etwas von der Tatsache, daß er überhaupt Erbe geworden ist.

Der Gesetzgeber hat auf diese Phase der Unkenntnis damit reagiert, daß er dem Erben verschiedene Gestaltungsmittel an die Hand gegeben hat, die er bis zur Klärung seiner Vorfragen einsetzen kann.

1. Ausschlagung der Erbschaft

Kein Erbe kann verhindern, daß er Erbe wird, aber keiner **97** kann gezwungen werden, die Erbschaft auch zu behalten: Deshalb ist ihm das Recht eingeräumt, die Erbschaft auszuschlagen (§ 1942 BGB). Von diesem Recht wird der Erbe insbesondere dann Gebrauch machen, wenn er um die Belastung des Nachlasses weiß, damit er sich vor **Haftungsproblemen** bewahrt. Er braucht sich dann um den Nachlaß nicht mehr zu kümmern. Für die **Ausschlagung** hat er eine **Frist** von sechs Wochen seit Kenntnis des Erbfalls und seiner Berufung als Erbe zu wahren.

Die Ausschlagung bewirkt allerdings nur, daß er selbst als Erbe ausscheidet, nicht, daß sonstige gesetzliche Erben, etwa seine Abkömmlinge, aus der Erbenlinie ausscheiden: Diese müssen selbständig die Erbschaft ausschlagen, wollen sie den Erbanfall bei sich verhindern.

2. Nachlaßbeschränkungen

98 Ist der Erbe sich nicht sicher, ob der Nachlaß überschuldet ist oder nicht und will er deshalb nicht ausschlagen, so hat er die Möglichkeit, die auf den Nachlaß **beschränkte Erbenhaftung** zu deklarieren. In diesem Fall wird der Nachlaß von dem sonstigen Vermögen des Erben verwaltungsmäßig getrennt und steht als Haftungsmasse so lange zur Verfügung, bis er verbraucht ist (§§ 1975 ff., 1990 BGB).

Ist der Nachlaß entsprechend unübersichtlich, so ist dem Erben zu empfehlen, neben der beschränkten Nachlaßhaftung zugleich die **Nachlaßverwaltung** zu erbitten, weil dann ein Nachlaßpfleger ihn durch Übernahme der Verwaltungstätigkeit entlastet, bis geklärt ist, ob der Nachlaß überschuldet ist oder nicht.

Ist er überschuldet, so kommt es zur **Nachlaßinsolvenz,** ist er nicht überschuldet, so kann nach Abschluß der Nachlaßverwaltung der Erbe das Restvermögen für sich verwerten.

3. Aufgebotsverfahren

99 Dem Erben wird, wenn er weder Nachlaßverwaltung hat anordnen lassen noch das Erbe ausgeschlagen hat, die Möglichkeit gegeben, durch Aufgebot die Höhe aller Nachlaßverbindlichkeiten zu ermitteln und so seine unmittelbare Erbenhaftung auf den Nachlaß zu beschränken: Er stellt beim Amtsgericht im Rahmen des Aufgebotsverfahrens den entsprechenden Antrag, damit alle Gläubiger ihre Forderungen anmelden. Versäumt ein Gläubiger die Anmeldung seiner Forderung, so ist es zwar mit seiner Forderung nicht endgültig ausgefallen, aber auf den Rest des Nachlasses beschränkt, ohne sich unmittelbar am Erbenvermögen schadlos halten zu können.

Es ist, wie an mehreren Stellen angedeutet, ohne weiteres einzusehen, daß die zivilrechtlichen Grundlagen des Erbrechts ihre steuerliche Entsprechung bei der Erbschaftsteuer, aber auch in der durch den Erbfall ausgelösten Einkommensteuer finden. Diese Verknüpfung herzustellen, ist Aufgabe der nachfolgenden Darstellungen zur Schenkung- und zur Erbschaftsteuer.

100 *(einstweilen frei)*

Teil 3: Die Schenkung im Steuerrecht

A. Schenkung und Schenkungsteuer

I. Zum Aufbau der folgenden Darstellung

Im folgenden sollen zunächst die wesentlichen Rechtsgrund- *101* lagen bezeichnet werden, nach denen sich die steuerliche Behandlung von Schenkungen richtet. Danach folgt der Verweis auf die Tatbestände, die als „Schenkung unter Lebenden" gelten. Sodann wird darzustellen sein, mit welchen Werten derartige Schenkungen im Rahmen der Ermittlung der Schenkungsteuer anzusetzen sind. Anschließend werden wir eingehen auf sachliche Steuerbefreiungen und auf die Freibeträge, die in Abhängigkeit von der jeweiligen Steuerklasse, praktisch also dem Verwandtschaftsverhältnis des Schenkers zum Beschenkten, gelten sowie auf die unterschiedlichen Steuersätze, die ebenfalls von dem entsprechenden Verwandtschaftsverhältnis und damit der Steuerklasse abhängen. All dies wird anhand konkreter Beispielsfälle erläutert werden.

II. Grundzüge des Schenkungsteuerrechts

1. Rechtsgrundlagen

Hauptsächliche Rechtsgrundlage ist das Erbschaftsteuer- und *102* Schenkungsteuergesetz (ErbStG) aus dem Jahre 1974, zuletzt geändert durch das „Steuerentlastungsgesetz 1999/2000/2002" vom 24. 3. 1999 (BGBl. I S. 402). Sie finden die geltende Fassung des ErbStG z. B. im Band Beck-Texte im dtv Nr. 5550 Steuergesetze 2.

Wie dort ersichtlich (vgl. § 1 Abs. 1), regelt das ErbStG in erster Linie die Besteuerung der „Erwerbe von Todes wegen" und der „Schenkungen unter Lebenden", daneben noch die – weniger bedeutsamen – „Zweckzuwendungen" und die Besteuerung des Vermögens einer Stiftung. Weitere Vorschriften sind enthalten in der Erbschaftsteuer-Durchführungsverordnung (ErbStDV), neugefaßt mit Wirkung ab dem 1. 8. 1998 am 8. 9. 1998 (BGBl. I S. 2568). Diese Verordnung, die im wesentlichen Anzeigepflichten, etwa von Behörden, Gerichten und Notaren anläßlich von Schenkungen und Erbfällen regelt, finden Sie ebenfalls in der zuvor genannten Textausgabe.

Von praktisch großer Bedeutung sind die mit Wirkung ab dem 1. 1. 1999 gültigen **Erbschaftsteuer-Richtlinien** (ErbStR) vom 21. 12. 1998 (BStBl. I Sondernummer 2 S. 1) mit den Erbschaftsteuer-Hinweisen (ErbStH). Erstere enthalten allgemeine Verwaltungsvorschriften zur Anwendung des Erbschaftsteuer- und Schenkungsteuerrechts (zitiert R 1 usw.), letztere (zitiert H 1 usw.) Verweisungen auf Schreiben des Bundesfinanzministers und insbesondere auf die Rechtsprechung des Bundesfinanzhofs (BFH) sowie Berechnungsbeispiele.

2. Schenkungsteuerliche Zuwendungen

103   Was als Schenkung im Sinne des Schenkungsteuerrechts anzusehen ist, bestimmt § 7 ErbStG. Die dortige Aufzählung knüpft an die BGB-Tatbestände der Schenkung an, geht aber über sie hinaus und unterwirft weitere Tatbestände der Schenkungsteuer. Nur wenn einer dieser Tatbestände im konkreten Fall vorliegt, ist überhaupt ein nach dem ErbStG „steuerpflichtiger Vorgang" gegeben.

Damit ist aber – dies muß man begrifflich genau unterscheiden – noch nicht gesagt, daß im konkreten Fall eine Steuerpflicht gegeben ist: Erst wenn im Einzelfall nach Abzug aller Freibeträge noch eine **Bereicherung** verbleibt, liegt ein „steuerpflichtiger Erwerb" vor, der dann eine nach den Umständen des Einzelfalles zu ermittelnde Schenkungsteuer auslöst.

Wichtigster Tatbestand, unter den die Schenkung im landläufigen Sinne (Eltern schenken ihrem Kind anläßlich der Hochzeit eine Eigentumswohnung; der Onkel schenkt seinem Neffen eine Armbanduhr) fällt, ist jedenfalls § 7 Abs. 1 Nr. 1 ErbStG, nämlich „jede freigebige Zuwendung unter Lebenden, soweit der Bedachte durch sie auf Kosten des Zuwendenden bereichert wird". Die ganz große Zahl aller Schenkungen fällt unter diesen Tatbestand. Soweit sich bei einzelnen Gestaltungsvorschlägen Abweichendes ergibt oder fraglich ist, ob überhaupt eine „freigebige Zuwendung" im vorstehenden Sinne gegeben ist, soll dies im jeweiligen Zusammenhang erörtert werden.

3. Wertermittlung

Ist im Einzelfall festgestellt, daß ein steuerpflichtiger Erwerb   *104* im Sinne des § 7 ErbStG vorliegt, so stellt sich die weitere Frage, mit welchem Wert der entsprechende Erwerb für die Berechnung der Schenkungsteuer in Ansatz zu bringen ist.

Beispiel: Herr Müller schenkt seinem Sohn Peter eine Eigentumswohnung in der Münchener City, die er vor drei Jahren für DM 380 000,– gekauft hatte und die im Zeitpunkt der Schenkung einen Wert (Verkehrswert) von DM 450 000,– hatte. Der Einheitswert der Wohnung war – wie Herr Müller dem Grundsteuerbescheid entnommen hatte – vom zuständigen Finanzamt mit DM 80 000,– festgesetzt worden. Seinem Sohn Paul schenkt Herr Müller zugleich, um keinen der Söhne zu benachteiligen, einen Geldbetrag in Höhe von DM 450 000,–.
Wie man vermuten wird, ist der geschenkte Geldbetrag mit seinem Nominalwert, also mit DM 450 000,– in Ansatz zu bringen. Wie aber ist das Grundstück anzusetzen? Auch hier erscheint es naheliegend, von dem Verkehrswert, also dem Wert, zu dem der Sohn Peter das Grundstück sogleich veräußern könnte, auszugehen, denn schließlich haben beide Söhne wertmäßig dasselbe bekommen. Allerdings scheint es auch nicht ausgeschlossen, daß man nicht den aktuellen Verkehrswert, sondern den seinerzeitigen Kaufpreis zugrundelegt. Herr Müller ist sogar, weil er dies vor einiger Zeit auf einem Seminar gehört hatte, der Meinung, es sei lediglich der um 40% erhöhte Einheitswert in Ansatz zu bringen, also ein Betrag von DM 80 000,– + 32 000,– = DM 112 000,–.

a) Die „alten" Einheitswerte

Würde der Fall vor 1996 spielen, hätte Herr Müller mit seiner   *104a* Vermutung recht. Angesetzt würde der um 40% erhöhte Einheitswert, also in der Tat ein Betrag von DM 112 000,–. Es liegt auf der Hand, daß der Sohn Paul, obwohl er wertmäßig dasselbe erhalten hat, damit bei der Schenkungsteuer gegenüber seinem Bruder Peter ganz erheblich benachteiligt wäre.

b) Der Grundbesitzwert als Bemessungsgrundlage

104 b Eine dem vorstehenden Beispielsfall ähnliche Sache war dem **Bundesverfassungsgericht** zur Entscheidung vorgelegt worden. Dieses hat daraufhin in seinem Beschluß zur Erbschaftsteuer vom 22. 6. 1995 (BStBl. II 1995 S. 671) entschieden, die Bestimmungen des Erbschaft- und Schenkungssteuergesetzes, nach denen sich die Bemessungsgrundlage für Grundbesitz (nur) nach dem (um 40% erhöhten) Einheitswert per 1. 1. 1964 richtet, bei Kapitalvermögen dagegen nach dem Nominalwert der jeweiligen Forderung, seien verfassungswidrig. Gleichzeitig hat das Bundesverfassungsgericht dem Gesetzgeber aufzugeben, bis spätestens zum 31. 12. 1996 – und zwar mit Rückwirkung ab dem 1. 1. 1996 – eine Neuregelung zu schaffen, die diesen Bedenken Rechnung trägt.

Nach längeren politischen Diskussionen ist diese Neuregelung in Gestalt des Jahressteuergesetzes 1997 vom 20. 12. 1996 (BGBl. I S. 2049) erfolgt. Danach ist für die Bewertung des Grundbesitzes zu Zwecken der Erbschaftsteuer (gemeint ist hier stets auch: der Schenkungsteuer) nicht mehr anzuknüpfen an die bisherigen Einheitswerte. Auch sind nicht etwa anstelle dieser Einheitswerte prophylaktisch und im voraus neue (aktualisierte) Einheitswerte festzusetzen. Vielmehr ist anstelle der bisherigen flächendeckenden Einheitsbewertung, bei dem alle 30 Millionen Einheiten des Grundbesitzes bewertet werden mußten, eine sogenannte **Bedarfsbewertung** (R 124 ErbStR) getreten. Dies besagt: Es werden nur noch diejenigen Grundstücke mit dem jetzt so bezeichneten **Grundbesitzwert** bewertet, bei denen dies für Zwecke der Erbschaft- bzw. Schenkungsteuer erforderlich ist.

Gemäß § 138 Abs. 4 des Bewertungsgesetzes (BewG) werden die entsprechenden Wertverhältnisse dabei weiterhin auf ganz bestimmte **Bewertungsstichtage** festgestellt. Erster Bewertungsstichtag ist der **1. 1. 1996.** Als nächster Bewertungsstichtag ist der **1. 1. 2002** vorgesehen. Demgemäß bestimmt die zuletzt genannte Vorschrift, daß die Wertverhältnisse zum 1. 1. 1996 lediglich gelten für die Feststellungen von Grundbesitzwerten bis zum 31. 12. 2001, praktisch also für sechs Jahre.

Wer nur annimmt, die „alten" Einheitswerte, also die auf den Stichtag 1. 1. 1964 (mit der pauschalen Erhöhung von 40% per 1. 1. 1974) könnten damit endgültig „ad acta gelegt" werden, der irrt: Die „alten" Einheitswerte behalten nämlich weiterhin Gültigkeit als Bemessungsgrundlage für die Grundsteuer. An sich und nach dem Wortlaut des Vermögensteuergesetzes (VStG) sind sie auch noch maßgeblich für die Ermittlung der Vermögensteuer. Wie weiter unten (Rz. 242) dargestellt, wird jedoch die Vermögensteuer infolge der dort zitierten Entscheidung des Bundesverfassungsgerichts ab dem 1. 1. 1997 nicht mehr erhoben, so daß die „alten" Einheitswerte insoweit ihre Bedeutung verloren haben, letztlich also nur noch für die Grundsteuererhebung von Bedeutung sind.

c) Zur Feststellung von Grundbesitzwerten

Die Bedarfsbewertung hat die **Steuerplanung** nicht einfacher *104c* gemacht: Nehmen wird das letztgenannte

Beispiel: Wollte Herr Müller unter der Geltung des alten Erbschaftsteuerrechts, also noch im Jahre 1995, seinem Sohn Peter die genannte Eigentumswohnung schenken, so konnte er „bis auf den letzten Pfennig genau" ausrechnen, was dies ihn bzw. seinen Sohn Peter an Erbschaftsteuer kosten würde. Er brauchte nur wie folgt zu rechnen:

Einheitswert	80 000,– DM
pauschale Hinzurechnung 40%	32 000,– DM
Maßgeblicher Steuerwert	112 000,– DM
abzgl. Freibetrag (altes Recht)	./. 90 000,– DM
Steuerpflichtiger Erwerb	22 000,– DM
hierauf Steuersatz 3% (altes Recht)	**660,– DM**

Lassen wir den Fall dagegen in 1996 oder später spielen, so ist die Berechnung keinesfalls so simpel, denn der Schenker oder Beschenkte, wer auch immer sich für die Höhe der Erbschaftsteuer interessiert, kann nicht einfach im Einheitswertbescheid nachsehen, um dann wie vorstehend zu rechnen. Er muß sich vielmehr konkrete Gedanken machen, zu welchem Ergebnis die

früher oder später vom Finanzamt vorzunehmende Bedarfsbewertung des Grundstücks (Eigentumswohnung) kommen und
mit welcher Schenkungsteuer er demnach zu rechnen haben
wird. Der Steuerpflichtige sollte daher die **Grundzüge der Bedarfsbewertung für Grundvermögen**, geregelt in den §§ 145 bis
150 des Bewertungsgesetzes sowie in R 158 bis 192 ErbStR,
kennen. Dabei ist in der Hauptsache zu unterscheiden zwischen
unbebauten und bebauten Grundstücken:

104 d   **aa) Unbebaute Grundstücke.** Bei unbebauten Grundstücken
(R 159 bis 163 ErbStR) gestaltet sich die Ermittlung des Grundbesitzwertes noch relativ einfach:

Auszugehen ist von den sogenannten **Bodenrichtwerten**
(R 161 ErbStR). Dies sind gemäß § 196 des Baugesetzbuches
(BauGB) die durchschnittlichen Lagewerte (Quadratmeterprei-
se) für Grund und Boden, die aufgrund von sogenannten **Kauf-
preissammlungen** für jedes Gemeindegebiet von Gutachter-
ausschüssen ermittelt und veröffentlicht werden. Gemäß § 145
Abs. 3 S. 2 BewG haben die Gutachterausschüsse zu diesem
Zweck nunmehr die Bodenrichtwerte auf den Stichtag **1. 1. 1996**
zu ermitteln und den Finanzämtern mitzuteilen.

Von dem Zwischenwert, der sich nach Multiplikation der Fläche des unbebauten Grundstücks mit dem einschlägigen Bodenrichtwert ergibt, ist sodann noch ein **pauschaler Abschlag** von
20% vorzunehmen (R 162 ErbStR). Dieser „Sicherheitsabschlag"
verfolgt in erster Linie den Zweck, die ansonsten regelmäßig zu
erwartenden Einwände des Steuerpflichtigen abzuschneiden, der
tatsächliche Wert des Grundstücks sei niedriger als der unter
Zugrundelegung der Bodenrichtwerte ermittelte Betrag.

Steht allerdings der Steuerpflichtige auf dem Standpunkt, trotz
dieses pauschalen Abschlages von 20% sei der danach verbleibende Wert immer noch höher als der „gemeine Wert" (§ 145
Abs. 3 S. 3 BewG), praktisch also niedriger als der wirkliche
Verkehrswert, so hat er die Möglichkeit, dies – etwa durch Vorlage eines Gutachtens – nachzuweisen (R 163 ErbStR).

Dazu folgendes

Beispiel: Herr Hoffmann schenkt seiner Tochter Andrea ein unbebautes Innenstadt-Grundstück, das er zwei Jahre zuvor für

DM 1,2 Mio. gekauft hatte. Das Grundstück ist 900 qm groß und die Kaufpreissammlung der entsprechenden Stadt weist für vergleichbare Grundstücke (erschließungsbeitragspflichtiges Bauland, geschlossene Bauweise, maximal vier Geschosse) einen Quadratmeterpreis von DM 1900,– aus. Das Finanzamt rechnet wie folgt:

900 qm × DM 1900,–	1 710 000,– DM
abzgl. Abschlag von 20%	./. 342 000,– DM
Grundbesitzwert somit	**1 368 000,– DM**

Herr Hoffmann wendet ein, dies könne unmöglich stimmen, da er das Grundstück vor erst zwei Jahren für DM 1,2 Mio. gekauft habe. Allenfalls sei gerechtfertigt eine Wertsteigerung von jährlich 4% entsprechend der allgemeinen Kaufpreisentwicklung für unbebaute Grundstücke, so daß also gerechtfertigt sei ein Betrag von höchstens DM 1,2 Mio. zzgl. 8% = DM 1 296 000,–. Das Finanzamt wendet hiergegen ein, Herr Hoffmann habe beim Kauf des Grundstücks offenbar ein „Schnäppchen" gemacht, habe also entweder besonders gut verhandelt oder einen „Dummen" gefunden, der ihm das Grundstück zu billig verkauft habe.

Will Herr Hoffmann hier nicht klein beigeben, so bleibt ihm nur noch, einen Gutachter mit der Erstellung eines ausführlichen Gutachtens zu beauftragen. Legt er das Gutachten vor und kann das Finanzamt die entsprechenden Feststellungen nicht erschüttern, so wird es den im Gutachten möglicherweise gefundenen niedrigeren Wert (der durchaus nach unten nicht beschränkt sein muß durch die Höhe der Anschaffungskosten von DM 1,2 Mio.!) zugrundelegen müssen.

Allerdings gilt keinesfalls und uneingeschränkt der Grundsatz, daß – unabhängig von Qualität und Inhalt – eine jegliche gutachterliche Feststellung gegenüber dem Finanzamt bindend wäre. Es darf vielmehr erwartet werden, daß nicht selten in einem solchen Falle die Parteien nach dem Prinzip eines „orientalischen Marktes" einen letztlich irgendwo zwischen den beiderseitigen Ansichten liegenden Kompromiß finden werden. Auch hier wird sich wohl bestätigen, daß es vernünftig ist, die „Kirche im Dorf zu lassen". Das will heißen: Wenn Herr Hoffmann beispielsweise im vorliegenden Fall an den von ihm beauftragten Gutachter das Ansinnen heranträgt, dieser möge doch zu einem

Grundstückswert von möglichst deutlich unter DM 1 Mio. kommen, so erweist er sich unter Umständen keinen Gefallen: Wenn der Gutachter diesem Ansinnen, möglicherweise entgegen seiner wirklichen Überzeugung und um seinen Auftraggeber möglichst weitgehend entgegenzukommen, nachkommt, erweist er diesem im Ergebnis wohl eher einen „Bärendienst": Das Finanzamt wird ein solches Gutachten wahrscheinlich insgesamt verwerfen, während es an einem Gutachten, welches beispielsweise einen Wert von DM 1,17 Mio. oder auch 1,22 Mio. fände und sachgerecht begründete, nicht vorbei könnte. In den ErbSt-Richtlinien ist nunmehr festgehalten (R 163 S. 3), daß neben einem Sachverständigengutachten auch ein anderer Nachweis in Frage kommt: Auch ein innerhalb eines Jahres vor oder nach dem Bewertungsstichtag (= Besteuerungszeitpunkt) im gewöhnlichen Geschäftsverkehr zustande gekommener Kaufpreis über das zu bewertende Grundstück kann in aller Regel als Grundbesitzwert zugrundegelegt werden. Der Begriff „im gewöhnlichen Geschäftsverkehr" will insbesondere die Grundstücksgeschäfte ausschließen, bei denen zwischen Angehörigen oder „unter Freunden" ein nicht wirklich nach Marktgesichtspunkten ausgehandelter Kaufpreis vereinbart wurde.

104 e **bb) Bebaute Grundstücke.** Nicht ganz so einfach ist die Ermittlung des Grundbesitzwertes für bebaute Grundstücke (R 164 ff. ErbStR). Der Gesetzgeber hat sich hier letztendlich zu einem **Ertragswertverfahren** (§ 146 BewG sowie R 166 ErbStR) entschlossen. Die wesentlichen Schritte zur Ermittlung des Ertragswertes sind danach folgende:

- Auszugehen ist von der im Durchschnitt der letzten drei Jahre vor dem Besteuerungszeitpunkt erzielten **Jahresmiete** (R 167–170 ErbStR).
- Diese Jahresmiete ist zu **multiplizieren** mit dem **Faktor 12,5.**
- Sodann ist der so gefundene Zwischenwert zu vermindern um eine **„Wertminderung wegen des Alters des Gebäudes"** von 0,5% pro Jahr, das seit Bezugsfähigkeit des Gebäudes bis zum Besteuerungszeitpunkt vollendet ist, höchstens jedoch um 25% des vor Ansatz der Wertminderung ermittelten Zwischenwertes (R 174 ErbStR).

- Handelt es sich um ein **Ein- oder Zweifamilienhaus,** so ist der nach Berücksichtigung des Altersabschlags verbleibende Betrag pauschal **um 20% zu erhöhen** (R 175 ErbStR).
- Ergibt sich, daß der danach für Ein- oder Zweifamilienhäuser oder für ein sonstiges Grundstück ermittelte Wert ausnahmsweise **niedriger** ist als der Grundbesitzwert, der sich für dasselbe Grundstück ergäbe, wenn es **unbebaut wäre** (vgl. dazu die vorstehenden Ausführungen unter Rz. 104 d), so bildet dieser Grundbesitzwert des unbebauten Grundstücks die maßgebliche Untergrenze (R 176 ErbStR).
- Auch bei bebauten Grundstücken hat der Steuerpflichtige die Möglichkeit, **im Einzelfall** (beispielsweise durch Sachverständigengutachten) **nachzuweisen,** daß der nach den vorstehenden Grundsätzen ermittelte Wert gleichwohl noch höher ist als der dann maßgebliche tatsächliche Wert (gemeiner Wert) des Grundstücks (R 177 ErbStR).

Die Ermittlung des Wertes eines bebauten Grundstückes nach den vorstehenden Grundsätzen soll dargestellt werden durch das folgende

Beispiel: Herr Thomas möchte seiner Tochter Heike im Jahre 1997 ein im Jahre 1951 errichtetes Dreifamilienhaus schenken. Die Mieteinnahmen betrugen im Jahre 1994 DM 50 000,–, im Jahre 1995 52 000,– und im Jahre 1996 DM 54 000,–. Welches ist der Grundbesitzwert, von dem Herr Thomas bei seiner Schenkung und bei der Abschätzung möglicher Schenkungsteuerfolgen ausgehen muß?

Jahresmiete 1994	DM 50 000,–
Jahresmiete 1995	DM 52 000,–
Jahresmiete 1996	DM 54 000,–
macht zusammen	DM 156 000,–
Durchschnittliche Jahresmiete somit	DM 52 000,–
× Faktor 12,5	DM 650 000,–
abzgl. Altersabschlag	
(46 Jahre × 0,5% = 23%)	./. DM 149 000,–
Grundbesitzwert somit	DM 500 500,–
abzurunden (§ 139 BewG) auf	
volle eintausend DM also auf	DM 500 000,–
Grundbesitzwert somit	**DM 500 000,–**

Fallvariante: Nehmen wir an, es habe sich nicht um ein Dreifamilienhaus gehandelt, sondern um ein Zweifamilienhaus, so wäre wie folgt zu rechnen gewesen:

Vorläufiger Grundbesitzwert (vor Abrundung, wie oben)	DM 500 500,–
Ein- bzw. Zweifamilienhauszuschlag von 20%	DM 100 100,–
macht zusammen	DM 600 600,–
Abrundung nach § 139 BewG	DM 600 000,–

Weitere Fallvariante: Das Dreifamilienhaus (also Abwandlung des Grundfalles) wurde bereits errichtet im Jahre 1900 und seitdem wurde nichts mehr erneuert, so daß das Haus, obwohl auf einem schönen innerstädtischen Grundstück gelegen, sehr heruntergekommen war und zuletzt lediglich eine Durchschnittsmiete von DM 20 000,– pro Jahr erzielt werden konnte. Das Haus stand auf einem Grundstück von 800 qm. Die einschlägige Bodenrichtwertsammlung wies einen ortsüblichen Quadratmeterpreis aus von DM 350,–.

Wir berechnen den Ertragswert wie folgt:

Durchschnittliche Jahresmiete		DM 20 000,–
× Faktor 12,5		DM 250 000,–
abzgl. Altersabschlag 96 Jahre × 0,5% = 48 %		
maximal aber 25%	./.	DM 62 500,–
vorläufiger Grundbesitzwert		DM 187 500,–

Wegen des Alters und des schlechten Zustandes besteht jedoch Anlaß zu prüfen, ob nicht der nach § 145 BewG zu ermittelnde Bodenwert höher ist als der Ertragswert. Es ist demgemäß wie folgt zu rechnen:

800 qm × DM 350,– pro Quadratmeter		DM 280 000,–
abzgl. pauschaler Abschlag von 20%	./.	DM 56 000,–
Wert des Grund und Bodens		**DM 224 000,–**

Weil dieser Wert höher ist als der oben ermittelte Ertragswert (DM 187 500,–), ist somit anzusetzen der Wert, den das Grundstück hätte, wenn es als unbebautes Grundstück bewertet worden wäre, also der Betrag von DM 224 000,–.

Auch hier bleibt Herrn Thomas die Möglichkeit, nachzuweisen, daß der **tatsächliche Wert noch niedriger** liege. Hat er beispielsweise Kaufangebote, in denen jeweils argumentiert wird, das Haus sei nicht mehr zu benutzen und nicht mehr zu vermieten und müsse abgerissen werden, weshalb der Preis für das Grundstück um die entsprechenden Abbruchkosten zu mindern wäre gegenüber einem unbebauten Grundstück, so hat er auch hier die Möglichkeit, dies durch ein entsprechendes Gutachten (in diesem speziellen und „auf der Hand liegenden" Fall auch möglicherweise auch ohne Erstellung eines Gutachtens) gegenüber dem Finanzamt nachzuweisen.

Wer aber nun denkt, der Wert des unbebauten Grundstücks als Mindestwert komme in der Praxis nur in Fällen wie dem vorstehenden (abbruchreifes Gebäude) zur Anwendung, der irrt. Dazu folgendes

Beispiel: Familie Häberle hat im Jahre 1955 auf dem bis dahin unbebauten Grundstück auf dem Stuttgarter Killesberg ein dem damaligen Standard entsprechendes Einfamilienhaus mit einer Wohnfläche von 150 qm errichtet. Die ortsübliche, also die im Falle einer Vermietung zu erzielende Miete betrüge 24,– DM pro qm und Monat. Nehmen wir weiterhin – durchaus realistisch – an, das Grundstück habe eine Fläche von 1000 qm und der Bodenrichtwert für vergleichbare Grundstücke liege bei 2000,– DM pro Quadratmeter.

Herr Häberle möchte das entsprechende Einfamilienhaus (sein Sohn erhält zum Ausgleich seinen Handwerksbetrieb) seiner Tochter vermachen.

Um die auf die Tochter zukommende Erbschaftsteuer zumindest in ihrer Größenordnung abschätzen zu können, ermittelt Herr Häberle gemäß § 146 BewG den Grundbesitzwert seines Wohnhauses. Er rechnet wie folgt:

Übliche Miete pro qm:	DM	24,–
Anzusetzende Jahresmiete somit:		
150 qm × 24,– DM × 12 Monate =	DM	43 200,–
× Kapitalisierungsfaktor 12,5	DM	540 000,–
./. Alterswertabschlag (42 Jahre × 0,5 % = 21 %)	DM	113 400,–
Zwischensumme	DM	426 600,–
Zuschlag (20 %) für Einfamilienhaus	DM	85 320,–
Ergebnis somit	**DM**	**511 920,–**

Herr Häberle rechnet sich auch schnell die voraussichtliche Erbschaftsteuer aus, nämlich wie folgt:

Grundbesitzwert (Ertragswert, gerundet)	DM	511 000,–
./. Freibetrag	DM	400 000,–
verbleiben somit	DM	111 000,–
hierauf Steuersatz, 11 %	DM	12 210,–
abgerundet auf volle 100,– DM	DM	12 200,–

Wenn Herr Häberle nun meint, dies sei die letztendlich von seiner Tochter zu zahlende Erbschaftsteuer, so irrt er: Er hat nämlich vergessen zu kontrollieren, ob vorliegend nicht ein Fall gegeben ist, in dem das Grundstück, würde es als unbebautes Grundstück bewertet, mit einem höheren Wert anzusetzen wäre. Herr Häberle hätte also noch folgende „Kontrollrechnung" vornehmen müssen:

Bodenrichtwert pro Quadratmeter	DM	2 000,–
ergibt bei 1000 Quadratmetern	DM	2 000 000,–
./. pauschaler Abschlag (20%)	DM	400 000,–
Grundbesitzwert als unbebautes Grundstück somit	DM	1 600 000,–
Da dieser Wert höher ist als der nach dem Ertrags-		
wertverfahren berechnete Wert des bebauten Grund-		
stücks, ist somit anzusetzen der zuletzt errechnete		
Betrag, also ein Grundbesitzwert von	DM	1 600 000,–

Hiervon errechnet sich dann folgende Erbschaftsteuer:

Grundbesitzwert	DM	1 600 000,–
./. Freibetrag	DM	400 000,–
steuerpflichtiger Erwerb somit	DM	1 200 000,–
hierauf Steuersatz, 19%		
Erbschaftsteuer somit	**DM**	**228 000,–**

Gegenüber der Erbschaftsteuer, die sich bei der		
Bewertung nach dem Ertragswertverfahren er-		
geben hätte, nämlich	DM	12 200,–
ergibt sich somit eine **Mehrbelastung** von	**DM**	**215 800,–**

> **Das Beispiel zeigt:**
> Gerade bei Ein- und Zweifamilienhäusern in teurer Wohnlage (dies beschränkt sich keinesfalls auf Stuttgart, München und Garmisch!) ist der Steuerpflichtige gut beraten, wenn er nicht nur den Ertragswert berechnet, sondern auch die Verprobung mit dem Grundbesitzwert vornimmt, den das Grundstück hätte, wenn es unbebaut wäre. Andernfalls werden unangenehme Überraschungen im Erb- wie auch im Schenkungsfall nicht ausbleiben.

Für die Praxis interessant sind in diesem Zusammenhang noch folgende Erläuterungen zu den einzelnen Faktoren der Ertragswertberechnung:

- Zunächst der Begriff **Jahresmiete**. Er ist definiert in § 146 Abs. 2 Satz 2 BewG und beinhaltet „das Gesamtentgelt, das die Mieter (Pächter) für die Nutzung der bebauten Grundstücke aufgrund vertraglicher Vereinbarungen für den Zeitraum von zwölf Monaten zu zahlen haben. Betriebskosten (§ 27 Abs. 1 der Zweiten Berechnungsverordnung) sind nicht einzubeziehen." Weitere Einzelheiten sind geregelt in R 167 ErbStR. Danach rechnen zur Miete beispielsweise auch die Mieteinnahmen für Stellplätze und Garagen, Untermietzuschläge sowie der Gegenwert von Sachleistungen des Mieters für den Vermieter (z. B. die Übernahme der Hausverwaltung). Nicht zur Miete rechnen dagegen etwa Einnahmen für die Überlassung von Einrichtungsgegenständen (z. B. bei möblierten Wohnungen, Ferienwohnungen, Studentenwohnheimen) oder für Dienstleistungen, die nicht die Wohnungsüberlassung betreffen (z. B. Reinigungsdienste). Nicht im Gesetz oder den Richtlinien geregelt ist, ob die Umsatzsteuer, die z. B. in Fällen gewerblicher Vermietung und bei entsprechender Option zu zahlen ist, zur Miete im vorstehenden Sinne gehört. Aus dem Umstand, daß sie in den ersten Richtlinienentwürfen als zum Mietentgelt zählend aufgeführt war, in der letztendlich in Kraft getretenen Fassung jedoch nicht mehr, wird man schließen müssen, daß auch in derartigen Optionsfällen die Miete „netto", also ohne Umsatzsteuer, anzusetzen ist.

Die umlagefähigen Betriebskosten (R 168 ErbStR) rechnen nicht zur Miete. Sind derartige **Betriebskosten** (beispielsweise Grundsteuer, Kosten der Wasserversorgung und der Entwässerung, Kosten des Betriebs der zentralen Heizungsanlage, der Schornsteinreinigung usw., vgl. die „Anlage 3 zur Zweiten Berechnungsverordnung", abgedruckt in der Loseblattsammlung Sartorius I), wie oft in Formularmietverträgen, ausdrücklich bezeichnet und neben der eigentlichen Netto-Miete zu zahlen, so ergeben sich hier in der Praxis keine Probleme. Die entsprechenden Betriebskosten, über die dann vertragsgemäß meist am Ende des Jahres abzurechnen ist, bleiben bei der Ermittlung der maßgeblichen Jahresmiete schlicht „außen vor". Ist dagegen eine „Brutto-Miete" oder „Warm-Miete" vereinbart, so wird man nicht umhinkommen, auf den Einzelfall abzustellen und herauszurechnen, welches die maßgebliche Miete wäre, wenn die in der Anlage 3 zu § 27 Abs. 1 der zweiten Berechnungsverordnung bezeichneten Betriebskosten neben der Miete geschuldet würden. Nur die danach verbleibende „Netto-Miete" kann Grundlage sein für die Berechnung des Ertragswertes und damit des Grundbesitzwertes.

- Wird ein bebautes Grundstück oder Teile davon **nicht genutzt,** vom Eigentümer oder dessen Familien **selbst genutzt,** anderen **unentgeltlich** zur Nutzung überlassen oder an Angehörige oder Arbeitnehmer des Eigentümers vermietet, tritt anstelle der (tatsächlichen) Jahresmiete die **übliche Miete** (R 171 ErbStR). Hiermit will man insbesondere vermeiden, daß bei Vermietung an Angehörige zu einem unter der Marktmiete liegenden Mietzins dadurch indirekt auch der Ertragswert (Grundbesitzwert) gemindert werden könnte. Erst recht kann naturgemäß die unentgeltliche Überlassung eines Grundstücks nicht zu einem Ertragswert von Null führen. Es ist daher in diesen Fällen die „übliche Miete" anzusetzen.

  Diese ist ebenfalls im Gesetz (§ 146 Abs. 3 S. 3 BewG) definiert, nämlich dahingehend, daß hierunter die Miete zu verstehen ist, „die für nach Art, Lage, Größe, Ausstattung und Alter vergleichbare nicht preisgebundene Grundstücke von fremden Mietern bezahlt wird."

  Die Ermittlung im Einzelfall ist nicht immer unproblematisch. Die ErbSt-Richtlinien stellen **drei Alternativen** zur Wahl: Ist der Steuerpflichtige Eigentümer mehrerer nach Ausstattung vergleichbarer Häuser in unmittelbarer Nachbarschaft, so kann der Quadratmeter-Mietzins für das von ihm selbst genutzte Haus von dem des vermieteten abgeleitet werden. Ebenso (Ableitung aus **Vergleichsmieten**) verhält es sich, wenn es um die Ermittlung der üblichen Miete einer Eigentumswohnung geht. Auch hier können vergleichbare – vermietete – andere Eigentumswohnungen aus demselben Objekt herangezogen werden. Hat die Gemeinde, in der das Haus oder die Eigentumswohnung liegt, einen **Mietspiegel,** der noch nicht älter als drei Jahre ist, kann auf diesen zurückgegriffen werden, „in Ausnahmefällen" (R 172 Abs. 3 ErbStR) auch auf ein vom Steuerpflichtigen in Auftrag gegebenes **Mietgutachten.** Dieses muß allerdings von einem öffentlich bestellten und vereidigten Sachverständigen oder dem örtlich zuständigen Gutachterausschuß erstellt worden sein.

- Wie oben dargestellt, ist zugrundezulegen die in den letzten drei Jahren vor dem Besteuerungszeitpunkt erzielte Jahresmiete (R 170 ErbStR). Es liegt auf der Hand, daß nicht immer eine solche Mietzeit von drei Jahren vorliegt. Ist die **Mietzeit kürzer,** ist die Durchschnittsmiete entsprechend aus dem kürzeren Zeitraum zu ermitteln. Der Mietermittlungszeitraum meint dabei nicht die letzten drei (vollen) Kalenderjahre vor dem Besteuerungszeitpunkt, sondern die letzten 36 Monate, wobei aus Vereinfachungsgründen der Monat, in den der Besteuerungszeitpunkt fällt, voll in den Ermittlungszeitraum einbezogen werden kann. Bei einer Verschenkung des Grundstücks (maßgeblich: Vorliegen der sog. Auflassung sowie der Eintragungsbewilligung, vgl. R 23 ErbStR) zum 5. 10. 1997 kann man demnach ansetzen ein Drittel der Mieten, die von November 1995 (einschließlich) bis Oktober 1997 (einschließlich) gezahlt wurden (genauer: gemäß den vertraglichen Vereinbarungen zu zahlen waren (sog. **Sollmiete,** vgl. R 167 S. 6 u. 7), was durchaus im Falle eines Mietrückstands oder nicht eintreibbarer Mieten von Bedeutung sein kann).
- Zur Klarstellung sei auch noch festgehalten, daß die Bewertungsvorschrift des § 146 für die Bewertung von bebauten Grundstücken auch für solche Grundstücke gilt, die **nicht** oder die **nur zum Teil Wohnzwecken** dienen (also z. B. Büroräume oder sonst gewerblich oder freiberuflich genutzte Grundstücke), außerdem für **Wohnungseigentum und Teileigentum** (zu letzterem vgl. ergänzend R 165 ErbStR).

cc) Spezielle Fälle. In den §§ 147 bis 149 BewG sind schließlich *104f* noch einige „spezielle Fälle" erfaßt. Geregelt ist zum einen die Bewertung des **Erbbaurechts** und von **Gebäuden auf fremdem Grund und Boden** (§ 148). Weiterhin gibt es Sonderregelungen für **Grundstücke im Zustand der Bebauung** (§ 149). Bei der

Erwähnung dieser Vorschriften soll es hier sein Bewenden haben. Wer Einzelheiten wissen möchte, sei auf R 181–191 ErbStR verwiesen. Zumindest in einigen Sätzen erläutert werden soll aber die Bedeutung des § 147 BewG, betitelt mit **„Sonderfälle".** Die zuletzt genannte Vorschrift erfaßt nämlich diejenigen **Grundstücke, für die eine „übliche Miete" nicht ermittelt werden kann.** Das Gesetz beschreibt diese Gebäude als solche, die zur Durchführung bestimmter Fertigungsverfahren, zu Spezialnutzungen oder zur Aufnahme bestimmter technischer Einrichtungen errichtet worden sind und die nicht oder nur mit erheblichem Aufwand für andere Zwecke nutzbar gemacht werden können. Ganz konkrete Gebäudearten benennen die ErbSt-Richtlinien (R 178 Abs. 1). Sonderfälle bebauter Grundstücke sind demnach etwa Gewächshäuser, Hallenbäder, Kliniken, Kinos, Theater, Werkstattgebäude, weiterhin – allerdings nur dann, wenn sich für sie keine übliche Miete auf dem regionalen Grundstücksmarkt ermitteln läßt – Bankgebäude, Altenheime, Hotels und Privatschulen.

In diesen Fällen – aber auch nur in diesen Fällen – besteht der maßgebliche Grundbesitzwert aus der Summe des Wertes des unbebauten Grundstücks (s. o. Rz. 104 d) und des ertragsteuerlichen (!) Wertes des Gebäudes, wobei bei der Ermittlung des Wertes des unbebauten Grundstücks ein pauschaler Abschlag nicht von 20%, sondern von 30% vorzunehmen ist.

Meist wird es sich bei diesen Gebäuden um Gewerbegrundstücke handeln, die notwendiges Betriebsvermögen darstellen und (demnach) in die Bilanz aufzunehmen sind. Die entsprechenden Bilanzwerte („ertragsteuerlichen Werte") brauchen also lediglich dem nach obigen (Rz. 104 d) Grundsätzen ermittelten Wert des entsprechenden unbebauten Grundstücks hinzugerechnet werden, und es ergibt sich der maßgebliche Grundbesitzwert des gesamten „bebauten Grundstücks".

Um einem denkbaren Mißverständnis vorzubeugen: Daß die genannten „Sonderfälle", weil es sich meist um Gewerbegrundstücke handeln dürfte, ertragsteuerliches (und meist auch bewertungsrechtliches) Betriebsvermögen darstellen, darf nicht zu einem Irrtum verleiten. Keineswegs zulässig ist nämlich der „Umkehrschluß", sämtliche (ganz oder teilweise) im ertrag-

steuerlichen Betriebsvermögen stehenden Gebäude seien damit
stets als „Sonderfall" und damit nach § 147 BewG zu bewerten.
Gebäude nämlich, für die eine Marktmiete gezahlt wird oder
für die sich eine übliche Miete finden läßt, seien sie nun gewillkürtes (Vermietung zu fremden Wohnzwecken oder fremden
gewerblichen Zwecken) oder notwendiges (eigenbetriebliche
Nutzung) Betriebsvermögen, sind nach dem oben (Rz. 104e)
vorgestellten „normalen" Ertragswertverfahren zu bewerten, insbesondere also ohne getrennten Ansatz eines Wertes für Grund
und Boden einerseits und Gebäude andererseits. Hier besteht
kein Unterschied zu Immobilien im Privatvermögen. Lediglich
die genannten „Sonderbauten", für die sich eine ortsübliche
Miete nicht (R 178 Abs. 1 S. 3 ErbStR) oder nicht auf dem regionalen Grundstücksmarkt (R 178 Abs. 1 S. 4 ErbStR) ermitteln
läßt, unterliegen der aus diesem Grund auch als „Sonderfälle"
bezeichneten Bewertungsvorschrift des § 147 BewG.

dd) Die tatsächlichen Auswirkungen. Es liegt auf der Hand, *104g*
daß die nach neuem Recht im Bedarfsfalle zu ermittelnden und
durch **Feststellungsbescheid** des Finanzamtes festzusetzenden
Grundbesitzwerte höher sein werden, als die auf den Wertverhältnissen zum 1. 1. 1964 basierenden und per 1. 1. 1974 lediglich pauschal um 40% erhöhten „alten" **Einheitswerte.** Indessen
werden auch die neuen Einheitswerte, so sie denn im Bedarfsfall
zu ermitteln sind, in aller Regel nicht unerheblich unter den
Verkehrswerten liegen.

Die Relation zwischen Einheitswerten, Grundbesitzwerten
und Verkehrswerten mag an folgenden Zahlen deutlich werden:

Bei den **(alten) Einheitswerten** nahm man im Bundesdurch-
schnitt und bereits unter Berücksichtigung der Erhöhung um
40% folgende Bruchteile des Verkehrswertes an:
– bei Geschäftsgrundstücken   rd. 30%
– bei Einfamilienhäusern   rd. 22%
– bei Mietwohngrundstücken   rd. 18%
– bei unbebauten Grundstücken   rd. 13%
Geht man davon aus, daß die im Bedarfsfall nunmehr zu
ermittelnden **Grundbesitzwerte bebauter Grundstücke im
Durchschnitt bei etwa 50–60% der Verkehrswerte** angesiedelt

sein werden (so die allgemeine Beurteilung), so folgt daraus, daß diese Grundbesitzwerte gegenüber den alten Einheitswerten bei Einfamilienhäusern das etwa zweieinhalbfache betragen und sich bei Mietwohngrundstücken etwa verdreifacht haben.

Unterstellt man weiter, daß die Zahlen in den Bodenwertrichtlinien, nach denen bekanntlich die **Grundbesitzwerte unbebauter Grundstücke** ermittelt werden, in aller Regel den Verkehrswerten entsprechen, so entspräche der Grundbesitzwert eines unbebauten Grundstücks infolge des pauschalen Abschlages von 20% einer Quote von 80% des Verkehrswertes. Gegenüber dem bisherigen Satz von rund 13% (s. o.) bedeutet dies in etwa eine Versechsfachung. Die geringste relative Steigerung von den Einheitswerten zu den Grundbesitzwerten ist eingetreten bei den Geschäftsgrundstücken.

Als Zwischenergebnis sei gleichwohl nochmals festgehalten und betont, daß die im Bedarfsfalle zu ermittelnden **Grundbesitzwerte** sich bei den bebauten Grundstücken – dies ist in der Praxis die „interessante" Grundstücksart – bei etwa **50–60% des Verkehrswertes** liegen dürften. Gestaltungen, die zur Annahme einer Übertragung von Grundbesitz statt des entsprechenden Kapitalbetrages führen (dazu oben Rz. 70 ff.), sind also nach wie vor attraktiv.

105   Bei der Ermittlung des erbschaftsteuerlichen Wertes von **Betriebsvermögen** ist grundsätzlich von der **Steuerbilanz** auszugehen (**Grundsatz der Bestandsidentität**). Dieser Grundsatz wird insbesondere (zu weiteren Fällen vgl. R 114 Abs. 2 ErbStR) durchbrochen bei **Betriebsgrundstücken,** bei denen der Bilanzwert durch den nach vorstehenden Grundsätzen zu ermittelnden **Grundbesitzwert** zu ersetzen ist (vgl. i. e. R 39 sowie R 114 u. 117 ErbStR). **Betriebsvermögen von Personengesellschaften** ist für Zwecke der Erbschaftsteuer grundsätzlich in derselben Weise zu ermitteln und dann nach Maßgabe von R u. H 116 ErbStR auf die einzelnen Gesellschafter aufzuteilen. Bei **Anteilen an Kapitalgesellschaften** (GmbH, Aktiengesellschaft) ist grundsätzlich der **Kurswert** anzusetzen; bei nicht notierten Anteilen, insbesondere also bei der GmbH, ist der Wert dann nach dem sogenannten **„Stuttgarter Verfahren"** nach § 11 Abs. 2 BewG sowie

R 96–108 ErbStR zu ermitteln, das sich nicht nur am Vermögen, sondern vor allem an den in den letzten drei Jahren erzielten Gewinnen der GmbH orientiert und eine Übergewinnverrentung beinhaltet. Dabei haben die ErbSt-Richtlinien (R 99 Abs. 3) die bisher schon in der Betriebswirtschaftslehre bei der Ertragswertermittlung übliche **Gewichtung** nachvollzogen, derzufolge das jüngste Betriebsergebnis mit dem Faktor 3, das mittlere mit dem Faktor 2 und das älteste mit dem Faktor 1 multipliziert und die Summe dann durch 6 dividiert wird. Dieser so ermittelte Wert liegt bei ertragstarken Kapitalgesellschaften regelmäßig über dem substanzorientierten Einheitswert der Personenunternehmen.

Sonstiges **Sachvermögen** (Kraftfahrzeuge, Schmuck, Klei- *106* dung, Hausrat etc.), ebenso auch ausländische Grundstücke (für die ein Einheitswert in aller Regel auch nicht festgesetzt ist), sind grundsätzlich mit dem sogenannten „gemeinen Wert" anzusetzen. Der Begriff „gemeiner Wert" ist nach § 9 des Bewertungsgesetzes der Preis, „der im gewöhnlichen Geschäftsverkehr nach der Beschaffenheit des Wirtschaftsgutes bei einer Veräußerung zu erzielen wäre".

Der Begriff entspricht also dem oben schon verwandten Begriff des „Verkehrswertes" im Sinne des „wirklichen" Wertes.

4. Steuerbefreiungen

Das ErbStG gewährt – aus sachlichen Gründen und ganz *107* überwiegend unabhängig vom Verwandtschaftsgrad zwischen Schenker und Beschenktem – eine Reihe von Steuerbefreiungen. Diese sind im wesentlichen in § 13 ErbStG geregelt.

Hervorzuheben sind folgende Steuerbefreiungen:

a) Innerhalb bestimmter Grenzen steuerfrei ist grundsätzlich der *108* Erwerb von **Hausrat** einschließlich Wäsche und Kleidungsstücken, und zwar bei Personen der Steuerklasse I (siehe unten Rz. 115) bis zu einem Betrag von DM 80 000,–.

Alle anderen **beweglichen körperlichen Gegenstände** (etwa: Kraftfahrzeuge, Tiere, Sportgeräte, Musikinstrumente, Uhren, Schmuck) sind bei Personen der Steuerklasse I befreit bis zu einem Betrag von DM 20 000,–. Bei Personen der übrigen Steuerklassen gilt nach neuem Recht ein „zusammengefaßter Freibetrag" für Hausrat, Wäsche, Kleidungsstücke **und** andere bewegliche körperliche Gegenstände von – zusammen – DM 20 000,–. Allerdings ist in allen vorstehenden Fällen (also auch bei Hausrat usw.) die Steuerbefreiung dann nicht gegeben, wenn es sich um Gegenstände handelt, die zum land- und forstwirtschaftlichen Vermögen, zum Grundvermögen oder zum Betriebsvermögen gehören sowie für Zahlungsmittel, Wertpapiere, Münzen, Edelmetalle, Edelsteine und Perlen.

109 **b)** Entweder gänzlich oder in Höhe von 60% ihres Wertes steuerbefreit sind gemäß § 13 Abs. 1 Nr. 2 ErbStG bestimmte **Kulturgüter** (Grundbesitz, Kunstgegenstände, Kunstsammlungen, wissenschaftliche Sammlungen, Bibliotheken und Archive u.ä.), deren Erhalt im öffentlichen Interesse liegt (R u. H 42 ErbStR). Wenn man sich etwa vorstellt, daß hier durchaus Schlösser, Kunstsammlungen und Bibliotheken von bedeutendem Wert betroffen sein können, so wird klar, daß der entsprechende Befreiungstatbestand zwar nicht für die breite Bevölkerung, wohl aber im Einzelfall eine sehr große Bedeutung haben kann.

110 **c)** Schon von den in Betracht kommenden Beträgen her gesehen weniger bedeutsam ist § 13 Abs. 1 Nr. 4 ErbStG, wonach „ein Erwerb nach § 1969 des Bürgerlichen Gesetzbuches" (BGB) steuerfrei bleibt. § 1969 BGB regelt den sogenannten **„Dreißigsten".** Danach ist der Erbe verpflichtet, Familienangehörigen des Erblassers, die zur Zeit des Todes des Erblassers zu dessen Hausstand gehörten und von ihm Unterhalt bezogen haben, in den ersten dreißig Tagen (daher der Name) nach dem Eintritt des Erbfalles in demselbem Umfange, wie der Erblasser es getan hat, Unterhalt zu gewähren und die Benutzung der Wohnung und der Haushaltsgegenstände zu gestatten. Erbringt der Erbe entsprechende Leistungen an die Familienangehörigen des Erblassers, so sind diese Leistungen bei den Familienangehörigen steuerfrei. Der Erbe kann die entsprechende Verpflichtung als Nachlaßverbindlichkeit abziehen.

111 **d)** Erwähnung verdient in jedem Fall noch die Steuerbefreiung für **„übliche Gelegenheitsgeschenke"** in § 13 Abs. 1 Nr. 14 ErbStG.

Daß dies die sicherlich am häufigsten einschlägige Befreiungsvorschrift ist, wird ohne weiteres ersichtlich, wenn man sich
verdeutlicht, was etwa insgesamt zu Weihnachten oder auch aus
Anlaß anderer Festtage (Geburtstag, bestandenes Examen, Jubi-
läen) geschenkt wird. Die meisten dieser Geschenke dürften
ohne Zweifel den Bereich des „üblichen" nach Art und Wert-
haltigkeit nicht übersteigen. Gleichwohl bleiben nicht unerhebliche Abgrenzungsschwierigkeiten. Dies auch schon deshalb,
weil es naturgemäß das Bestreben des auf Steuervermeidung
bedachten Steuerpflichtigen ist, ohnehin beabsichtigte Zuwendungen etwa an Kinder auf Weihnachten oder auf ein bestandenes Examen zu „verlegen", um nach Möglichkeit in den Genuß
der Befreiungsvorschrift zu kommen. Schenkt etwa ein Vater
seiner Tochter zum bestandenen Examen eine Eigentumswohnung im Verkehrswert von DM 100 000,–, so dürfte dies den
Rahmen des noch „üblichen" Gelegenheitsgeschenkes übersteigen und zwar auch dann, wenn es sich um einen sehr vermö-
genden Haushalt bzw. Schenker handelt.

Generell wird man wohl annehmen dürfen, daß **Grundstücke**
nicht mehr unter den Begriff des üblichen Gelegenheitsgeschenkes fallen. Fraglich ist auch, ob die sozialen Verhältnisse des
Schenkers und des Beschenkten ausschlaggebend sein können
oder ob es auf die **„Üblichkeit"** im Sinne des Bevölkerungs-
durchschnittes ankommen kann und eine andere Behandlung
gegen den Grundsatz der Gleichmäßigkeit der Besteuerung ver-
stoßen würde. Verschiedentlich wurde die Ansicht vertreten,
daß die Grenze, bei der noch die „Üblichkeit" anzunehmen sei,
zu ziehen sein soll entsprechend den Freibeträgen in § 13 Abs. 1
Nr. 1 ErbStG, also entsprechend den Freibeträgen für Hausrat,
Kleidung usw., wie oben dargestellt.

Ob dies allerdings auch noch gilt nach der Verdoppelung des
entsprechenden Freibetrages von DM 40 000,– auf DM 80 000,–
durch das Jahressteuergesetz 1997, darf man bezweifeln. Eher
wird man den „alten" Freibetrag weiterhin als Orientierungsmaß-
stab ansehen müssen. Demnach dürfte das Examensgeschenk
eines Vaters an seine Tochter durchaus etwa in einem gutausge-
statteten Kleinwagen bestehen, wenn dessen Wert unter der Freigrenze von DM 40 000,– (vgl. § 13 Abs. 1 Nr. 1 ErbStG) bleibt.

Indessen wird man sicherlich dann Bedenken haben müssen, wenn der Vater diese Wertgrenze jedes Jahr zu Weihnachten oder gar noch zu den Geburtstagen auszuschöpfen versucht. Indessen ist bei derartigen Geschenken, die die Grenzen der „Üblichkeit" auszuloten versucht, **Vorsicht** geboten: Bleibt nämlich ein Geschenk nicht mehr in diesem Rahmen, ist es nicht nur hinsichtlich des übersteigenden Anteils (wie bei einem **Freibetrag**) steuerpflichtig, sondern – da **Freigrenze** – in vollem Umfang!

112   Vielfach unbekannt ist, daß auch die „üblichen Gelegenheitsgeschenke" an und für sich wie alle anderen unentgeltlichen Erwerbe dem Finanzamt **angezeigt** werden müssen. Dies erlangt meist weniger in dem konkreten Schenkungsfall Bedeutung, wo die persönlichen Freibeträge (dazu sogleich unten) von dem einzelnen Geschenk meist ohnehin nicht ausgeschöpft werden. Von Bedeutung sind diese „üblichen Gelegenheitsgeschenke" in der Praxis oft erst nach dem Tode des Erblassers, wenn das Finanzamt nach allen in den letzten zehn Jahren vor dem Tode erfolgten Schenkungen fragt, unter anderem auch nach möglicherweise nicht mehr der Üblichkeit entsprechenden Gelegenheitsgeschenken.

Hier kann sich dann etwa bei Zusammenrechnung von zehn Weihnachtsgeschenken im Steuerwert von jeweils DM 10 000,– ein zusätzlicher steuerpflichtiger Erwerb in Höhe von DM 100 000,– ergeben, der zum Erwerb von Todes wegen hinzuzurechnen ist. Auf die 10-Jahres-Frist wird an anderer Stelle (unten Rz. 118) noch gesondert eingegangen.

113   **e)** Steuerbefreit sind schließlich noch – ohne Höchstgrenze – **Zuwendungen an Religionsgemeinschaften** und kirchliche, gemeinnützige oder mildtätige Institutionen sowie Zuwendungen zu kirchlichen, gemeinnützigen oder mildtätigen Zwecken, schließlich auch noch Zuwendungen an **politische Parteien** (vgl. § 13 Abs. 1 Nr. 16–18 ErbStG). Dabei mag man sich vor Augen halten, daß es sich hier alleine um die schenkungsteuerliche Befreiung handelt. Inwieweit und bei welchen formellen Voraussetzungen derartige Zuwendungen als Sonderausgaben bei der Einkommensteuer-Veranlagung abgezogen werden können, ist eine andere Frage.

f) Dem durch das „Standortsicherungsgesetz" vom 13. 9. 1993 *114*
(BGBl. I S. 1569) eingeführten Freibetrag von DM 500 000,– für
Erwerbe von Betriebsvermögen ist durch das Jahresteuergesetz
1997 eine eigene Vorschrift (§ 13 a ErbStG) zugedacht worden.
Er findet sowohl Anwendung auf Erwerbe durch Erbanfall als
auch für solche im Wege der vorweggenommenen Erbfolge.
Auch in den ErbSt-Richtlinien nehmen die Erläuterungen zu
dieser Vorschrift einen breiten Raum ein (R 51–69).

Sinn und Zweck der Regelung ist die **Schonung des Betriebsvermögens** und damit auch der Erhalt von Arbeitsplätzen beim
Übergang auf die nächste Generation.

Dabei hat es der Gesetzgeber nicht bei diesem Freibetrag be-
lassen, sondern er entlastet den nach seinem Abzug etwa noch
verbleibenden Betrag durch einen Bewertungsabschlag von 40%
(ab 1. 1. 1996; bis 31. 12. 1995: 25%).

Dazu folgendes

Beispiel: Der Vater vererbt seinem Sohn ein Handelsunternehmen
im Steuerwert von 1,8 Mio. DM. Die Erbschaftsteuer errechnet sich
wie folgt:

Steuerwert der Erbschaft		DM 1 800 000,–
./. Betriebsvermögensfreibetrag	./.	DM 500 000,–
verbleiben		DM 1 300 000,–
./. Bewertungsabschlag (40%)	./.	DM 520 000,–
verbleibende 60% somit		DM 780 000,–
./. Persönlicher Freibetrag (s. u. Rz. 116)	./.	DM 400 000,–
Wert des steuerpflichtigen Erwerbs		DM 380 000,–
Erbschaftsteuer (11%, s. u. Rz. 117)		DM 41 800,–

Bemerkenswert ist, daß nicht etwa jeder Erbe den vollen Freibetrag erhält oder der Freibetrag sich nach der Zahl der Erben
verändert, sondern daß der Freibetrag **nur einmal gewährt** wird
bei einem Erbfall oder bei einer Maßnahme der vorweggenommenen Erbfolge. Es wird also auf den Schutz des übergehenden
Unternehmens als solches abgestellt.

Eine weitere Besonderheit ist hervorzuheben, die sich bei
Nichtbeachtung als heimtückisch erweisen kann. Kennzeich-
nend für die unten beschriebenen „allgemeinen Freibeträge"
(§ 16 ErbStG, Rz. 116) ist, daß diese bei teilweiser Ausnutzung
auch nur teilweise verbraucht werden: Schenkt etwa der Vater

seiner Tochter einen Geldbetrag von DM 120000,–, so wird von dem DM 400000,– ausmachenden (allgemeinen) Freibetrag eben nur ein Teilbetrag von DM 120000,– verbraucht und die restlichen DM 280000,– stehen für weitere – eventuell auch mehrere – Schenkungen zur Verfügung. Beim Betriebsvermögensfreibetrag ist dies nicht so: Überträgt etwa der Vater seiner Tochter im Wege der vorweggenommenen Erbfolge einen Kommanditanteil in Höhe von 20% und mit einem Steuerwert von DM 450000,– und erklärt er, daß er hierfür den Betriebsvermögensfreibetrag in Anspruch nehme, so hat er sich damit unter Umständen keinen Gefallen getan:

Überträgt er nämlich einige Zeit später die restlichen 80% (unterstellter Steuerwert: DM 1800000,–) auf den Sohn, so kommt dieser überhaupt nicht mehr in den Genuß des Betriebsvermögensfreibetrages, also auch nicht in Höhe der an und für sich nach Abzug der DM 450000,– rechnerisch noch „unverbrauchten" DM 50000,–: Durch die – wenn auch nur teilweise – Inanspruchnahme bei der Tochter wurde der Freispruch nämlich insgesamt aufgezehrt (R 58 ErbStR). Der Vater wäre hier also besser gefahren, hätte er den Betriebsvermögensfreibetrag bei der Übertragung auf die Tochter überhaupt nicht in Anspruch genommen (nach Abzug des persönlichen Freibetrages von DM 400000,– wären ohnehin lediglich DM 50000,– zu versteuern gewesen), dafür aber die Anwendung des Freibetrages bei dem Sohn beantragt.

Da er das nicht tat, hat der Sohn zu versteuern:

Steuerwert der Übertragung	DM 1800000,–
./. Persönlicher Freibetrag (s. u. Rz. 116)	DM 400000,–
Wert des steuerpflichtigen Erwerbs	DM 1400000,–
Erbschaftsteuer (19%, s. u. Rz. 117)	DM 266000,–
Unter Anwendung des Betriebsvermögensfreibetrags und des Bewertungsabschlages aber hätte er nur zu zahlen gehabt (s. das vorstehende Berechnungsbeispiel)	DM 41800,–
vorläufige Differenz somit	DM 224200,–
hinzu wäre gekommen die Erbschaftsteuer der Tochter, nämlich 7% von DM 50000,– =	DM 3500,–
so daß die Familie gespart hätte	DM 220700,–

Eine weitere Besonderheit ist schließlich zu nennen: Damit der Erbe bzw. Beschenkte nicht zunächst die Wohltat des Betriebsvermögensfreibetrages in Anspruch nimmt und anschließend das Betriebsvermögen „versilbert", hat der Gesetzgeber eine **Behaltensfrist** (§ 13a Abs. 5 ErbStG; dazu auch R 62ff. ErbStR) eingeführt: Veräußert nämlich der Erwerber innerhalb von fünf Jahren den Betrieb, Teilbetrieb, Mitunternehmeranteil oder eine wesentliche Beteiligung (mehr als 25%) an einer Kapitalgesellschaft (nur dieses Vermögen ist überhaupt privilegiert), so fällt im Nachhinein die Steuervergünstigung mit Wirkung für die Vergangenheit weg.

Zu Gestaltungsempfehlungen vgl. unten Rz. 355 und 376; zu weiteren Einzelheiten verweisen wir auf die genannten ErbSt-Richtlinien.

5. Steuerklassen

Während die vorstehenden sachlichen Befreiungen bis auf *115* eine Ausnahme (nämlich die Befreiung für Hausrat und andere bewegliche Gegenstände) unabhängig vom Verwandtschaftsverhältnis zwischen Schenker und Beschenktem gewährt werden, richten sich die **persönlichen Freibeträge** und insbesondere der anzuwendende Steuersatz nach dem Verwandtschaftsverhältnis zwischen dem Schenker und dem Beschenkten.

Mit Wirkung ab dem 1. 1. 1996 gibt es nicht mehr vier, sondern nur noch drei Steuerklassen, wobei die Steuerklasse I die dem Schenker (entsprechend auch: dem Erblasser) näherstehenden Personen erfaßt und die Erbschaftsteuerklasse III die entferntesten. Entsprechend sind in der Erbschaftsteuerklasse I die Freibeträge am höchsten und der Steuersatz ist am niedrigsten. In der Erbschaftsteuerklasse III ist es genau umgekehrt.

Gemäß § 15 ErbStG werden nach den persönlichen Verhältnissen des Erwerbers zum Schenker (bzw. Erblasser) folgende Steuerklassen unterschieden:

Steuerklasse I

1. der Ehegatte,
2. die Kinder und Stiefkinder,

3. die Abkömmlinge der in Nummer 2 genannten Kinder und Stiefkinder,
4. die Eltern und Voreltern bei Erwerbern von Todes wegen;

Steuerklasse II

1. die Eltern und Voreltern, soweit sie nicht zur Steuerklasse I gehören,
2. die Geschwister,
3. die Abkömmlinge ersten Grades von Geschwistern,
4. die Stiefeltern,
5. die Schwiegerkinder,
6. die Schwiegereltern,
7. der geschiedene Ehegatte.

Steuerklasse III

alle übrigen Erwerber und die Zweckzuwendungen.

Daß die Zuordnung zu den einzelnen Steuerklassen ganz gravierende Unterschiede zur Folge haben kann, zeigt etwa folgendes

Beispiel: Herr Lehmann, ein vermögender Witwer, möchte sich seiner jungen Verlobten gegenüber großzügig erweisen und schenkt ihr zum „Jahrestag des ersten Rendezvous" einen Luxus-Sportwagen im Wert von DM 180 000,–. Eine Limousine im gleichen Wert hatte er einige Jahre zuvor seiner damals noch lebenden Ehefrau zur Silberhochzeit geschenkt. – Wenn wir diesen Fall nach den vorstehend erläuterten Grundsätzen „schulmäßig" lösen, so können wir etwa wie folgt vorgehen: Die Zuwendung sowohl des Sportwagens als auch der Limousine stellen sich jeweils als Schenkung im Sinne des ErbStG dar, nämlich als „freigebige Zuwendung" im Sinne von § 7 Abs. 1 Nr. 1 ErbStG. Es handelt sich damit in beiden Fällen um einen schenkungsteuerpflichtigen Vorgang.
Da der Sportwagen ein „beweglicher körperlicher Gegenstand" im Sinne von § 13 Abs. 1 Nr. 1b und c ErbStG ist (oben Rz. 108), kommt hier zunächst der in beiden Fällen gleich hohe Freibetrag von DM 20 000,– zur Anwendung.
Weitere Steuerbefreiungen nach § 13 kommen nicht in Betracht:
Insbesondere stellt sich die Schenkung weder im einen noch im anderen Fall als „übliches Gelegenheitsgeschenk" dar, selbst wenn

Herr Lehmann ungewöhnlich vermögend sein oder derartige Geschenke in schöner Regelmäßigkeit tätigen sollte, denn die Grenze der Üblichkeit ist wertmäßig in jedem Falle überschritten.

Zu berücksichtigen sind die persönlichen Freibeträge des § 16 ErbStG. Da sich deren Höhe nach der jeweiligen Steuerklasse richtet und diese wiederum nach dem Verwandtschaftsverhältnis, müssen wir die Ehefrau sowie die Verlobte den entsprechenden Steuerklassen zuordnen: Sehen wir uns daraufhin § 15 ErbStG an, so entdecken wir den Ehegatten (neben weiteren nahen Angehörigen) in Steuerklasse I. Die Verlobte allerdings suchen wir dort vergebens. Da die Steuerklasse III alle diejenigen Erwerber erfaßt, die nicht einer der niedrigeren Steuerklassen (also den Steuerklassen I–II) zugeordnet werden können, gehört demnach die Verlobte zur Steuerklasse III. Dies bedeutet im Hinblick auf die Besteuerung folgendes:

Besteuerung der Ehefrau:	
Steuerwert der Limousine	DM 180 000,–
Freibetrag, § 13 Abs. 1 Nr. 1 b	./. DM 20 000,–
Ehegattenfreibetrag,	
§ 16 ErbStG	./. DM 600 000,–
Steuerpflichtiger Erwerb	Null
Schenkungsteuer somit	**Null**

Die Schenkung an die Verlobte stellt sich schenkungsteuerlich demgegenüber wie folgt dar:

Steuerwert des Sportwagens	DM 180 000,–
Freibetrag, § 13 Abs. 1 Nr. 1 c	./. DM 20 000,–
Freibetrag, § 16 Abs. 1 Nr. 5 ErbStG	./. DM 10 000,–
Steuerpflichtiger Erwerb	DM 150 000,–
Hierauf Steuersatz 23 %	**DM 34 500,–**

Hätte Herr Lehmann mit dem Geschenk des Sportwagens also bis zur Hochzeit (genauer: bis nach der Hochzeit) gewartet, so hätte er DM 34 500,– gespart. Statt zur Zahlung der Schenkungsteuer an das Finanzamt hätte er den entsprechenden Betrag dann etwa für einen gemeinsamen Urlaub mit seiner – dann – frisch Angetrauten verwenden können.

Wer im einzelnen zu welcher Steuerklasse gehört, ist ersichtlich aus § 15 des ErbStG (s. o.).

Dabei sei noch erwähnt, daß nicht nur Verlobte zur ungünstigen Steuerklasse III gehören, sondern nach immer wieder angegriffener, aber gleichwohl noch gefestigter Rechtsprechung auch die Mitglieder einer nichtehelichen Lebensgemeinschaft, selbst wenn diese schon Jahre oder gar Jahrzehnte besteht.

Hinzuweisen ist auch darauf, daß sich eine unterschiedliche Steuerklassen-Zuordnung ergibt je nachdem, ob die Eltern von den Kindern beerbt werden oder ob sie von den Kindern beschenkt werden: Bei Erbfällen von Kindern an Eltern gehört der Erwerb nämlich zur Steuerklasse I und bei Schenkungen von Kindern an Eltern gehört der Erwerb zur (ungünstigeren) Steuerklasse II. Abgesehen von dieser einen Ausnahme ist es für die Findung der Steuerklasse unerheblich, ob der Erwerb auf einer Schenkung oder auf einem Erbfall beruht. Bei Schenkungen (gleichgestellt: Erbfällen) vom Großvater an den Enkel ergeben sich Unterschiede je nachdem, ob das entsprechende Kind des Großvaters, also der Vater oder die Mutter des (beschenkten) Enkels, schon vorverstorben ist oder noch lebt. Ist letzteres der Fall, gehört der Erwerb zwar auch zur Steuerklasse I, allerdings mindert sich dann der Freibetrag von DM 400 000,– auf lediglich DM 100 000,–. Auch hier läßt sich durchaus steuergünstig gestalten, wie unten noch darzulegen sein wird, wobei die Verfasser bereits jetzt darauf hinweisen möchten, daß sie denjenigen, der jetzt vielleicht an die „mafiose Gestaltungsalternative" denkt, enttäuschen werden!

116　　Auf eine **wichtige Neuerung,** die von ihrer Systematik an und für sich nicht unter das Stichwort „Steuerklassen" paßt, soll gleichwohl an dieser Stelle hingewiesen werden: Geht das durch einen besonderen Betriebsvermögensfreibetrag und einen Bewertungsabschlag privilegierte Produktivvermögen (dazu oben Rz. 114) auf den Ehegatten oder auf Kinder über, so ergibt sich in der Regel keine hohe Steuerbelastung, da der verbleibende Betrag nochmals durch den persönlichen Freibetrag dieser Personen gemindert wird und anschließend einem relativ niedrigen Steuersatz unterliegt. Geht es jedoch an weiter entfernte Personen (Neffe, Nichte) oder an überhaupt nicht mit dem bisherigen Betriebsinhaber verwandte Personen (etwa an den langjährigen Geschäftsführer bei Ehepaaren, die keine oder keine zur Unternehmensnachfolge bereiten Kinder haben), so kann sich eine relativ hohe – unerwünschte – Steuerbelastung ergeben. Diese wird vom Gesetzgeber dadurch reduziert, daß er das entsprechende Produktivvermögen im Ergebnis so behandelt, als sei es vererbt oder übertragen worden an eine Person, die zur Steuerklasse I gehört. Da allerdings das restliche Vermögen, das nicht in diesem Sinne privilegiert ist, so besteuert werden soll, als sei das gesamte Vermögen nicht privilegiert (also im Hinblick auf Freibeträge und auf den Tarif), hat der Gesetzgeber den gewünschten Effekt systematisch über eine **Tarifbegrenzungsvorschrift** (§ 19a EStG) hergestellt und zwar dadurch, daß er für Betriebsvermögen einen sogenannten **Entlastungsbetrag** in Abzug bringt. Die praktischen Auswirkungen des § 19a EStG, der also nur zur Anwendung kommt, wenn Produktivvermögen im Sinne des § 13a ErbStG (Rz. 114) an eine Person fällt, die zur Steuerklasse II oder III gehört, werden unten im Kapitel „Vorweggenommene Erbfolge" (Rz. 370 ff.) dargestellt.

6. Freibeträge

Die Höhe der Freibeträge ergibt sich aus § 16 Abs. 1 ErbStG. *117*
Demnach beträgt der Freibetrag:
- bei Ehegatten DM 600 000,–
- bei Kindern und Stiefkindern DM 400 000,–
- bei den Kindern der vorbezeichneten Personen, falls diese bereits verstorben sind DM 400 000,–
- bei den übrigen Personen der Steuerklasse I DM 100 000,–
- bei Personen der Steuerklasse II DM 20 000,–
- bei Personen der Steuerklasse III DM 10 000,–.

Bereits jetzt sei darauf hingewiesen, daß etwa im Verhältnis zwischen Eltern und Kindern der **Freibetrag** (von DM 400 000,–) **pro Kind und pro Elternteil** gilt. Theoretisch können also die beiden Eltern, die drei Kinder und entsprechendes Vermögen haben, diesen drei Kindern steuerfrei DM 2,4 Mio. (2 × 3 × DM 400 000,–) schenken.

Neben diesen allgemeinen Freibeträgen gibt es noch sogenannte **besondere Versorgungsfreibeträge**, die in § 17 ErbStG geregelt sind. Hier ist allerdings darauf hinzuweisen, daß diese Versorgungsfreibeträge nur bei „Erwerben von Todes wegen", also in Erbfällen, zur Anwendung kommen, nicht aber bei Schenkungen. Auf die besonderen Versorgungsfreibeträge wird daher erst unten im Rahmen der Besteuerung von Erwerben von Todes wegen einzugehen sein (vgl. unten Rz. 325).

Zu dem Freibetrag von DM 500 000,– für **Erwerbe von Betriebsvermögen**, der in § 13a ErbStG geregelt ist, vgl. Rz. 114 sowie eingehend Rz. 355 und 376.

7. Steuersätze

118   Wie oben bereits dargestellt, hängen nicht nur die Freibeträge, sondern auch die jeweils zur Anwendung kommenden Steuersätze von der im Einzelfall einschlägigen Steuerklasse (I bis III) ab. Die einzelnen Steuersätze ergeben sich aus § 19 ErbStG.

Danach wird die Erbschaftsteuer nach folgenden Vomhundertsätzen erhoben:

Wert des steuerpflichtigen Erwerbs (§ 10) bis einschließlich ... Deutsche Mark	Vomhundertsatz in der Steuerklasse		
	I	II	III
100 000	7	12	17
500 000	11	17	23
1 000 000	15	22	29
10 000 000	19	27	35
25 000 000	23	32	41
50 000 000	27	37	47
über 50 000 000	30	40	50

Die vorstehende Tabelle ist gegenüber der bis zum 31. 12. 1995 geltenden erheblich „abgespeckt". Dies weniger durch die Reduzierung von vier auf drei Steuerklassen als dadurch, daß aus den früheren 25 Tarifstufen lediglich sieben wurden. Entsprechend haben sich die „Tarifsprünge" zwischen den einzelnen Stufen vergrößert. Dies führt nicht zuletzt dazu, daß eine bisher eher „im Verborgenen blühende" Regelung verstärkte Bedeutung erlangt, und zwar § 19 Abs. 3 ErbStG:

Liegt nämlich der steuerliche Wert eines Erwerbs im Einzelfall knapp über der in der linken Spalte jeweils ausgewiesenen

Tarifstufe, so ergeben sich wegen des dann steigenden Steuersatzes relativ große „Sprünge" bei der Erbschaftsteuer. Man kann dies ohne weiteres nachvollziehen, wenn man sich etwa vergegenwärtigt, daß ein steuerpflichtiger Erwerb in Höhe von 1 Mio. DM in der Steuerklasse I besteuert würde mit 15% = DM 150 000,–.

Betrüge der Erwerb demgegenüber 1 001 000,– DM, würde nach der Tabelle der nächsthöhere Steuersatz einschlägig, nämlich 19%, so daß sich daraus dann an und für sich eine Steuer ergäbe in Höhe von DM 190 190,–. Obwohl der steuerpflichtige Mehrerwerb nur DM 1000,– betrüge, hätte der Beschenkte einen Mehrbetrag von DM 40 190,– an Schenkungsteuer zu zahlen. Da dies offensichtlich nicht gewollt sein kann, bestimmt § 19 Abs. 3 ErbStG, daß lediglich ein bestimmter Prozentsatz des die jeweiligen Wertgrenze übersteigenden Betrages zu der Steuer hinzugerechnet wird, die sich ergeben hätte, wenn die Wertgrenze nicht überstiegen worden wäre (sog. Härteregelung). Bei einem Steuersatz bis zu 30%, also auch im vorliegenden Beispielsfall, beträgt die Mehrsteuer die Hälfte des die Wertgrenze übersteigenden Betrages, also die Hälfte von DM 1000,– = DM 500,–. Es fällt somit Schenkungsteuer an in Höhe von DM 150 000,– + $\frac{1}{2}$ von DM 1000,– = DM 150 500,–.

8. Zusammenrechnung von Erwerben

Unvollständig wäre die Beschreibung der Freibeträge und der jeweiligen Steuersätze, würde man nicht auch § 14 ErbStG erwähnen. *119*

Diese Vorschrift, weiteres dazu in R 70 u. 71 ErbStR, bestimmt, daß mehrere innerhalb von 10 Jahren von derselben Person anfallende Vermögensvorteile für die Ermittlung der Schenkungsteuer (genauso bei der Erbschaftsteuer) grundsätzlich zusammenzurechnen sind. In der praktischen Durchführung geschieht dies in der Weise, daß dem letzten Erwerb die früheren Erwerbe nach ihrem früheren Wert zugerechnet werden und von der Steuer für den Gesamtbetrag die Steuer abgezogen wird, welche für die früheren Erwerbe zur Zeit des letzten zu erheben gewesen wäre.

Mit anderen Worten: Wer zum einen sehr großzügig ist
und zum anderen auch sehr „clever" sein will und wer seinem
Kind nicht DM 800 000,– auf einmal schenkt, sondern in dem
einem Jahr DM 400 000,– und im nächsten Jahr nochmals
DM 400 000,–, wird die Früchte dieses „Schenkungssplittings"
nicht ernten, da der Gesetzgeber derartiges vorhergesehen und
von daher die gerade angesprochene Regel ins Gesetz aufgenommen hat. Auf die Auswirkungen dieser 10-Jahres-Frist und
ihre steuergestaltende Ausnutzung wird noch unten (Rz. 161 ff.)
näher einzugehen sein. Indessen sollte schon in diesem Zusammenhang darauf hingewiesen werden.

9. Prüfungsschema

120   Vereinfacht läßt sich zur Prüfung der Schenkungsteuerbelastung nach dem folgenden Prüfungsschema vorgehen (die Frage
der persönlichen Steuerpflicht – interessant bei Sachverhalten
mit Auslandsbezug – wird dabei nicht geprüft; ebenso bleibt der
Sonderfall, daß der geschenkte Gegenstand – z.B. Hausgrundstück – mit übernommenen Verbindlichkeiten belastet ist, unbe-
rücksichtigt):

- Liegt eine „Schenkung unter Lebenden" (vgl. § 7 ErbStG)
  vor?
  Wenn nein: Kein schenkungsteuerpflichtiger Vorgang
  Wenn ja:
- Wie sind Schenker und Beschenkter miteinander verwandt
  (bzw. verheiratet), das heißt, welche Steuerklasse (vgl. § 15
  ErbStG) gilt?
- Kommen sachliche Steuerbefreiungen (§§ 13, 18 ErbStG)
  zur Anwendung?
  Wenn ja: Der entsprechende Gegenstand bleibt ganz oder
              in Höhe eines etwa geltenden Freibetrages außer
              Ansatz.
  Soweit nein:
- Mit welchen schenkungsteuerlichen Werten (vgl. § 12
  ErbStG) sind die verbleibenden Gegenstände anzusetzen?

- Welche persönlichen Freibeträge (vgl. § 16 ErbStG) sind vom steuerlichen Gesamtwert des Erwerbs in Abzug zu bringen (je nach Steuerklasse)?
- Welcher Steuersatz (vgl. §§ 19, 19a ErbStG) ist auf den danach verbleibenden Betrag nach der im Einzelfall einschlägigen Steuerklasse in Ansatz zu bringen?
  Eventuell bei knapper Überschreitung einer Tabellenstufe:
- Sind „Feinkorrekturen" gemäß § 19 Abs. 3 ErbStG (vorstehend Rz. 118) vorzunehmen?
- Die Multiplikation des „steuerpflichtigen Erwerbs" mit dem einschlägigen Steuersatz, eventuell korrigiert nach § 19 Abs. 3 ErbStG, ergibt die konkrete Steuerschuld. Beträgt diese nur DM 50,– oder weniger, wird sie gemäß § 22 ErbStG nicht festgesetzt und damit nicht erhoben.

(einstweilen frei)   *121–124*

III. Fallgruppen/Gestaltungsvorschläge

Nach dieser Vorstellung einiger wichtiger Eckdaten der Steu- 125
erermittlung bei Schenkungen unter Lebenden sollen im nachfolgenden Gestaltungsüberlegungen vorgestellt werden, die zu einer Steuervermeidung oder mindestens Steuerersparnis führen.

1. Grundstücksschenkungen

Die Aufbaugeneration im Westen Deutschlands tritt allmäh- 126
lich ab. Nach Schätzungen des Bundesverbandes Deutscher Banken in Köln werden im Rahmen dieses Generationenwechsels alleine im Zeitraum von 1991 bis 2000 etwa 1,25 Mio. Immobilien ihren „Besitzer" (juristisch richtig: ihren Eigentümer) wechseln. Der größte Teil dieser Immobilien wird sicherlich im Erbwege übergehen. Die Erfahrung zeigt jedoch, daß in ganz erheblichem Umfang Immobilien auch zu Lebzeiten verschenkt werden, insbesondere von Eltern an Kinder. Welche Steuerfolgen dies hat, insbesondere, wie sich unnötige Steuern vermeiden lassen, wird im folgenden dargestellt.

a) Grundfall/Berechnungsbeispiel:

127   Wie oben (Rz. 104) bereits dargestellt, richtet sich die Schenkungsteuer bei der Schenkung von Immobilien (bebauten und unbebauten Grundstücken), wenn die Schenkung **ab dem 1. 1. 1996** erfolgte, nach dem für jede Schenkung eigens zu ermittelnden **Grundbesitzwert.**

Wenngleich die Differenz zwischen den (vor 1996 maßgeblichen) Einheitswerten und den (tatsächlichen) Verkehrswerten bei Grundstücken deutlich größer war als sie es jetzt zwischen Grundbesitzwerten und Verkehrswerten sein wird, bleibt die Grundstücksschenkung weiterhin attraktiv: Immerhin sollen sich die Grundbesitzwerte auf durchschnittlich 50 bis 60% der Verkehrswerte belaufen. Daher gilt nach wie vor:

128
> **Gestaltungshinweis:**
> Verschenken Sie Immobilien statt Geld!

Welche Schenkungsteuer sich hier im einzelnen sparen läßt, belegt das nachfolgende

Beispiel: Unternehmerwitwe Gütig, die von ihrem Mann ein umfangreiches Geld- und Immobilienvermögen geerbt hatte, möchte sich bei ihrer Schwester für die jahrelange Betreuung und Pflege bedanken und schenkt ihr zum 70. Geburtstag DM 180 000,–.

Die Freude der Schwester ist groß. Sie mindert sich jedoch erheblich, als das Finanzamt einen Schenkungsteuerbescheid ins Haus schickt, der folgende Berechnung enthält:

Steuerwert der Schenkung	DM 180 000,–
Freibetrag für Geschwister, Steuerklasse II	./. DM 20 000,–
Steuerpflichtiger Erwerb	DM 160 000,–
Schenkungsteuer hierauf (§ 19 ErbStG) 17%	**DM 27 200,–**

Von dem großzügigen Geschenk bleiben der Schwester somit nach Abzug der Schenkungsteuer lediglich DM 152 800,– übrig.

Hätte die großzügige Witwe sich zuvor beraten lassen, und hätte sie ihrer Schwester stattdessen eine Eigentumswohnung im Wert von DM 180 000,– geschenkt, so hätte sich bei einem – durchaus realistischen – Grundbesitzwert dieser Eigentumswohnung in Höhe von DM 120 000,– folgende Steuer ergeben:

Grundbesitzwert	DM 120 000,–
Steuerwert somit	DM 120 000,–
Freibetrag,	
wie oben	./. DM 20 000,–
Steuerpflichtiger Erwerb	DM 100 000,–
Schenkungsteuer (12%)	DM 12 000,–

Die Steuerersparnis betrüge somit im vorliegenden Fall bei einer Schenkung der Eigentumswohnung immerhin DM 15 200,–.

Man wird hiergegen vielleicht einwenden, der Schwester seien aber DM 180 000,– auf dem Konto, möglicherweise auch nur DM 152 800,– auf dem Konto, lieber, als eine Eigentumswohnung im Wert von DM 180 000,–, verbunden mit einer Steuerbelastung von DM 12 000,–. Mit dem Geld könne sie sich schließlich Kleider kaufen, eine Weltreise machen oder was auch immer anstellen. Eine Eigentumswohnung könne sie aber höchstens selbst bewohnen oder vermieten. Indessen dürfte dieses Argument nicht ziehen: Hat die Eigentumswohnung – wie im Fall vorausgesetzt – wirklich einen Verkehrswert von DM 180 000,– so dürfte es nicht schwerfallen, diesen auch zu realisieren, das heißt, die Schwester der großzügigen Witwe kann ohne weiteres die Wohnung anschließend verkaufen.

Auch dann bleibt es bei der Schenkungsteuer, bezogen auf den Grundbesitzwert. Allerdings sollte sie, wenn sie eine Veräußerung beabsichtigt, den nachstehenden Rat beachten:

129

> **Gestaltungshinweis:**
> Wenn Sie die Immobilien veräußern, die Sie geschenkt erhielten, achten sie unbedingt auf die Vorbesitzzeit des Schenkers!

Nehmen wir an, die Witwe, beraten über die jeweiligen Steuerfolgen, schenkt ihrer Schwester tatsächlich eine Eigentumswohnung. Diese entrichtet auch die DM 12 000,– Schenkungsteuer an das Finanzamt, findet aber bei Abwägung aller Umstände „Bargeld" doch sympathischer als Grundbesitz und entschließt sich zur **Veräußerung** der Eigentumswohnung. Nehmen wir an, sie findet auch einen Käufer, der ihr einen Kaufpreis in Höhe von exakt DM 180 000,– zu zahlen bereit ist. Der entsprechende Kaufvertrag über die Eigentumswohnung wird notariell beurkundet, unsere Schwester erhält den Kaufpreis von DM 180 000,– und der Käufer wird als neuer Eigentümer im Grundbuch eingetragen. Da der beurkundende Notar – einer entsprechenden Verpflichtung folgend – eine Ausfertigung des Grundstückskaufvertrages an das zuständige Finanzamt übersandte, erhielt der Erwerber, der sich im Kaufvertrag auch zur Tragung dieser Steuer verpflichtet hatte, einen Grunderwerbsteuerbescheid über DM 6300,– (3,5 % Grunderwerbsteuer auf den Kaufpreis von DM 180 000,–). Damit hatten die Beteiligten gerechnet. Überrascht war aber unsere Schwester, als sie im nächsten Jahr ihren Einkommensteuerbescheid erhielt:

Diesmal lautete nämlich der Steuerbescheid – wie die Schwester dies an und für sich in der Vergangenheit gewohnt war – nicht über die Festsetzung eines Steuererstattungsbetrages von einigen hundert Mark, sondern sie las zu ihrem Erstaunen: „Bitte zahlen Sie innerhalb eines Monats Einkommen- und Kirchensteuer einschließlich Solidaritätszuschlag in Höhe von DM 20 998,42". Aus der Begründung des Steuerbescheides ergab sich, daß das Finanzamt bei der Steuerberechnung nicht lediglich und wie in den Vorjahren angesetzt hatte den steuerpflichtigen Teil der Rente und die Vermietungseinkünfte, sondern auch einen **„Veräußerungsgewinn gemäß § 23 EStG"** in Höhe von DM 50 000,–. In der Anlage zum Einkommensteuerbescheid hatte das Finanzamt kurz und knapp festgehalten: „Sie haben die Eigentumswohnung, die Ihre Schwester Ihnen gemäß Notarvertrag des Notars Dr. Meier vom 3. 2. 1999 geschenkt hat, gemäß Notarvertrag des Notars Thelen vom 28. 4. 1999 für DM 180 000,– veräußert. Ihre Schwester hatte diese Wohnung am 9. 5. 1990 für DM 130 000,– käuflich erworben. Der Differenzbetrag zwischen den DM 180 000,– und den DM 130 000,–, nämlich DM 50 000,– sind steuerpflichtiger Gewinn gemäß § 23 des Einkommensteuergesetzes (EStG)."

Der Steuerberater der verdutzten Schwester bestätigte ihr, daß der Bescheid des Finanzamts korrekt sei und sie die Steuer fristgerecht zahlen müsse. Unsere Witwe hatte zwar den an sie gerichteten Gestaltungsvorschlag (Verschenken Sie Immobilien statt Geld!) beachtet, nicht aber hatte ihre Schwester beim Verkauf der Eigentumswohnung in Betracht gezogen, daß ihre Voreigentümerin die Wohnung selbst erst vor kurzem gekauft hatte.

Der steuerrechtliche Hintergrund ist folgender: Veräußert jemand ein Wirtschaftsgut, welches zu seinem Betriebsvermögen gehört, mit Gewinn, so ist dieser Gewinn stets einkommensteuerpflichtig. Anders ist es im privaten Bereich; dort gilt die gegenteilige Regel: Veräußert jemand Wirtschaftsgüter, die er im Privatvermögen hält und erzielt er dabei einen **Veräußerungsgewinn,** weil er den Gegenstand teurer veräußert als er ihn angeschafft hat, so ist dieser Veräußerungsgewinn grundsätzlich steuerfrei. „Grundsätzlich" aber bedeutet für Juristen und auch Steuerjuristen immer, daß es auch Ausnahmen gibt. Solche Ausnahmen sind dann gegeben, wenn es sich im konkreten Fall um ein sogenanntes **„Spekulationsgeschäft"** handelt. Dies ist in § 23 EStG geregelt. Danach waren bis Ende 1998 Gewinne bei der Veräußerung von privaten Wirtschaftsgütern nur dann steuerpflichtig, wenn nur ein relativ kurzer Zeitraum zwischen Anschaffung und Veräußerung lag. Bei Grundstücken betrug diese **Spekulationsfrist** zwei Jahre, bei anderen Wirtschaftsgütern, insbesondere bei Wertpapieren, sechs Monate. Das **„Steuerentlastungsgesetz 1999/2000/2002"** hat diese Fristen maßgeblich verlängert: Bei **Grundstücken** auf **zehn Jahre** und bei **anderen Wirtschaftsgütern** auf **ein Jahr.** Diese neuen Fristen gelten für alle Veräußerungen, die ab dem 1. Januar 1999 erfolgen und zwar auch dann, wenn die „alten" (bis Ende 1998 geltenden) Spekulationsfristen Anfang 1999 schon längst verstrichen waren. Hätte also die Schwester in unserem Beispiel die Eigentumswohnung noch in 1998 veräußert, wäre der Gewinn steuerfrei gewesen! Auch bei anderen Wirtschaftsgütern, insbesonder bei **Aktien,** ist erhöhte Vorsicht geboten: Kaufte jemand am 10. 10. 1998 50 Aktien zum Kurs von DM 200,– (Anschaffungskosten somit DM 10 000,–) und veräußert er diese Aktien bei einem Kursstand von DM 237,–, so erzielt er einen Gewinn von 50 × DM 37,– = DM 1850,–. Dieser Gewinn ist steuerpflichtig, wenn die Veräußerung erfolgte beispielsweise am 29. 9. 1999 (nicht mehr als ein Jahr). Der Gewinn ist steuerfrei, wenn die Veräuße-

130

rung erfolgte am 11. 10. 1999 oder zu einem späteren Zeitpunkt. Entsprechendes gilt bei Grundstücken, allerdings beträgt dort, wie oben bereits erwähnt, die Spekulationsfrist jetzt zehn Jahre. Steuerpflichtig ist in allen diesen Fällen die Differenz zwischen dem Veräußerungspreis einerseits und den Anschaffungs- oder Herstellungskosten andererseits.

131   Dabei ist in Fällen wie dem vorliegenden folgendes zu bedenken: Eine **Schenkung ist als unentgeltlicher Erwerb keine Anschaffung,** das heißt, es kann insoweit bei einer Veräußerung des geschenkten Gegenstandes eine Differenz zwischen Veräußerungspreis und „Anschaffungskosten" überhaupt nicht entstehen, weil es am Merkmal einer „Anschaffung" fehlt. Der Rückschluß, zu dem diese Aussage verleiten könnte, die Veräußerung geschenkter Gegenstände sei nie ein Spekulationsgeschäft, wäre allerdings – wie der obige Beispielsfall zeigt – vorschnell: Veräußert nämlich jemand einen Gegenstand, den er geschenkt erhielt, so rechnet bei der Frage, ob ein Spekulationsgeschäft vorliegt, die **Vorbesitzzeit** des Schenkers mit. Außerdem sind in diesem Fall für die Berechnung des Veräußerungsgewinns die **Anschaffungs- oder Herstellungskosten des Schenkers** (Vorbesitzers) maßgeblich. Sieht man sich daraufhin das Beispiel im letztgenannten Gestaltungshinweis an, so stellt man fest, daß zwischen dem Erwerb durch die Witwe (9. 5. 1990) und der Veräußerung durch die Schwester (28. 2. 1999) noch keine zehn Jahre liegen. Es handelt sich damit um eine Veräußerung innerhalb der Spekulationsfrist. Gegenüberzustellen sind die Anschaffungskosten der Witwe (DM 130 000,–) und der Veräußerungserlös der Schwester (DM 180 000,–), so daß ein steuerpflichtiger Gewinn in Höhe von DM 50 000,– anzusetzen ist (Veräußerungskosten, die vom Gewinn abgezogen werden könnten, sind in unserem Beispielsfall nicht entstanden, weil die Erwerberin der Eigentumswohnung alle Kosten – etwa Notarkosten und Grunderwerbsteuer – getragen hat). Dieser Veräußerungserlös aber unterliegt – ebenso wie etwa Arbeitseinkommen – voll der Einkommensteuer, was – je nach Höhe der sonstigen Einkünfte – zu ganz erheblichen Einkommensteuerbelastungen führen kann. Die Einkommen- und Kirchensteuer-

schuld einschließlich 5,5% Solidaritätszuschlag im Beispielsfall (DM 20998,42) ergibt sich beispielsweise schon dann, wenn die Schwester **ohne den Veräußerungsgewinn** ein zu versteuerndes Einkommen (Grundtabelle für 1999) von lediglich DM 40000,– gehabt hätte!

Im Zusammenhang mit der Neuregelung der Spekulationsfristen sind weitere Änderungen in das Gesetz aufgenommen worden. Die beiden wichtigsten seien genannt: **Zugunsten des Steuerpflichtigen** wirkt sich aus, daß von der Spekulationsbesteuerung ausgenommen worden sind solche Grundstücke (Häuser, Eigentumswohnungen), die im Zeitraum zwischen Anschaffung oder Fertigstellung und Veräußerung **ausschließlich zu eigenen Wohnzwecken** oder im Jahr der Veräußerung und in den beiden vorangegangenen Jahren zu eigenen Wohnzwecken genutzt worden sind. Steht also der Verkauf einer noch nicht zehn Jahre im Eigentum des Steuerpflichtigen stehenden Eigentumswohnung an, so kann es sich empfehlen, diese in den letzten zwei Jahren vor der Veräußerung selbst zu beziehen. Hat der Steuerpflichtige allerdings hierfür keine außersteuerlichen Gründe, so wird das Finanzamt einen etwaigen Veräußerungsgewinn möglicherweise unter Hinweis darauf, es liege ein „Mißbrauch von Gestaltungsmöglichkeiten" im Sinne der Abgabenordnung vor, gleichwohl besteuern wollen. Die neben der erheblichen Verlängerung der Spekulationsfristen weitere Änderung **zu Ungunsten** des Steuerpflichtigen ist folgende: Bisher war nur eine Veräußerung steuerpflichtig, der innerhalb des Spekulationszeitraums die Anschaffung eines Gebäudes vorausging. Dies ist jetzt erheblich erweitert worden: Auch innerhalb des Spekulationszeitraums **hergestellte (fertiggestellte) Gebäude** sind einzubeziehen.

Besondere Vorsicht ist stets geboten, wenn Sie (bebaute oder unbebaute) Grundstücke verschenken wollen, die zu Ihrem **Betriebsvermögen** gehören. Beachten Sie dazu folgenden

---

Gestaltungshinweis:
Verschenken Sie Grundstücke, die zu Ihrem **Betriebsvermögen** gehören, nie ohne vorherige fachkundige Beratung!

132

Wie oben dargestellt, kann bei der Veräußerung von Grundstücken (gemeint sind hier mit diesem Ausdruck sowohl unbebaute als auch bebaute Grundstücke), die im Privatvermögen stehen, nur dann Einkommensteuer entstehen, wenn zwischen der Anschaffung (gegebenenfalls: der Anschaffung durch den Schenker) und der Veräußerung zehn Jahre oder weniger als zehn Jahre liegen. Bei **Betriebsgrundstücken** gibt es, wie oben schon kurz angesprochen, keine derartige Spekulationsfrist.

Dies bedeutet aber nicht, daß etwaige Veräußerungsgewinne steuerfrei sind, sondern bedeutet im Gegenteil, daß solche **Veräußerungsgewinne** bei Betriebsgrundstücken **stets steuerpflichtig** sind. **Betriebsgrundstück** im vorstehenden Sinne ist etwa das Grundstück (steuerlich: Grund und Boden sowie Gebäude), auf dem der Einzelunternehmer (Fabrikant, Einzelhändler, Handwerker) sein Handelsgewerbe betreibt. Betriebsgrundstück (sogenanntes „Sonderbetriebsvermögen") ist aber auch dasjenige Grundstück, welches dem Gesellschafter einer offenen Handelsgesellschaft (OHG) oder Kommanditgesellschaft (KG) gehört und welches er der entsprechenden Gesellschaft zur Nutzung zur Verfügung stellt. Betriebsgrundstück ist schließlich das Grundstück, welches dem Ein-Mann-Gesellschafter oder Mehrheitsgesellschafter einer GmbH gehört, und welches er als sogenannte wesentliche Betriebsgrundlage an die GmbH vermietet hat. Betriebsgrundstück ist letztlich auch ein fremdvermietetes Wohngrundstück, welches ein Unternehmer durch Einbuchung in die Bilanz als sogenanntes „gewillkürtes Betriebsvermögen" in seinen Betrieb eingebracht hat. Allen diesen Grundstücken ist gemeinsam, daß sie unabhängig von dem Zeitraum zwischen Anschaffung und Veräußerung oder auch Verschenkung in der Einkommensteuer „steuerverhaftet" sind. Dies gilt auch – und wird oft dann besonders schmerzhaft deutlich – wenn zwischen der Anschaffung und der Veräußerung oder Verschenkung des Grundstücks beispielsweise dreißig Jahre und mehr liegen. Das entsprechende Gebäude, seinerzeit in der Bilanz angesetzt mit den beim Erwerb naturgemäß relativ niedrigen Anschaffungs- oder auch Herstellungkosten, ist dann weitgehend abgeschrieben. Demgemäß klafft eine große Differenz zwischen dem Wertansatz in der Bilanz einerseits und dem tatsächlichen aktuellen Wert andererseits.

Man wird nun bereits erahnen oder jedenfalls nachvollziehen 133 können, daß im Falle der Veräußerung von derartigen Betriebsgrundstücken ganz **erhebliche Veräußerungsgewinne** entstehen können. Beabsichtigt man demgegenüber, ein entsprechendes Grundstück **zu verschenken,** so ist die Gefahr deshalb sehr viel größer, weil man hier erfahrungsgemäß nur an eine mögliche Schenkungsteuer denkt, nicht aber auch an die sehr viel „gefährlichere", weil in aller Regel sehr viel höhere, Einkommensteuer. Dies wird das nachfolgende Beispiel verdeutlichen:

Beispiel: Möbelhändler Obermeier hatte die Erträge seines gutgehenden Groß- und Einzelhandelsgeschäfts weitgehend in Immobilien angelegt. Ein Mietshaus, welches er vor etwa zwanzig Jahren angeschafft hatte, hatte er, weil es ihm damals steuerlich günstiger erschien, als sogenanntes „gewillkürtes Betriebsvermögen" in seine Firma eingebracht. Es stand dort in der Bilanz mit insgesamt (Grund und Boden sowie Gebäude) noch DM 300 000,–.
Der wirkliche Wert betrug demgegenüber etwa 2 Mio. DM. Ein Sohn von Obermeier war bereits seit längerer Zeit in der elterlichen Firma tätig; eine Tochter war Kinderärztin. Um den Sohn an das Unternehmen zu binden und ihn als Nachfolger zu gewinnen, nahm er ihn per 1. 1. 1997 als Mitgesellschafter in seine Firma auf.
Da sein Steuerberater ihm ausgerechnet hatte, daß seine Firma (ohne das Mietshaus) einen Gesamtwert von etwa 6 Mio. DM repräsentiere, beschloß er, den Sohn mit einer Beteiligungsquote von 1/3 schenkweise als Kommanditist in die Firma, die damit Kommanditgesellschaft wurde, aufzunehmen. Zum „Ausgleich" dafür und weil er seine Kinder stets gleich behandeln wollte, schenkte er seiner Tochter zuvor das Mietshaus. Dabei rechnete er zwar mit einem Schenkungsteuerbescheid, basierend auf dem Grundbesitzwert des Grundstücks.
Allerdings ging er davon aus, daß weitere Steuern, insbesondere Einkommensteuer, nicht anfielen, da er ja keinen Veräußerungspreis erhalte und demgemäß auch keinen Veräußerungsgewinn erzielt haben könne.

Hier hatte er sich allerdings grundlegend vertan: Sein Anwalt, den er zuvor nicht konsultiert hatte und dem er vom „Vollzug" der Grundstücksschenkung berichtete, sah die Gestaltung mit

Entsetzen und erläuterte ihm, da seine Tochter keine Unternehmerin sei und demgemäß kein Betriebsvermögen, sondern nur Privatvermögen halten könne, habe er durch die Schenkung das Grundstück zwangsläufig aus dem Betriebsvermögen **„entnommen"**.

Dies aber bedeute, daß die Differenz zwischen dem Bilanzansatz (Buchwert) und dem wirklichen Wert im Zeitpunkt der Entnahme als laufender steuerpflichtiger Gewinn in der Einkommensteuer zu behandeln sei. Überschlägig rechnet ihm der Anwalt folgendes vor:

Entnahmewert		DM 2 000 000,–
Buchwert ./.		DM 300 000,–
steuerpflichtiger Gewinn		DM 1 700 000,–
hierauf Einkommensteuer, 45% (1999)		DM 765 000,–
darauf Kirchensteuer, 8%		DM 61 200,–
sowie Solidaritätszuschlag, 5,5%		DM 42 075,–
Gewerbesteuer (je nach gemeindlichem Hebesatz), hier überschlägig angenommen mit 15% von DM 1 700 000,–		DM 255 000,–
Gesamtbetrag		**DM 1 123 275,–**

Die Steuerbelastung ist also ganz erheblich und macht im konkreten Fall mehr als die Hälfte des Wertes des Grundstückes aus. Dabei muß man sich folgendes deutlich vor Augen führen: Hätte Herr Obermeier das Grundstück für 2 Mio. DM veräußert, so hätte er aus diesen 2 Mio. DM die Steuer zahlen können und hätte immerhin noch einen Betrag von knapp DM 900 000,– übrigbehalten.

Dies wäre zwar auch schmerzhaft gewesen, immerhin aber wäre die notwendige Liquidität ohne weiteres vorhanden. Im Falle der „Entnahme", wie im letzten Beispielsfall geschildert, ist das fatale aber, daß dem Unternehmer keine einzige Mark zufließt. Das Grundstück hat lediglich seine **„steuerliche Eigenschaft" gewechselt,** es ist vom „Betriebsvermögen" zum „Privatvermögen" geworden, und dies hat Herrn Obermeier gut DM 1,1 Mio. an Steuern gekostet. Freuen kann sich allerdings die Tochter: Bei dieser ist das Grundstück fortan Privatvermögen. Steigt das Grundstück weiter im Wert und verkauft sie das

Grundstück beispielsweise in elf Jahren für 2,4 Mio. DM, so verbleibt ihr dieser Kaufpreis „netto", das heißt, es geht vom Kaufpreis und auch vom zwischenzeitlichen Wertzuwachs keine einzige Mark an das Finanzamt. Der eigentliche „Gewinner" der Transaktion ist somit tatsächlich die Tochter, die der Vater also reichlicher beschenkt hat, als er dies an und für sich wollte. Allerdings wird der Vater, wenn er richtig beraten ist und eine gerechte Verteilung seines Vermögens unter seinen Kindern weiterhin anstrebt, im Wege seiner weiteren Vermögensaufteilung (etwa bei entsprechenden testamentarischen Anordnungen) sehr wohl zugunsten des Sohnes berücksichtigen müssen, daß dessen Geschäftsanteil, im Unterschied zu dem Mietwohngrundstück bei der Tochter, nach wie vor „steuerverhaftet" ist, das heißt, der Sohn würde bei Veräußerung des entsprechenden Geschäftsanteils im Unterschied zu seiner Schwester sehr wohl einen (wenn auch tarifbegünstigten) Veräußerungsgewinn versteuern müssen.

Wie sich der geschilderte steuerliche „Unglücksfall" hätte vermeiden lassen, soll hier nicht näher dargelegt werden. Jedenfalls wird der vorliegende Beispielsfall deutlich gemacht haben, daß bei der – entgeltlichen sowie auch schenkweisen – Übertragung von Betriebsgrundstücken heimtückische **„Steuerfallen"** lauern. An die schwierige Aufgabe, hier unnötige Steuerabflüsse zu vermeiden, sollte sich der Steuerpflichtige daher in aller Regel nicht in Eigenverantwortung heranwagen, sondern zuvor sachverständigen Rat durch seinen Steuerberater, seinen Wirtschaftsprüfer oder seinen in Steuerfragen erfahrenen Rechtsanwalt einholen.

Dem aufmerksamen Leser wird aufgefallen sein, daß im Beispielsfall die Grundstücksveräußerung elf Jahre nach der Entnahme angesiedelt wurde. Auch dies ist Folge einer Änderung (Verschärfung) der Spekulationsgewinnbesteuerung mit Wirkung ab dem 1. 1. 1999: In die Neuregelung ist nämlich aufgenommen worden, daß als **Anschaffung** auch gilt die **Überführung eines Wirtschaftsgutes in das Privatvermögen** des Steuerpflichtigen durch Entnahme oder durch Betriebsaufgabe. Gerade dies aber ist vorliegend erfolgt. Würde also die Tochter im Beispielsfall das Grundstück nach beispielsweise neun Jahren, gerechnet ab der Entnahme, veräußert haben, so hätte sie den Differenzbetrag zwischen dem Veräußerungsgewinn und dem zum Zeitpunkt der Überführung ins Privatvermögen gegebenen Entnahmewert voll versteuern müssen. Nimmt man an, daß die Entnahme aus dem Betriebsvermögen nach dem 1. 8. 1995 erfolgt ist, so wäre der Entnahmewert noch um die zwischenzeitlich erfolgten Abschreibungen zu mindern. Das bedeutet praktisch, daß die durch die AfA erfolgte Steuerersparnis bei einer Veräußerung innerhalb der Zehn-Jahres-Frist zu Lasten des Steuerpflichtigen voll rückgängig gemacht würde!

b) Geldschenkungen zwecks Grundstückserwerb

134   Daß es im Hinblick auf die Schenkungsteuer deutlich günstiger ist, Grundbesitz zu schenken anstatt gleich wertvolles sonstiges Vermögen (etwa Bargeld oder Sparguthaben), ist oben dargestellt worden. Allerdings lagen den entsprechenden Beispielen immer Fälle zugrunde, in denen der Schenker (beispielsweise: die Eltern) sowohl über Geldvermögen als auch Grundvermögen verfügten. Es ging also dort praktisch um die Frage, welchen von mehreren zur Verfügung stehenden Vermögensgegenständen (zum Beispiel: Geld oder Grundstück) die Eltern ihren Kindern schenken sollten.

135   Anders ist die Situation jedoch in folgenden Fällen: Die Tochter oder der Sohn, einige Jahre verheiratet, möchte zusammen mit dem Ehepartner ein Einfamilienhaus kaufen oder bauen oder eine Eigentumswohnung erwerben.

Die Eltern haben durchaus auch namhafte Geldbeträge angespart und möchten den Kindern bei der Finanzierung maßgeblich unter die Arme greifen. Indessen wissen sie, daß die Schenkung von Geldbeträgen schenkungsteuerlich ungünstig ist. Sie überlegen daher, ob es nicht zweckmäßiger wäre, wenn sie selbst beispielsweise die Eigentumswohnung kaufen und diese sodann an die Kinder verschenken. Theoretisch ist dies natürlich ohne weiteres machbar und bietet auch in der Praxis keine allzu großen Schwierigkeiten in den Fällen, in denen beispielsweise die Eltern tatsächlich so vermögend und so großzügig sind, daß sie den Gesamtkaufpreis auf der hohen Kante liegen haben und diesen Gesamtkaufpreis auch den Kindern zuwenden möchten. Erwerben sie für diesen Kaufpreis die Eigentumswohnung und schenken sie die Eigentumswohnung dann dem Sohn oder der Tochter, so ist als Steuerwert der Schenkung anzusetzen, wie oben (Rz. 106) bereits dargestellt, lediglich der zu diesem Zwekke zu ermittelnde Grundbesitzwert.

Indessen ist dieser Fall in der Praxis eher selten. Meist greifen *136* die Eltern den Kindern zwar anläßlich des Erwerbs eines Hauses oder einer Eigentumswohnung finanziell nicht unerheblich unter die Arme. Allerdings wird meistens gleichwohl nur ein Teil des Kaufpreises oder der Baukosten geschenkt und der andere Teil wird zu einem – meist geringeren – Anteil aus Eigenkapital der Kinder gespeist und zu einem anderen – meist größeren – Anteil über Bank- und Bausparkassenkredite finanziert. In diesen Fällen ist es zumeist nicht im Sinne der Eltern und auch von den Kindern nicht gewollt, daß die Eltern (oder ein Elternteil) den Kauf des Hauses oder der Eigentumswohnung im eigenen Namen tätigen und auch insoweit in die Finanzierung eingebunden werden; dies ohne weiteres schon wegen der damit entstehenden Haftung. Außerdem ergeben sich in der praktischen Durchführung oft Schwierigkeiten oder zumindest kompliziert sich die Gestaltung nicht unerheblich. Dies erst recht, wenn ein Finanzierungskonzept unter Beteiligung von Hypothekenbanken, Lebensversicherungen und Bausparkassen aufzustellen ist. Der Erwerb durch die Eltern und die anschließende Schenkung des Grundstücks, gegebenenfalls unter „Weitergabe" kurzfristig übernommener Finanzierungslasten durch die Eltern, ist daher im allgemeinen keine empfehlenswerte Gestaltung.

Empfehlenswert kann es demgegenüber sein, daß Eltern einem Kind den zugedachten Betrag zweckgebunden „zum Erwerb eines Grundstücks oder zur Errichtung eines Gebäudes" schenken. Dies leitet über zu dem nachfolgenden

---

Gestaltungshinweis: *137*

Wenn Sie Ihren Kindern einen Geldbetrag zum Erwerb eines Grundstücks oder zur Errichtung eines Gebäudes schenken

> wollen, schenken Sie es zweckgebunden zum Erwerb eines
> ganz bestimmten Grundstücks! Bevor Sie dies tun, lesen Sie
> allerdings auch noch die nachfolgenden Gestaltungshin-
> weise!

Im Hinblick auf die steuerliche Beurteilung von Sachverhalten
gibt es – unter anderem! – einen bedeutsamen Unterschied zwischen dem Einkommensteuerrecht und dem Schenkungsteuerrecht: Im **Einkommensteuerrecht** kommt es grundsätzlich auf
den **wirtschaftlichen Hintergrund** des Sachverhaltes an und
nicht auf die formale juristische Ausgestaltung: Insbesondere
sind Wirtschaftsgüter im Bereich der Einkommensteuer keinesfalls immer und zwingend demjenigen zuzuordnen, der im juristischen Sinne Eigentümer ist. Übt vielmehr ein anderer als dieser Eigentümer die tatsächliche Herrschaft über ein Wirtschaftsgut in der Weise aus, daß er den Eigentümer im Regelfall für die
gewöhnliche Nutzungsdauer von der Einwirkung auf das Wirtschaftsgut ausschließen kann, so ist ihm (nämlich dem wirtschaftlichen und nicht dem juristischen Eigentümer) das Wirtschaftsgut zuzurechnen (vgl. § 39 der Abgabenordnung – AO).
Das **Schenkungsteuerrecht** ist demgegenüber im Grundsatz
streng an das Zivilrecht angelehnt. Der Bundesfinanzhof (BFH)
hat allerdings in ständiger Rechtsprechung hiervon eine **Ausnahme** dann zugelassen, wenn Geldbeträge zum Erwerb eines
ganz bestimmten Grundstücks geschenkt wurden. Die Finanzverwaltung hat diese Grundsätze übernommen und zunächst in
gleichlautenden Erlassen der obersten Finanzbehörden der Län-
der und nunmehr in den seit dem 1. 1. 1999 geltenden ErbSt-
Richtlinien geregelt. Danach (R u. H 16) kann die Hingabe von
Geld zum Erwerb eines Grundstücks oder zur Errichtung eines
Gebäudes unter bestimmten Voraussetzungen als Schenkung
von Grundbesitz anzusehen sein, wonach dann auch in diesen
Fällen die entsprechend niedrigeren Einheitswerte (vor 1996)
bzw. Grundbesitzwerte (nach 1995) zugunsten des Steuerpflichtigen zum Ansatz kommen.

138   *(einstweilen frei)*

Dabei soll zunächst einmal – obwohl in der Praxis sicherlich *139*
weniger häufig – aus Gründen der Darstellung ein Beispielsfall
gewählt werden, in welchem der **gesamte** zum Erwerb eines
Hausgrundstücks benötigte **Betrag geschenkt** worden ist.

Beispiel: Der Zahnarzt Dr. Hartmann aus Köln möchte seiner
Tochter, die ebenfalls Zahnmedizin studiert hat und in Bonn eine
Zahnarztpraxis einrichten möchte, beim Start in den Beruf behilflich
sein. Er denkt daran, ihr DM 600000,– zu schenken, damit die
Tochter sich eine Eigentumsetage (Teileigentum) in einem Bonner
Vorort anschaffen kann. Da er weiß, daß in bestimmten Fällen die
Hingabe von Geld zum Erwerb eines Grundstücks steuergünstiger
ist als die vorbehaltlose Hingabe des entsprechenden Geldbetrages,
schließt er vor der Überweisung des entsprechenden Geldbetrages
auf das Konto seiner Tochter mit dieser folgende kurze schriftliche
Vereinbarung: „Herr Dr. Heiko Hartmann, Zahnarzt, schenkt seiner
Tochter, Frau Dr. Isabella Hartmann, einen Geldbetrag in Höhe von
DM 600000,–, den er sogleich im Anschluß an die Unterzeichnung
dieser Vereinbarung auf deren Konto bei der Commerzbank Bonn,
Konto-Nr. 135789, überweisen wird. Die Geldschenkung erfolgt ausschließlich zu dem Zweck, daß die Tochter hierfür eine Eigentumsetage (Teileigentum) im Bereich der Stadt Bonn, Ortsteil Bad Godesberg, erwirbt, die zum Betrieb einer Zahnarztpraxis geeignet ist".
Nachdem beide diese Vereinbarung unterschrieben haben, überweist
der Vater das Geld auf das angegebene Konto. Die Tochter wendet
sich daraufhin an einen Makler und es gelingt schon innerhalb relativ kurzer Zeit, eine geeignete Praxisetage in Bad Godesberg, Goe-
thestraße 10 zu finden. Die Tochter kauft diese für DM 600000,–
und beginnt mit der Einrichtung der Zahnarztpraxis. Gegenüber
dem Finanzamt gibt sie eine Steuererklärung ab und gibt dort als
Steuerwert an „DM 400000,–", nämlich den von ihr gem. § 146
BewG (dazu oben Rz. 104e) anhand der bisher dort erzielten Mieten
ermittelten **Grundbesitzwert** der Praxisetage. Sie hat sich zuvor
überlegt, daß nach Abzug des in gleicher Höhe bestehenden Freibetrages (DM 400000,–; s. o. Rz. 116) an und für sich keinerlei
Schenkungsteuer anfallen dürfte.

Kurze Zeit darauf erhält sie ein Schreiben des für sie zuständigen Finanzamts, worin der Sachbearbeiter um Mitteilung bittet,
inwieweit sie davon ausgehe, ihr sei eine Praxisetage geschenkt
worden.

Gleichzeitig wird darum gebeten, etwaige in diesem Zusammenhang zwischen ihr und dem Vater geschlossene **Vereinbarungen** vorzulegen. Frau Dr. Hartmann, zunächst noch guten Mutes, schickt die seinerzeit schriftlich niedergelegte Vereinbarung an das Finanzamt. Von dort erhält sie innerhalb kürzester Zeit die Nachricht, man beabsichtige, für die Berechnung der Schenkungsteuer nicht den – deshalb auch nicht zuvor zu ermittelnden – Grundbesitzwert zugrundezulegen, sondern den Wert des geschenkten Geldbetrages in Höhe von DM 600 000,–. Erst daraufhin schaut sich Herr Dr. Hartmann, von seiner Tochter auf die vermeintlich falsche Steuerberechnung angesprochen, den Text der erwähnten ErbSt-Richtlinien (Rz. 137) genauer an und entdeckt dort in der Tat R 16 Abs. 2, daß die Hingabe von Geld zum Erwerb **irgendeines** Grundstückes, ohne daß dabei schon feststeht, um welches Grundstück es sich genau handelt, als Geldschenkung zu verstehen sei und nicht als mittelbare Grundstücksschenkung. Der steuerliche Wert des Erwerbes ist daher in der Tat mit DM 600 000,– anzusetzen. Nach Abzug des Freibetrages von DM 400 000,– verbleibt ein steuerpflichtiger Erwerb in Höhe von DM 200 000,–. Hierauf fällt gemäß § 19 ErbStG (vgl. Rz. 117) Erbschaftsteuer an in Höhe von 11%, somit Erbschaftsteuer in Höhe von DM 22 000,–.

Der Vater war also etwas voreilig. Wie er jetzt R 16 ErbStR entnimmt, hätte er sich mit der Geldüberweisung gedulden sollen, bis seine Tochter ein ganz konkretes Grundstück an der Hand gehabt hätte.

Dies führt zu folgendem, in diesem Zusammenhang weiter zu beobachtenden

140 **Gestaltungshinweis:**

Warten Sie mit der Geldschenkung zum Erwerb eines Grundstücks oder zur Errichtung eines Gebäudes, bis das zu erwerbende Grundstück oder die durchzuführende Baumaßnahme exakt feststehen und stellen Sie erst dann dafür den von Ihnen vorgesehenen Geldbetrag zur Verfügung!

Auf welche Art und Weise diesem Erfordernis genüge getan ist, zeigt folgendes

Beispiel: Die Eheleute Lehmann unterstützen den Wunsch ihrer Tochter, einen eigenen Friseursalon zu eröffnen. Da sie den angesprochenen „Erlaß" genauer studiert haben, raten sie der Tochter, sich zuerst einmal nach geeigneten Objekten umzusehen.

Die Tochter findet sodann in Göttingen, Marktstraße 15, tatsächlich eine Eigentumsetage (Erdgeschoß), welche ihr nach Größe und Zuschnitt für den Betrieb eines Friseurgeschäftes geeignet erscheint. Der Kaufpreis soll DM 550 000,– betragen. Nachdem auch die Eltern sich das Objekt angesehen haben, überweisen sie der Tochter DM 550 000,– auf deren Konto, wobei sie zuvor abgesprochen hatten, daß der Geldbetrag nur zum Erwerb eben dieser Eigentumsetage verwendet werden dürfe.

Da die Etage zunächst noch anderweitig vermietet war und die Tochter den Kaufvertrag erst abschließen wollte, wenn geklärt war, zu welchem Termin der Mieter ausgezogen und die Räume frei seien, wurde der Kaufvertrag erst gut zwei Jahre nach dieser Überweisung abgeschlossen.

Das Finanzamt stellte sich auf den Standpunkt, schon allein der Zwei-Jahres-Zeitraum zwischen der Geldschenkung und dem Erwerb des Grundstückes belege, daß das Geld nicht zweckgebunden und zum Erwerb gerade dieses Grundstückes (Teileigentum) hingegeben worden sei.

Der vorstehende Fall zeigt, daß sowohl vom theoretischen Ansatz her als auch für die Praxis streng unterschieden werden muß zwischen dem objektiv gegebenen Sachverhalt einerseits und den für eine bestimmte steuerliche Behandlung zu erfüllenden **Nachweispflichten** andererseits:

Wie sich aus dem geschilderten Sachverhalt ergab, erfolgte die Hingabe des Geldes in tatsächlicher Hinsicht sehr wohl zweckgebunden zum Erwerb gerade des Objektes Göttingen, Marktstraße 15. Indessen kann der Sachbearbeiter beim Finanzamt dies glauben oder auch nicht. Wird ihm der Sachverhalt – wahrheitsgemäß – so präsentiert, wie er sich im vorliegenden Fall abspielte, so wird allein die lange Zeitdauer zwischen der Schenkung und dem Kauf des Grundstücks seinen Argwohn erregen und er wird sich vielleicht denken, die Beteiligten seien erst im nachhinein „auf die Idee gekommen", die Geldschenkung als „zum Erwerb eines bestimmten Grundstückes erfolgt" zu deklarieren.

Ob es den Beteiligten im konkreten Fall gelingen wird nachzuweisen, daß tatsächlich seinerzeit die Zweckbindung gewollt war, ist eine Tatfrage. Man könnte hier sehr wohl die **Beteiligten anhören.** Eventuell könnten die Eltern die seinerzeit vereinbarte Zweckbindung durch Abgabe entsprechender **eidesstattlicher Versicherungen** dokumentieren und unterstreichen. Ob dies alleine reicht, ist eine Frage des Einzelfalles und der Beurteilung der gesamten Umstände durch das Finanzamt. Für die Steuerpflichtigen wird es vorliegend sicherlich sprechen, wenn sich nachweisen läßt, daß die Geldüberweisung seinerzeit zeitlich unmittelbar im Anschluß an die Kenntnis von der Erwerbsmöglichkeit des Objektes in Göttingen erfolgte. Für die Steuerpflichtigen könnte weiterhin sprechen, daß der Zeitraum von zwei Jahren zwischen Schenkung und Kaufvertragsabschluß auf nachvollziehbaren äußeren Umständen beruhte, nämlich darauf, daß die Räume nicht frei wurden. All dies könnte an sich – muß aber keineswegs! – ausreichen, um das Finanzamt davon zu überzeugen, daß die Zweckbindung für das ganz konkrete Objekt bei Geldhingabe schon vereinbart war. Restzweifel bleiben indessen und gehen zu Lasten des Steuerpflichtigen.

Allerdings haben Steuerpflichtige, die entsprechendes planen, ohne weiteres die Möglichkeit, derartige „Restzweifel" auszuschließen und die Angelegenheit von vorneherein klarzustellen. Dies führt zu dem weiteren

---

141 | **Gestaltungshinweis:**

Dokumentieren Sie den Umstand, daß der Beschenkte den Geldbetrag nur zum Erwerb einer ganz bestimmten Immobilie verwenden darf, durch eine schon vor der Schenkung oder gleichzeitig mit der Schenkung niedergelegte schriftliche Vereinbarung.

Daß eine solche schriftliche Vereinbarung bzw. sogar (einseitige) Zusage des Schenkers genügt, wenn sie schriftlich und zeitnah vor Beginn der Baumaßnahme oder des Kaufs erteilt wurde, ist nunmehr ausdrücklich in den ErbSt-Richtlinien (R 16 Abs. 1) geregelt.

c) Mittelbare Grundstücksschenkung und Einkommensteuer

Bereits oben (Spekulationsgewinn!, Rz. 130) wurde deutlich, *142* daß man sich durch den Blick auf vermeintliche oder tatsächliche Ersparnisse bei einer ganz bestimmten Steuer nicht den Blick auf das **Gesamtkonzept** verstellen lassen darf. Den Vorteilen bei der einen Steuerart können Nachteile gegenüberstehen bei einer anderen Steuerart, die die vermeintlichen Vorteile kompensieren oder gar per saldo zu oft erheblichen Steuernachteilen führen.

Vorstehende Erkenntnis, die nachstehend anhand eines Beispielfalles dargelegt werden soll, führt zu dem weiteren

---

Gestaltungshinweis: *143*
Achten Sie darauf, daß die Geldschenkung zum Erwerb eines ganz bestimmten Grundstückes über nachteilige Auswirkungen bei der Einkommensteuer nicht zum Bumerang wird!

Um zu verdeutlichen, was mit Vorstehendem gemeint ist, soll zunächst ein kurzer Beispielsfall vorangestellt werden, der mit Schenkungsteuer zunächst überhaupt nichts zu tun hat. Im nächsten Beispielsfall wird dann deutlich, wo die Zusammenhänge liegen.

Beispiel: Die Eheleute Sabine und Peter Bauer haben sich im Jahre 1997 ein Haus (Neubau) gekauft für DM 600 000,–, wovon DM 150 000,– auf Grund und Boden und DM 450 000,– auf das Gebäude entfallen sollen. Die Eheleute Bauer haben zwei schulpflichtige Kinder und (vor Berücksichtigung der steuerlichen Auswirkungen des Hauskaufes) in 1996 sowie in 1997 einen „Gesamtbetrag der Einkünfte" von DM 150 000,–.

Die Eheleute Bauer haben damit einen Anspruch auf die sog. **Eigenheimzulage** nach dem Eigenheimzulagengesetz (EigZulG) vom 26. 3. 1997 (BGBl. I S. 734). Dieser Anspruch berechnet sich wie folgt:

Bemessungsgrundlage	DM 600 000,–
davon 5%, max. aber	DM 5 000,–
Kinderfreibetrag pro Kind DM 1500,–, somit	DM 3 000,–
Gesamtförderung pro Jahr	DM 8 000,–

Auf Antrag (§ 12 EigZulG) erhalten die Eheleute Bauer diesen Betrag im Jahr der Anschaffung (also 1997) und in den folgenden sieben Jahren jeweils ausgezahlt, insgesamt also 8 × DM 8000,– somit **DM 64 000,–**

Hinzuweisen ist darauf, daß die vorstehende Berechnung grundsätzlich gleich bleibt, ungeachtet dessen, ob sich das zu versteuernde Einkommen der Bauers erhöht oder erniedrigt. Anders als die bis **einschließlich 1995** geltende **Förderung nach § 10 e EStG** ist nämlich die Eigenheimzulage **progressionsunabhängig.** Dennoch war die Angabe ihrer „Verdienstsituation" im Sachverhalt keinesfalls überflüssig:

Beträgt nämlich der „Gesamtbetrag der Einkünfte" im Jahr der ersten Inanspruchnahme und im Vorjahr zusammen gerechnet mehr als DM 240 000,– oder bei zusammen veranlagten Ehegatten mehr als DM 480 000,–, so entfällt die vorbezeichnete Förderung einschließlich des Baukindergeldes! Hier kann es im Falle der Zusammenveranlagung, wenn zwar beide Ehegatten zusammen einen „Gesamtbetrag der Einkünfte" von mehr als DM 480 000,– haben, einer der Ehegatten aber unter DM 240 000,– liegt, ratsam sein, getrennte Veranlagung zu beantragen. Dies aber nur als kurzer Hinweis, der an dieser Stelle nicht vertieft werden soll.

144 Nun zurück zum eigentlichen Thema, dem **Zusammenhang zwischen Schenkungsteuerersparnis und Einkommensteuermehrbelastung bei mittelbarer Grundstücksschenkung:**

Die Förderung nach dem Eigenheimzulagengesetz setzt unter anderem voraus, daß derjenige, der diese Wohnung tatsächlich nutzt, auch die entsprechenden **Anschaffungs- oder Herstellungskosten** getragen hat. Einen Anspruch kann also derjenige nicht geltend machen, der zwar die entsprechenden Aufwendungen getragen hat, die Wohnung jedoch nicht nutzt (bewohnt), ebensowenig wie der in den Genuß der Förderung kommen kann, der die Wohnung zwar nutzt (bewohnt), aber keine Aufwendungen hatte.

Dies klingt auf den ersten Blick nicht ungewöhnlich oder für den Steuerpflichtigen „gefährlich", weil in der Regel der „Häuslebauer" auch die Kosten letztendlich trägt, sei es, daß er sie aus angespartem Kapital begleicht oder aber finanziert oder – dies ist in der Praxis der Regelfall – einen Teil aus Eigenkapital aufbringt und den Großteil finanziert.

Auf die Herkunft der Mittel, insbesondere auf die **Herkunft des Eigenkapitals,** kommt es dabei grundsätzlich nicht an. Es ist also gleichgültig, ob der „Häuslebauer" sein Geld, welches er auf dem Konto hat, selbst angespart hat aus eigenem Verdienst, ob er es im Lotto gewonnen hat oder von seinem Onkel oder seinen Eltern geschenkt erhielt.

Allerdings hat der Bundesfinanzhof – und ihm folgend die Finanzverwaltung in den erwähnten Erlassen der obersten Finanzbehörden – entschieden, bei der Schenkung eines Geldbetrages zum **Erwerb eines ganz bestimmten Grundstückes** sei in Wahrheit und wirtschaftlich gesehen nicht der entsprechende Geldbetrag geschenkt, sondern es sei praktisch die Immobilie als solche geschenkt. Deshalb sei konsequenterweise bei der Schenkungsteuer auch nicht der Nominalbetrag des geschenkten Geldes zugrundezulegen, sondern der im Einzelfall zu ermittelnde Grundbesitzwert des damit gekauften Grundstückes.

Diese Rechtsprechung, die bürgerfreundlich ist und bei der *145* Schenkungsteuer generell zu oft ganz erheblichen Steuerentlastungen führt, erweist sich nunmehr **bei der Einkommensteuer als Bumerang:** In seinem Urteil vom 15. 5. 1990 (BStBl. 1992 II S. 67) hat der Bundesfinanzhof (BFH) zu § 7b EStG, dem Vorgänger von § 10e EStG, entschieden, auch für den Bereich der Einkommensteuer müsse man die Schenkung eines Geldbetrages zum Erwerb eines ganz bestimmten Grundstückes so sehen wie für die Schenkungsteuer.

Mit anderen Worten: Auch und erst recht für die Einkommensteuer, der ja die sogenannte „wirtschaftliche Betrachtungsweise" näherstehend sei als der Schenkungsteuer, müsse man davon ausgehen, es sei in Wahrheit das Grundstück geschenkt.

Die Finanzverwaltung hat dieses Urteil aufgegriffen und in Schreiben einzelner Oberfinanzverwaltungen (etwa OFD München) bereits ausgeführt, bei der Schenkung eines Geldbetrages zum Erwerb eines ganz bestimmten Grundstückes sei auch für den Bereich der Einkommensteuer das Grundstück selbst als geschenkt anzusehen. Damit aber habe der Beschenkte selbst keinerlei Aufwendungen und könne demgemäß auch die sogenannte „Grundförderung" gemäß § 10e EStG nicht in Anspruch nehmen. Dieselben Grundsätze müssen aber auch gelten für die Wohnungseigentumsförderung durch das **Eigenheimzulagengesetz.**

Diese Ansicht hat eine gewisse Konsequenz durchaus für sich. Sie wird allerdings in den allermeisten Fällen dazu führen, daß es für denjenigen, der über die Grundsätze der „mittelbaren Grundstücksschenkung" zunächst Schenkungsteuer gespart hat, ein böses Erwachen geben wird, wenn er vom Finanzamt die Mitteilung erhält, sein Anspruch auf Steuerbegünstigung für den Bau oder den Kauf diesen selbstgenutzten Wohnung sei damit endgültig und vollständig – und zwar für den gesamten Zeitraum von acht Jahren – entfallen.

Da man ohne weiteres davon ausgehen kann, daß in der ganz überwiegenden Zahl der Fälle die Steuerersparnis durch die Inanspruchnahme der Wohnbauförderung erheblich größer ist als die Steuerersparnis durch den Wegfall oder die Minimierung der Schenkungsteuer, wird man den vorausgegangenen Gestaltungshinweis, wonach neben der Schenkungsteuer auch die Einkommensteuer stets im Auge behalten werden muß, präzisieren können zu dem weiteren

146 | **Gestaltungshinweis:**
Zahlen Sie lieber Schenkungsteuer, bevor Sie sich die sehr viel attraktiveren Steuervorteile der Eigenheimförderung verscherzen!

Auch hier gilt allerdings: Keine Regel ohne Ausnahme! Das Anliegen, auch die Schenkungsteuer zu sparen, bleibt natürlich erhalten, wenn sich aus anderen Gründen bei der Einkommensteuer ohnehin keine Nachteile ergeben. Dies kann zum einen dann der Fall sein, wenn es sich zwar um die Geldschenkung zum Erwerb einer ganz bestimmten Wohnung (Einfamilienhaus, Eigentumswohnung) handelt, wenn aber die Eigenheimförderung aus anderen Gesichtspunkten ohnehin nicht zum Tragen käme. Zum anderen behält die mittelbare Grundstücksschen-

kung durchaus dann ihre Berechtigung und ihren Steuerspareffekt, wenn es sich nicht um die Geldhingabe zum Erwerb einer
bestimmten Wohnung im vorstehenden Sinne handelt, sondern
zum Erwerb etwa einer fremdvermieteten Immobilie, beispielsweise eines Mietwohngrundstückes.

Wie oben bereits kurz angedeutet, **entfällt die steuerliche För-** 147
derung selbstgenutzten Wohnraumes auch dann, wenn der bzw.
die zusammen veranlagten Steuerpflichtigen die oben bezeichneten Einkommensgrenzen (genauer: über zwei Jahre hinweg einen
bestimmten „Gesamtbetrag der Einkünfte" (Rz. 143, vgl. i. e. § 5
EigZulG) überschreiten.
Will also etwa der vermögende Vater seinem gutverdienenden
Sohn, bei dem diese Voraussetzungen gegeben sind, einen Geldbetrag von DM 800 000,– zum Erwerb einer Eigentumswohnung
in der Frankfurter City schenken, so sollte er dies nach den obigen Grundsätzen erst dann tun, wenn der Sohn eine bestimmte
Eigentumswohnung bereits „ausgeguckt" hat. In diesen Fällen
kommt der Sohn durchaus in den Genuß der Ersparnis von
Schenkungsteuer, eben weil nur der – vielleicht nur DM
400 000,– betragende – Grundbesitzwert der Eigentumswohnung
zugrundegelegt wird, und nicht der Betrag von DM 800 000,–.
Bei der Einkommensteuer entstehen ihm deshalb keine Nachteile, weil die Förderung nach dem Eigenheimzulagengesetz schon deshalb ausscheidet, weil der Gesamtbetrag seiner
Einkünfte lt. Sachverhalt die maßgeblichen Grenzwerte übersteigt.

Dieselben Erwägungen gelten dann, wenn der Sohn zwar 148
nicht so gut verdient, insbesondere sein „Gesamtbetrag der Einkünfte" unter den Grenzen des § 5 EigZulG (Rz. 143) liegt,
wenn er aber bereits für ein anderes Objekt die Steuervergünstigung nach dem Eigenheimzulagengesetz, die des § 10 e EStG
bzw. von dessen Vorgänger, nämlich des § 7 b EStG, in Anspruch genommen hatte. Wegen der **Objektbeschränkung** auf
lediglich ein (bei Ehegatten: jeweils ein) Objekt käme er dann
ohnehin nicht in den Genuß der Förderung, so daß auch hier
gilt, daß der Aspekt der Schenkungsteuerersparnis wieder in den
Vordergrund tritt und Priorität erhält.

149   Stets Priorität hat der Gesichtspunkt der Schenkungsteuer auch dann, wenn es sich bei dem Objekt, zu dessen Erwerb Geldbeträge geschenkt werden, überhaupt nicht um eine selbstgenutzte Wohnung handelt, sondern etwa um ein **Mietgrundstück** oder um eine vermietete bzw. zu vermietende Eigentumswohnung: In diesen Fällen ist es zwar auch so, daß man für den Bereich der Einkommensteuer davon ausgehen muß, es sei wirtschaftlich und in Wahrheit nicht der Geldbetrag geschenkt, sondern die entsprechende Eigentumswohnung bzw. das entsprechende Mietshaus. Auch hier liegt also insoweit eine mittelbare Grundstücksschenkung vor, verbunden mit dem angenehmen Effekt der Zugrundelegung lediglich des – niedrigeren – Grundbesitzwertes bei der Schenkungsteuer.

Auch hier könnte man zunächst annehmen, die Geltendmachung der Abschreibung in den Folgejahren bei dem Beschenkten scheitere daran, daß dieser ja überhaupt keine eigenen Anschaffungs- oder Herstellungskosten gehabt habe, die ja schließlich Voraussetzung für die steuerliche Abschreibung (AfA) sind. Indessen gibt es hier eine Vorschrift, die diese Hürde überwindet, nämlich § 11 d der Einkommensteuer-Durchführungsverordnung (EStDV). Dort ist geregelt, daß sich bei den nicht zu einem Betriebsvermögen gehörenden Wirtschaftsgütern, die der Steuerpflichtige unentgeltlich erworben hat, die Absetzungen für Abnutzung (AfA) nach den **Anschaffungs- oder Herstellungskosten des Rechtsvorgängers** (Schenkers) ermitteln. Mit anderen Worten:

Die Tatsache, daß man bei der sogenannten mittelbaren Grundstücksschenkung das Grundstück (Eigentumswohnung, Mietshaus, etc.) selbst als geschenkt ansieht, damit also die Sache wirtschaftlich so behandelt wird, als habe der Schenker das Grundstück bebaut oder erworben und dann erst weiterverschenkt, ist für den Bereich der nicht selbstgenutzten Wohnung nicht schädlich, da der Beschenkte dann eben die Abschreibungen geltend machen kann, die der Schenker hätte geltend machen können, wenn er die Wohnung selbst vermietet hätte.

150   Als **Faustregel** wird man daher festhalten können: Die Vorteile der sogenannten mittelbaren Grundstücksschenkung bei

der Schenkungsteuer sollten stets ausgenützt werden bei der Schenkung von nicht selbstgenutzten Immobilien. Bei selbstgenutzten Immobilien ist demgegenüber in aller Regel die Inanspruchnahme der Wohnungsbauförderung bei der Einkommensteuer günstiger.

Dies gilt nur dann ausnahmsweise nicht, wenn diese Steuervergünstigungen aus anderen Gründen, etwa wegen Objektverbrauches oder wegen Überschreitens der Förderungsgrenze, ohnehin nicht in Anspruch genommen werden können.

d) Der Schenker übernimmt nur einen Teil des Kaufpreises für ein Grundstück

Den vorstehenden Beispielen war stets gemeinsam, daß der 151 Beschenkte den gesamten Kaufpreis für die Immobilie erhielt. Dies schien aus Gründen der Übersichtlichkeit der Darstellung geboten.

In der Praxis häufiger werden allerdings die Fälle sein, in denen der Schenker (meist: die Eltern) dem Beschenkten (meist: ihren Kindern) lediglich einen **Teil des Kaufpreises** oder der Baukosten schenken und die Kinder selbst den Restbetrag tragen. In H 16 ErbStH ist dazu ausgeführt, daß in diesen Fällen der Teil des Grundstückes als zugewendet gilt, der dem Verhältnis des zugewendeten Geldbetrages zum Gesamtkaufpreis entspricht. Diese zunächst relativ abstrakte Formulierung wird deutlich durch das nachfolgende

Beispiel: Herr Paul Müller möchte seiner Tochter Daniela beim Erwerb eines Einfamilienhauses, das diese sodann mit ihrem Ehemann beziehen will, unter die Arme greifen.
Nachdem die Tochter kurz darauf ein neu errichtetes Einfamilienhaus (Gartenstraße 5 in Koblenz) gefunden hat, welches ihren Wünschen entspricht, vereinbaren Vater und Tochter folgendes: Der Kaufpreis für das Grundstück in Höhe von DM 600 000,– wird in der Weise erbracht, daß die Tochter Daniela die noch mit DM 150 000,– valutierende Hypothek unter Freistellung des bisherigen Eigentümers übernimmt und der Vater ihr die fehlenden DM 450 000,–, praktisch also den Restkaufpreis, zweckgebunden zur Zahlung dieses Restkaufpreises schenkt.

Es liegt hier der typische Fall vor, daß nur ein Teil des Kaufpreises geschenkt wird, nämlich DM 450 000,–. Auch in diesen

Fällen ist Gegenstand der Schenkung nicht der Geldbetrag, sondern das Grundstück, allerdings – da nur der anteilige Kaufpreis geschenkt wurde – auch nur der entsprechende Anteil des Grundstückes. Vorliegend sind, wie ohne weiteres ersichtlich, $\frac{3}{4}$ des Gesamtkaufpreises geschenkt worden und damit nach H 16 ErbStH auch $\frac{3}{4}$ des Grundstücks (im Sinne von Grundstück mit aufstehendem Gebäude).

Beträgt etwa der gem. § 146 BewG ermittelte (dazu oben Rz. 104 c) Grundbesitzwert des Grundstücks DM 400 000,–, so wäre die Sache schenkungsteuerlich wie folgt zu behandeln:

Grundbesitzwert	DM 400 000,–
hiervon wurden geschenkt $\frac{3}{4}$	
Steuerwert der Schenkung somit	DM 300 000,–
./. Freibetrag, Steuerklasse I	./. DM 400 000,–
Wert des steuerpflichtigen Erwerbs	**Null**

Es fällt also im obigen Beispielsfall keine Schenkungsteuer an.

152   Im vorstehenden Beispiel war ohne weiteres anhand der leicht ins Verhältnis zu setzenden Zahlen ersichtlich, daß der Vater $\frac{3}{4}$ des Kaufpreises trägt und daher auch $\frac{3}{4}$ des Grundbesitzwertes der geschenkten Immobilie in Ansatz zu bringen sind. Handelt es sich um „krumme" Zahlen, wie im praktischen Leben fast immer, ist die Ermittlung der maßgeblichen Steuerwerts der Schenkung schon schwieriger. Sucht man daher für die Ermittlung des Steuerwertes bei der Hingabe eines Teilbetrages zum Grundstückserwerb eine allgemeine Formel auf, so kommt man zunächst zu folgender **Gleichung:**

$$\frac{Steuerwert\ der\ Schenkung}{Steuerwert\ des\ Grundstücks} = \frac{geschenkter\ Geldbetrag}{Gesamtkaufpreis}$$

Da uns in den vorliegenden Fällen der „Steuerwert der Schenkung" interessiert, ist diese Gleichung entsprechend aufzulösen, so daß sich danach folgende Formel ergibt:

$$Steuerwert\ der\ Schenkung = Steuerwert\ des\ Grundstücks \times \frac{geschenkter\ Geldbetrag}{Gesamtkaufpreis}$$

Setzt man die Zahlen des obigen Beispiels ein, so ergibt sich folgendes:

$$\text{Steuerwert der Schenkung} = \text{DM } 400\,000,- \times \frac{\text{DM } 450\,000,-}{\text{DM } 600\,000,-}$$

Somit Steuerwert der Schenkung = DM 300 000,–.

Interessant in diesem Zusammenhang ist ein kurzer Rückblick 153 auf den **Zusammenhang zwischen „mittelbarer Grundstücksschenkung" und der Förderung nach dem Eigenheimzulagengesetz:** Wie dort dargestellt wurde, kann der Beschenkte für das ihm durch Hingabe eines Geldbetrages zum Erwerb eines bestimmten Grundstücks als geschenkt anzusehende Grundstück gerade keine Förderung in Anspruch nehmen. Wird nur ein Teil des Kaufpreises geschenkt, so gilt dieser Ausschluß natürlich nur für diesen geschenkten Teil des Grundstücks, zu errechnen nach der zuletzt dargestellten Formel. Soweit demgegenüber der Beschenkte selbst Aufwendungen trägt, im vorgenannten Beispiel also Aufwendungen in Höhe von DM 150 000,– (Übernahme der hypothekarisch gesicherten Darlehensforderung), hat er eigene Anschaffungskosten und stehen ihm insoweit auch die Vergünstigungen nach dem Eigenheimzulagengesetz zu.

In der Praxis wird dies nicht selten dazu führen, daß die Vergünstigungen der „mittelbaren Grundstücksschenkung" und die Eigenheimzulage **nebeneinander** zum Tragen kommen. So kann etwa die volle Förderung dann in Anspruch genommen werden, wenn der Beschenkte (etwa der Sohn oder die Tochter) selbst einen solchen Teil des Kaufpreises (bzw.: entsprechende Herstellungskosten) trägt, der den Höchstbetrag der denkbaren Bemessungsgrundlage (dies sind DM 100 000,–) im Rahmen des § 9 Abs. 2 S. 1 EigZulG erreicht oder übersteigt.

Trägt also etwa die Tochter, die von ihren Eltern einen Geldbetrag zum Kauf eines Einfamilienhauses geschenkt erhielt, selbst noch einen solchen Anteil des Kaufpreises, daß gerade die Bemessungsgrundlage von DM 100 000,– ausgeschöpft ist, so sollte der „Geldzuschuß" der Eltern auf jeden Fall als „mittelbare Grundstücksschenkung" gestaltet werden. Auf diese Art und Weise kommt insoweit lediglich der anteilige Grundbesitzwert – und zwar in optimalem Umfang – zum Ansatz (also Schen-

kungsteuerersparnis!). Gleichzeitig kann die maximale Wohnungseigentumsförderung voll, nämlich im Rahmen der gesetzlichen Höchstgrenze, in Anspruch genommen werden.

Dies soll verdeutlicht werden an folgendem

Beispiel: Die Tochter entschließt sich zum Kauf des Einfamilienhau-
ses Schillerstraße 7b in Koblenz. Der Kaufpreis soll DM 600 000,–
betragen. Hierzu schenkt ihr der Vater einen Kaufpreisanteil von
DM 500 000,– und zwar zweckgebunden zum Erwerb gerade dieses
Hauses. DM 100 000,– trägt sie also selber.
Nehmen wir weiter an, der Grundbesitzwert betrage DM 480 000,–.

Die Lösung des Falles stellt sich demgemäß wie folgt dar:

Schenkungsteuer:
Nach der obigen Formel ist zunächst der Steuerwert der Schenkung
zu ermitteln. Unter Einsatz der oben genannten Zahlen ergibt sich
dieser wie folgt:

$$\text{Steuerwert der Schenkung} = \text{DM } 480\,000,- \times \frac{\text{DM } 500\,000,-}{\text{DM } 600\,000,-}$$

Steuerwert der Schenkung somit	= DM 400 000,–
./. Freibetrag (Steuerklasse I)	DM 400 000,–
Steuerpflichtiger Erwerb	**Null**
Schenkungsteuer somit	**Null**

Soweit die Tochter den Kaufpreis selbst getragen hat, hat sie
Anschaffungskosten, die sie im Rahmen der Eigenheimzulage als
Bemessungsgrundlage geltend machen kann.

Selbst getragen hat die Tochter aber nach dem Sachverhalt
DM 100 000,–. Ihre Anschaffungskosten entsprechen also gerade
dem **Höchstbetrag der Bemessungsgrundlage.** Sie kommt demgemäß im vorliegenden Beispiel auch in den vollen Genuß
der Vergünstigung nach dem Eigenheimzulagengesetz, erhält
also, wie oben dargestellt, insoweit in acht Jahren insgesamt DM
64 000,– (s. o. Rz. 143). Daneben zahlt sie keinen Pfennig Schenkungsteuer, da sie die Grundsätze der „mittelbaren Grundstücksschenkung" bewußt ausgenutzt hat und der ihr geschenkte
Grundstücksanteil bei der Schenkungsteuer lediglich mit DM 400
000,– anzusetzen war, also exakt in gleicher Höhe wie der ihr
zustehende Freibetrag. Damit zeigt das vorliegende Beispiel, daß
in bestimmten Fällen, die in der Praxis auch deshalb nicht so sel-

ten sein dürften, weil meist nur ein Teil des Grundstückskaufpreises von den Eltern geschenkt wird, sehr wohl eine optimale Steuergestaltung zu erreichen ist. Dies führt zu dem weiteren

---

Gestaltungshinweis: *154*

Wird nur ein Teil des Kaufpreises zum Erwerb eines ganz bestimmten Grundstückes geschenkt und trägt der Beschenkte selbst einen so hohen Kaufpreisanteil, daß dieser alleine die Bemessungsgrundlage bei der Wohnungsbauförderung erreicht, so sollten in jedem Falle die Vorteile der „mittelbaren Grundstücksschenkung" ausgenutzt werden.

Festzuhalten bleibt an dieser Stelle noch, daß eine mittelbare Grundstücksschenkung in den Fällen nicht anzunehmen ist, in denen der Schenker nur einen **unbedeutenden Teil** des im übrigen vom Beschenkten zu tragenden Kaufpreises übernimmt. In diesen Fällen soll nämlich nach allgemeiner Lebenserfahrung davon auszugehen sein, daß der Schenker lediglich einen Geldzuschuß zu einem vom Beschenkten in vollem Umfang für eigene Rechnung erworbenen Grundstück leisten wollte. Nach dem bereits mehrfach erwähnten Erlaß (Rz. 137) soll ein „unbedeutender Teil" im vorstehenden Sinne dann gegeben sein, wenn etwa bis 10% des im übrigen vom Beschenkten aufgebrachten Kaufpreises vom Schenker erbracht werden. Mit anderen Worten: Beträgt der Kaufpreis etwa DM 500 000,– und zahlt der Vater seinem Sohn oder seiner Tochter DM 40 000,–, so zählt dies nach dem Ländererlaß in jedem Falle als reine Geldschenkung, weil es sich nur um einen im vorstehenden Sinne „unbedeutenden" Teil des Kaufpreises handelt.

Hinsichtlich weiterer Differenzierungen, insbesondere bei der Hingabe von Geld zur Errichtung eines Gebäudes, soll auf den Erlaß selbst (Fundstelle vgl. Rz. 137) verwiesen werden.

Ein weiterer interessanter Gestaltungsvorschlag hat sich im Zusammenhang mit der neuen Grundbesitzbewertung aufgetan: Aus dem Umstand, daß die erbschaftsteuerlichen Werte unbebauter Grundstücke in der Regel 80% des Verkehrswertes betragen, die der bebauten Grundstücke aber im statistischen Durchschnitt nur gut die Hälfte der Verkehrswerte entsprechender bebauter Grundstücke (dazu oben Rz. 104 g), ergibt sich, daß der um den Steuerwert des Grund und Bodens geminderte Ertragswert (Grundbesitzwert) des bebauten Grundstücks in aller Regel sehr niedrig ausfällt. Dieser Differenzbetrag ist an sich ein nur theoretischer Wert, denn bei einem bebauten Grundstück kommt als Wert des gesamten Grundstücks (also Grund und Bodens einschließlich des aufstehenden Gebäudes!) entweder der nach allgemeinen Grundsätzen ermittelte Ertragswert (dazu oben Rz. 104 e) zum Ansatz oder aber, falls der Bodenwert höher ist, letzterer als sogenannter „Mindestwert". Gleichwohl kommt der angesprochene Differenzbetrag auch in der Praxis zum Tragen, und zwar beispielsweise dann, wenn ein **Kind** schon **im Besitz eines unbebauten Grundstücks** ist und die Eltern ihm **Geld schenken zum Bau eines Gebäudes** auf gerade diesem Grundstück: Auch dies ist eine „mittelbare Grundstücksschenkung" im Sinne der ErbSt-Richtlinien (R 16). Der besondere Reiz dieser Gestaltung liegt aber darin, daß in diesem Falle als geschenkt gilt die Differenz zwischen dem Grundbesitzwert des bebauten Grundstücks nach Bezugsfertigkeit des Gebäudes und dem Grundstückswert des unbebauten Grundstücks (H 16 Nr. 5 ErbStH). In aller Regel ist dieser Differenzbetrag sehr gering. In den Fällen, in denen der Grundstückswert des unbebauten Grundstücks höher ist als der Wert des bebauten Grundstücks, was durchaus nicht selten vorkommt (vgl. oben Rz. 104 e), ist er sogar Null. Mit Null anzusetzen ist damit auch der steuerliche Wert der Schenkung, selbst wenn der geschenkte Geldbetrag sich auf mehrere hunderttausend Mark beliefe! Man mag hier zunächst einwenden, der Freibetrag im Verhältnis von Eltern zu Kindern betrage ja ohnehin 400 000,– DM je Elternteil und je Kind. Dies ist zwar zutreffend. Indessen: Wenn die mittelbare Grundstücksschenkung in einem solchen Fall mit Null anzusetzen ist, fällt nicht nur keine Schenkungsteuer an, sondern der Freibetrag steht für weitere Schenkungen oder für eine möglicherweise innerhalb einer Zehn-Jahres-Frist anfallende Erbschaft ungemindert zur Verfügung. Dies aber kann dann zu einer ganz erheblichen Steuerersparnis führen!

Auch hier ist im Einzelfall natürlich zu beachten, daß die Gestaltung so gewählt wird, daß zum einen steuergünstig geschenkt wird und zum anderen auch die **Eigenheimzulage** in vollem Umfang **erhalten bleibt** (dazu vorstehend Rz. 153 f.).

In diesem Zusammenhang sei verwiesen auf eine wichtige Änderung (Einschränkung), die das bereits mehrfach erwähnte „Steuerentlastungsgesetz 1999/2000/2002" für den Bereich der Eigenheimförderung gebracht hat: Bisher war (§ 10i EStG) dem „Häuslebauer" ein sogenannter **Vorkostenabzug** (als Sonderausgaben) gestattet, nämlich eine Pauschale in Höhe von 3500,– DM im Jahr der Fertigstellung oder Anschaffung sowie der Abzug von Erhaltungsaufwendungen bis maximal 22500,– DM, wenn diese Aufwendungen bis zum Beginn der erstmaligen Nutzung einer Wohnung zu eigenen Wohnzwecken entstanden waren oder bei Anschaffung einer bisher von ihm als Mieter genutzten Wohnung, wenn diese innerhalb des auf das Jahr der Anschaffung folgenden Kalenderjahres entstanden sind. Nach den einschlägigen Anwendungsvorschriften zum Einkommensteuergesetz ist § 10i EStG, der diesen **Vorkostenabzug** gestattete, **letztmals anzuwenden,** wenn der Steuerpflichtige vor dem 1. 1. 1999 mit der Herstellung begonnen hat oder im Falle der Anschaffung (Kauf) des Objektes der entsprechende Grundstückskaufvertrag vor dem 1. 1. 1999 rechtswirksam abgeschlossen wurde. Wer diese Fristen versäumt hat, kann also Vorkosten nicht mehr abziehen. Das Bundesfinanzministerium verspricht sich von dieser Gesetzesänderung eine jährliche Steuermehreinnahme von 1,6 Milliarden Mark.

e) Mittelbare Geldschenkungen

Wenn Sie Steuern verschenken, weil Sie die vorstehenden Ausführungen zur „mittelbaren Grundstücksschenkung" nicht gelesen haben, so ist dies ärgerlich. Besonders ärgerlich ist es, wenn Sie tatsächlich ein Grundstück (gemeint ist hier stets: bebautes oder unbebautes Grundstück oder Eigentumswohnung) verschenken, gleichwohl aber nicht der niedrigere Grundbesitzwert des Grundstücks zugrundegelegt wird, sondern praktisch dessen wirklicher Wert.   155

Dies ist nämlich dann der Fall, wenn das Finanzamt eine sogenannte **„mittelbare Geldschenkung"** als gegeben ansieht, obwohl an sich oder zumindest „äußerlich" das Grundstück schenkweise zugewandt wurde. Hierzu folgendes

Beispiel: Der Vater möchte seiner Tochter Iris als „Mitgift" ein stolzes Geldgeschenk von DM 500 000,– zukommen lassen. Zu diesem Zweck will er ein Baugrundstück, welches in etwa diesen Wert hat, verkaufen. Er hat auch schon einen Kaufinteressenten, als er zufälligerweise liest, daß die Grundstücksschenkung gegenüber der Geldschenkung grundsätzlich steuergünstiger sein kann, weil weniger oder gar überhaupt keine Schenkungsteuer anfällt. Aus diesem Grunde schenkt er seiner Tochter das Grundstück. Dies teilt er auch dem Kaufinteressenten mit, der sich dann an die Tochter wendet und von dieser das Grundstück für DM 500 000,– erwirbt.

Ist nun das Grundstück geschenkt oder der entsprechende Geldbetrag, der der Tochter letztlich zugewandt werden sollte und den sie schließlich dann auch in Händen hat?

Wenn man als Steuerpflichtiger die Annehmlichkeiten der „mittelbaren Grundstücksschenkung" bei der äußerlichen Hingabe von Geld bejaht, muß man konsequenterweise auch einräumen, daß das Gegenteil vorkommen kann, nämlich die steuerungünstige „mittelbare Geldschenkung", bei der lediglich „äußerlich" ein Grundstück geschenkt wird, in Wahrheit und wirtschaftlich aber Geld.

Die Frage ist allerdings, wo im Einzelfall die Grenze ist. Daß die Eltern ein Grundstück schenken und die Kinder dieses anschließend, möglicherweise sogar sofort anschließend, verkaufen, reicht hier sicherlich nicht. Umgekehrt sollte es wohl ausreichen zur Annahme einer mittelbaren Geldschenkung, wenn der Beschenkte (beispielsweise also das Kind) zu einem Weiterverkauf des Grundstücks von den Eltern verpflichtet wird oder tatsächlich hierzu gezwungen ist. Erhält das Kind demgegenüber die **rechtliche und auch tatsächliche Freiheit,** das Grundstück entweder zu behalten oder auch zu veräußern, so sollte es – eine gesicherte Rechtsprechung oder eine entsprechende Verwaltungsanweisung liegen insoweit allerdings nicht vor – dabei verbleiben, daß das Grundstück geschenkt worden ist und daher nur dessen Grundbesitzwert der Besteuerung zugrundezulegen ist.

Da im vorliegenden Fall zwar auf Steuerersparnis abgezielt wurde, gleichwohl aber die Tochter die Freiheit hatte, das Grundstück entweder zu behalten oder auch zu verkaufen, dürfte in diesem Beispiel die Besteuerung unter Zugrundelegung des günstigeren Grundbesitzwertes erfolgen.

Zu beachten ist jedenfalls folgender

Gestaltungshinweis: *156*

Wenn Sie ein Grundstück verschenken, sollten Sie es grundsätzlich dem Beschenkten überlassen, ob er das Grundstück behält oder verkauft. Ist der Beschenkte zum Verkauf (rechtlich oder tatsächlich) gezwungen, so könnte das Finanzamt eine für Sie ungünstige „mittelbare Geldschenkung" bejahen.

---

f) Grundstücke in den neuen Bundesländern

Wie oben (Rz. 104 und 126 ff.) schon verschiedentlich dargestellt, war bei Schenkungen, die vor 1996 erfolgten, (und ebenso für die Erbschaftsteuer) grundsätzlich der **um 40% erhöhte Einheitswert** maßgeblich. Einheitswert in diesem Sinne ist grundsätzlich der Einheitswert bezogen auf die Wertverhältnisse per 1. 1. 1964. Zunächst galt der entsprechende Einheitswert unverändert. Im Jahre 1974 hat man, um die bis dahin eingetretenen Wertsteigerungen einigermaßen aufzufangen, die pauschale 40%ige Erhöhung vorgenommen. Dabei ist es seither geblieben. *157*

In der **ehemaligen DDR** gab es jedoch keinen Einheitswert für Grundbesitz. Demgemäß konnte es auch keine Wertfeststellung per 1. 1. 1964 geben. Theoretisch wäre es zwar möglich, die dort gelegenen Grundstücke im nachhinein zu bewerten nach den Wertverhältnissen vom 1. 1. 1964. Da dies jedoch mit erheblichen praktischen Schwierigkeiten verbunden wäre, insbesondere in der Übergangszeit, in der sich stabile Wertverhältnisse für den Grundstücksmarkt dort noch nicht gebildet haben, gelten für Grundstücke in den neuen Bundesländern besondere Regelungen. Man griff deshalb zurück auf die zuletzt einheitlich festgestellten Werte, nämlich auf die **Einheitswerte 1935.** Daß diese noch viel niedriger sind als die Einheitswerte per 1. 1.

1964, liegt auf der Hand. Um gleichwohl für diese Grundstücke ein zumindest ähnliches Niveau zu erreichen, wie die um 40% erhöhten Einheitswerte 1964, hatte man **pauschale Zuschläge** vorgesehen, die allerdings je nach Grundstücksart unterschiedlich waren. Gemäß § 133 BewG galten folgende Vomhundertsätze der Einheitswerte 1935:

– Mietwohngrundstücke: 100% (also ohne Zuschlag);
– Geschäftsgrundstücke: 400%;
– gemischtgenutzte Grundstücke, Einfamilienhäuser und sonstige bebaute Grundstücke: 250%;
– unbebaute Grundstücke: 600%.

Für land- und forstwirtschaftliches Vermögen galten Sonderregelungen, auf die hier nicht näher eingegangen werden soll.

Mit dem Inkrafttreten des Jahressteuergesetzes 1997 sind diese Differenzierungen allerdings nicht mehr vonnöten: In den alten wie in den neuen Bundesländern gilt seither (und rückwirkend für alle Erwerbsvorgänge ab dem 1. 1. 1996) einheitlich der im Bedarfsfall zu ermittelnde Grundbesitzwert als maßgeblicher Steuerwert.

g) Ausländische Grundstücke

158   Bei ausländischen Grundstücken ist gemäß § 9 BewG der *„gemeine Wert"* anzusetzen, also der wirkliche Wert. Daß hier erhebliche praktische Schwierigkeiten bei der Feststellung dieses Wertes bestehen, wird man ohne weiteres nachvollziehen können.

Besonders dann, wenn die Besteuerung ausländischen Grundbesitzes zu Verkehrswerten mit der Besteuerung nach einer ungünstigen Steuerklasse zusammenfällt, kann es für den Steuerpflichtigen unliebsame Überraschungen geben. Dies belegt folgendes

Beispiel: Hubert Lebefroh aus Freiburg hat in Straßburg eine Eigentumswohnung, von der weder seine Ehefrau noch das Finanzamt wissen. Diese Eigentumswohnung, deren Wert DM 300 000,– betragen soll, schenkt er seiner bislang in Kehl zur Miete wohnenden langjährigen Geliebten.
Nehmen wir an, der deutsche Steuerfiskus erfährt davon, so wird er der neuen Wohnungseigentümerin folgenden Schenkungsteuerbescheid schicken:

Steuerpflichtiger Erwerb, anzusetzen mit dem
„gemeinen Wert"   DM 300 000,–
Freibetrag, Steuerklasse III   ./. DM   10 000,–
steuerpflichtiger Erwerb   DM 290 000,–
Schenkungsteuer, § 19 ErbStG (vgl. Rz. 117), 23 %   DM   66 700,–

Die Freude an der neuen Wohnung ist dadurch naturgemäß
getrübt. Wenn der großzügige Herr Lebefroh auch diese Schenkungsteuer übernimmt, um seine Freundin wieder in Laune zu
bringen, dankt ihm das deutsche Finanzamt dies so, daß es auch
die **übernommene Schenkungsteuer** als Schenkung ansieht und
diese erneut versteuert. Hierzu wird verwiesen auf die nachfol-
gend bei Rz. 171 ff. gemachten Ausführungen. Als „Krönung"
kann schließlich noch hinzukommen, daß auch der französische
Steuerfiskus seinerseits Schenkungsteuer erhebt, weil die Eigentumswohnung in Frankreich gelegen ist. Da zwischen
Deutschland und Frankreich noch kein **Abkommen zur Vermeidung der Doppelbesteuerung** auf dem Gebiet des Erbschaft-
und Schenkungsteuerrechts existiert, könnte es sogar zu einer
doppelten Besteuerung kommen.

Herr Lebefroh könnte dann allenfalls darauf hoffen, daß im
Wege des sogenannten **„Verständigungsverfahrens"** zwischen
Deutschland und Frankreich die doppelte Besteuerung dessel-
ben Vorganges bei der Schenkungsteuer vermieden wird. Dieser
Problemkomplex des internationalen Steuerrechts (vgl. dazu die
entsprechenden Ausführungen in dem Kapitel Erbschaftsteuer
Rz. 286 ff.) soll hier jedoch nicht vertieft werden, zumal Verhandlungen mit Frankreich über den Abschluß eines entsprechenden Abkommens im Gange sind.

In diesem Zusammenhang beherzigt werden sollte jedenfalls
folgender

Gestaltungshinweis: *159*
Schenken Sie im Ausland gelegenes Grundvermögen nur an
Personen, denen Sie nicht nur gefühlsmäßig, sondern auch
durch eine günstige Steuerklasse verbunden sind!

(einstweilen frei)   *160*

2. Schenkungen mit zeitlichem Abstand

a) Allgemeines

161   Wie bereits oben (Rz. 107 ff.) dargestellt, gelten für bestimmte Gegenstände – teilweise abhängig von der Steuerklasse – bestimmte Freibeträge.

Außerdem bestehen – stets abhängig von der jeweiligen Steuerklasse – bestimmte persönliche Freibeträge. Schließlich sind – vergleiche § 19 ErbStG (Rz. 117) – auch die **Steuersätze** in den einzelnen Steuerklassen (I–III) sehr unterschiedlich: In der Steuerklasse I (insbesondere Kinder und Ehegatten) beginnt der Steuersatz bei 7% und steigt in sechs Tarifstufen auf bis schließlich 30%. In der Steuerklasse III, der ungünstigsten Steuerklasse, beginnt er dagegen bereits mit 17% und endet bei 50%. Dies alles ist naturgemäß für den Steuerpflichtigen Anlaß für die Überlegung, ob er durch geschickte Gestaltung seiner Schenkungen Freibeträge und die Tarifwirkungen zu seinen Gunsten ausnutzen kann. Möchte etwa der Onkel seinem Neffen einen größeren Geldbetrag schenken, so wird er feststellen, daß er sehr schnell in Berührung mit dem Erbschaft- und Schenkungsteuergesetz gerät: Der Onkel gehört nämlich im Verhältnis zum Neffen zur Steuerklasse II (vgl. § 15 ErbStG – Rz. 115 f.). Dort gibt es einen Freibetrag in Höhe von lediglich DM 20 000,– und der Steuersatz beginnt bereits mit 12%. Dies bedeutet: Schon wenn der Onkel seinem Neffen DM 21 000,– schenken will, ist dies ein schenkungsteuerpflichtiger Vorgang.

Ist der Onkel nun gar großzügiger und beabsichtigt er, dem Neffen DM 40 000,– zu schenken, so wird es ihn bzw. den Neffen keinesfalls freuen, daß hierauf dann immerhin schon DM 2400,– Schenkungsteuer anfallen (DM 40 000,– ./. Freibetrag von DM 20 000,–; darauf dann 12% gemäß § 19 ErbStG). Nicht selten wird dies Anlaß zu der Überlegung sein, die DM 40 000,– „in zwei Teilbeträge aufzuteilen" und dann dem Neffen eben zunächst DM 20 000,– zu schenken und etwas später dann nochmals DM 20 000,–.

b) Die Zehn-Jahres-Frist

Auch der Gesetzgeber hat derartige Verlockungen naturgemäß   *162*
erkannt. Vom Grundsatz her hatte er drei Möglichkeiten: Zum
einen konnte er sich auf den Standpunkt stellen, wer so ge-
schickt sei, Schenkungen in Teilbeträge in Höhe höchstens
des jeweils geltenden Freibetrages aufzuteilen, sei entsprechend
clever und habe als Belohnung die Schenkungsteuerfreiheit verdient. Wer den Staat kennt, weiß, daß dies nie ernsthaft überlegt
wurde. Man hat hierfür ein gewisses Verständnis.

Die genau „gegenteilige" Position wäre ebenfalls denkbar gewesen: Das Gesetz hätte festlegen können, daß alle Erwerbe, die
sich zwischen zwei Personen abspielen, stets und auf deren
Lebenszeit zu addieren seien und als „ein einziger Erwerb" im
Sinne des Schenkungsteuerrechts zu gelten hätten. Daß eine
derartige Bestimmung nicht Gesetz wurde, ist schon weniger
selbstverständlich, unter dem Strich aber zu begrüßen.

Letztendlich hat sich der Gesetzgeber zu einer „vermitteln-
den" Lösung entschlossen: In Anlehnung etwa an § 2325 BGB,
wonach Schenkungen des Erblassers, die innerhalb eines Zeitraumes von zehn Jahren vor seinem Tode erfolgten, bei der
Errechnung des Pflichtteils dem Nachlaß gleichwohl noch
zuzurechnen sind, hat er auch im Schenkungsteuerrecht eine
Zehn-Jahres-Frist statuiert: Danach sind mehrere innerhalb
eines Zeitraumes von zehn Jahren von derselben Person anfallende Vermögensvorteile grundsätzlich und in der sogleich noch
näher zu beschreibenden Weise zusammenzurechnen (R 70 u.
71 ErbStR).

c) Berechnungsbeispiele und Gestaltungshinweise

Aus Vorstehendem leitet sich ohne weiteres ab der nächste

Gestaltungshinweis: *163*

Wenn Sie ein und derselben Person nicht unerhebliche Vermögenswerte zukommen lassen wollen: Nutzen Sie die Vorteile der Zehn-Jahres-Frist!

Die Auswirkungen, die sich in diesen Fällen ergeben, sollen
dargestellt werden an nachfolgendem

Beispiel: Nehmen wir an, Herr Deller schenkt seinem Sohn Frank im Jahre 1983 zum Abitur DM 200 000,– und zum Zweiten Juristischen Staatsexamen im Jahre 1992 nochmals denselben Betrag. Nehmen wir weiter an, Herr Deller ist kein Finanzbeamter und hat die Schenkung dennoch dem Finanzamt angezeigt.

Dieses wird dann den Vorgang schenkungsteuerlich wie folgt behandeln:

Schenkung im Jahre 1983	DM 200 000,–
./. Freibetrag (Stand: vor 1996!)	./. DM 90 000,–
Steuerpflichtiger Erwerb somit	DM 110 000,–
darauf Schenkungsteuer, 4,5%	**DM 4 950,–**

Diese Schenkungsteuer hatte Frank im Jahre 1983 bzw. bei der entsprechenden Veranlagung an das Finanzamt zu zahlen.

Sodann ist zu betrachten die Schenkung der DM 200 000,– im Jahre 1992. Hier ist wie folgt zu rechnen:

Schenkung im Jahre 1992	DM 200 000,–
zuzüglich Schenkung aus 1983 (§ 14 ErbStG)	DM 200 000,–
Gesamterwerb somit	DM 400 000,–
./. Freibetrag	DM 90 000,–
Steuerpflichtiger Gesamterwerb	DM 310 000,–
darauf Schenkungsteuer, 7% (vgl. § 19 ErbStG)	DM 21 700,–
hiervon schon entrichtet (s. o.)	./. DM 4 950,–
noch zu entrichten somit	**DM 16 750,–**

Aus vorstehendem Berechnungsbeispiel wird ersichtlich, daß letztendlich der Sohn Frank dieselbe Schenkungsteuer zu zahlen hat (nämlich DM 21 700,–), wie wenn ihm insgesamt und in einer einzigen Schenkung die DM 400 000,– geschenkt worden wären.

Günstiger wäre es allerdings gewesen, sein Vater hätte sich noch etwas geduldet. Nimmt man etwa an, die Schenkung im Jahre 1983 sei am 1. 4. 1983 erfolgt und nimmt man weiter an, die zweite Schenkung hätte er sodann nicht schon im Jahre 1992 vorgenommen, sondern erst im Mai 1993, so wäre folgende Schenkungsteuer angefallen:

Schenkungssteuer 1983 (wie obiges Beispiel)	DM 4 950,–
Schenkung im Jahre 1993	DM 200 000,–
./. Freibetrag	./. DM 90 000,–

Steuerpflichtiger Erwerb	DM 110 000,–
hierauf Schenkungsteuer, 4,5%	**DM 4 950,–**
Gesamtsteuerpflicht somit	**DM 9 900,–**

Hätte sich der Vater also noch ein Jahr geduldet mit der zweiten Schenkung, hätte er bzw. sein Sohn Erbschaftsteuer gespart in Höhe von DM 11 800,–. Der Grund dafür liegt schlicht darin, daß in diesem Fall der Freibetrag (DM 90 000,–) zweimal zur Anwendung gekommen wäre (1983 und 1993). Außerdem hätte der Steuersatz, weil die niedrigere Tarifstufe einschlägig gewesen wäre, jeweils nur 4,5% betragen und nicht 7% (vgl. § 19 ErbStG alter Fassung).

d) Vorschenkungen und erhöhte Freibeträge

Dem aufmerksamen Leser wird nicht entgangen sein, daß *164* vorstehendes Beispiel unter der Geltung des **„alten" Erbschaftsteuerrechts** spielte, nämlich vor 1996. Entsprechend wurden dort auch die niedrigeren „alten" Freibeträge (DM 90 000,– für die Schenkung von Eltern an Kinder) eingesetzt und die „alten" Steuersätze angewandt. Diese „Rückverlegung" des Beispiels erfolgte keinesfalls zufällig oder gar versehentlich. Zum einen sollte zunächst in einer Art „Grundfall" das **Anrechnungsprinzip** erläutert werden. Zum zweiten aber stellt sich bei allen Schenkungen, die künftig und bis einschließlich zum Jahre 2005 erfolgen, die Frage, ob nicht noch Schenkungen oder Erbfälle unter dem „alten" Erbschaftsteuerrecht, nämlich aus dem Jahre 1995 oder vorher, einzubeziehen sind und wie dies zu geschehen hat. In Abweichung von dem oben dargestellten „Grundfall" kommt nämlich bei diesen in den nächsten Jahren praktisch werdenden Fällen der Umstand hinzu, daß bei der Vorschenkung sowohl andere Bewertungsgrundsätze als auch andere Freibeträge und Steuersätze galten als bei der nunmehr (genauer: nach 1995) vorgenommenen bzw. vorzunehmenden Schenkung. Zum Beleg der hohen Praxisrelevanz der nachstehenden Fallgestaltung sei auch darauf verwiesen, daß gerade im Jahre 1995 und schwerpunktmäßig gegen Ende 1995 zahlreiche Immobilien unter der Geltung der sehr viel niedrigeren „alten" Einheitswerte von Eltern auf Kinder übertragen wurden. Alle diese Schenkungen von Immobilvermögen werden also bei künftigen Schenkungen bis einschließlich (längstens) zum Jahr 2005 Berücksichtigung finden müssen.

Dazu folgendes

Beispiel: Frau Schräder hat in Anbetracht der absehbaren Erhöhung der Einheitswerte durch Notarvertrag vom 18. 10. 1995 das ihr gehörende Mietshaus, dessen Einheitswert DM 200 000,– betrug, schenkweise auf ihre Tochter Ute übertragen.

Das Finanzamt hat die Schenkung seinerzeit zutreffend wie folgt veranlagt:

Einheitswert	DM 200 000,–
Steuerwert (= 140%) somit	DM 280 000,–
Freibetrag	./. DM 90 000,–
Steuerpflichtiger Erwerb	DM 190 000,–
Schenkungsteuer (5,5%)	DM 10 450,–

Dieser Betrag wurde auch an das Finanzamt gezahlt. Kurz vor Weihnachten 1996 las Frau Schräder in der Tagespresse, wie die künftige Grundbesitzbewertung für Zwecke der Erbschaftsteuer aussehen würde. Nachdem sie ausgerechnet hat, daß der nach neuem Recht bekanntlich maßgebliche Grundbesitzwert für das gut ein Jahr zuvor der Tochter geschenkte Mietshaus sich auf DM 450 000,– beliefe, also deutlich über dem alten Einheitswert läge, genießt sie die Festtage um so erfreuter. Gut zwei Jahre später, im Mai 1999 beschließt sie, ihrer Tochter weitere DM 200 000,– zu schenken. Wie sieht die Sache schenkungsteuerlich aus?

Einschlägig ist § 14 ErbStG. Gemäß Abs. 1 Satz 1 dieser Vorschrift sind danach die innerhalb von zehn Jahren erfolgenden Vermögenserwerbe zusammenzurechnen und zwar die früheren Erwerbe auch nach ihrem „früheren Wert", also mit den alten Einheitswerten (R 70 Abs. 2 ErbStR).

Dies bedeutet:

Einheitswert des Mietshauses	DM 200 000,–
erhöht um 40%	DM 280 000,–
Geldschenkung in 1997	DM 200 000,–
Gesamterwerb	DM 480 000,–
abzgl. neuer Freibetrag	DM 400 000,–
Steuerpflichtiger Erwerb	DM 80 000,–
hierauf (neuer) Steuersatz, 7%	
Schenkungsteuer somit	**DM 5 600,–**

Es fragt sich nun, ob und inwieweit die früher bereits entrichtete Steuer relevant wird. Der Gesetzgeber hat sich hier in § 14 Abs. 1 Satz 2 und Satz 3 EStG zu einem – aus Sicht des Steuerpflichtigen – **„Günstigkeitsprinzip"** entschieden: Danach ist in einem ersten Schritt von der Steuer auf den Gesamterwerb (vorstehend DM 5600,–) die (fiktive) Steuer abzuziehen, die sich für den früheren Erwerb ergeben würde, wenn man ihn den neuen Vorschriften des Gesetzes unterwirft. Ist die tatsächlich gezahlte Steuer für den Ersterwerb höher, so ist diese abzuziehen (R 70 Abs. 3 ErbStR). Wir müssen also zunächst die entsprechend „fiktive Berechnung" vornehmen und zwar wie folgt:

Seinerzeitige Hausschenkung	
zum Grundbesitzwert	DM 450 000,–
abzgl. neuer Freibetrag	./. DM 400 000,–
Steuerpflichtiger Erwerb	DM 50 000,–
hierauf Steuersatz, 7%	**DM 3 500,–**

Mindestens dieser Betrag kann also von der oben errechneten Steuerschuld des Gesamterwerbs (DM 5600,–) abgezogen werden, so daß also als „Zwischenergebnis" feststeht, daß maximal noch zu zahlen ist eine Steuer von

Steuerbetrag Gesamterwerb	DM 5600,–
abzgl. fiktive Steuer für Ersterwerb	DM 3500,–
verbleibender Zahlungsbetrag	**DM 2100,–**

Es hat aber noch zu erfolgen die Verprobung nach dem „Günstigkeitsprinzip":

Da die tatsächlich entrichtete Steuer mit	DM 10 450,–
höher war als die gerade errechnete „fiktive Steuer"	
auf den Ersterwerb in Höhe von	DM 3 500,–
ist somit maßgeblich der höhere Betrag, nämlich der	
von	DM 10 450,–

Damit aber stellt sich eine **interessante Frage:**

Mindert sich die vorläufige Steuer für den Gesamterwerb, ausmachend	DM 5 600,–
maximal um	DM 5 600,–
also auf	DM 0,–

so daß es also endgültig bei der schon gezahlten Erbschaftsteuer von	DM 10 450,–
verbleibt?	
Oder führt der „Abzug" der	DM 10 450,–
von den	DM 5 600,–
dazu, daß der Differenzbetrag, also	DM 4 850,–
dem Steuerpflichtigen zu erstatten ist, was wiederum zur Folge hätte, daß bei dem Steuerpflichtigen letztendlich hängen bliebe die Differenz zwischen dem tatsächlich gezahlten Betrag von	DM 10 450,–
und dem zuvor genannten Erstattungsbetrag (DM 4 850,–), also	**DM 5 600,–?**

Kann der Steuerpflichtige unter Ausnutzung der genannten Vorschriften also nicht nur steuerfrei weitere Schenkungen vornehmen, sondern sich sogar die anläßlich der Vorschenkung gezahlte Schenkungsteuer (teilweise) „wiederholen"?

Der Wortlaut des Gesetzes, der davon spricht, die – fiktive oder gegebenenfalls höhere tatsächliche – Steuer für den Ersterwerb werde „abgezogen" (und nicht etwa lediglich „angerechnet"), spricht für diese Auslegung. Sie bedeutet im Ergebnis freilich, daß der Steuerpflichtige letztendlich die Steuer zahlt, die für den Gesamterwerb anfiele, wobei bei der Steuerberechnung jeweils zu seinen Gunsten einzusetzen wäre zum einen der deutlich niedrigere Einheitswert des alten Rechts und der gegenüber dem alten Recht deutlich erhöhte Freibetrag des neuen Rechts. Aus dem erwähnten „Günstigkeitsprinzip" würde somit eine Art **„Supergünstigkeitsprinzip".**

Daraus alleine folgt keinesfalls, daß diese Auslegung nicht Sinn machen kann. Geht man allerdings davon aus, daß die Erhöhung der Freibeträge, insbesondere im Verhältnis zwischen Eltern und Kindern, unter anderem auch abfangen sollte die mit der Erhöhung der (neuen) Grundbesitzwerte gegenüber den (alten) Einheitswerten verbundene Mehrbelastung, so spricht dies eher gegen diese dem Steuerpflichtigen „supergünstige" Auslegung. Dem haben sich – anderes stand auch nicht zu erwarten – die ErbSt-Richtlinien (R 70 Abs. 4 S. 5 u. 6) angeschlossen. Auch wenn diese keinen Gesetzescharakter haben und demnach den Bundesfinanzhof (BFH) nicht binden, muß man die Aussichten eines finanzgerichtlichen Verfahrens, das diese Regelung angriffe, realistischerweise doch als nicht sehr hoch ansehen.

Ungeachtet dieser damit wohl nicht gegebenen Möglichkeit einer Steuererstattung leitet dies über zu folgendem

---

Gestaltungshinweis: *165*

Auch und gerade wenn Sie unter der Geltung des alten Erbschaftsteuerrechts Vorschenkungen gemacht haben, etwa zur Ausnutzung der niedrigeren Einheitswerte, sollten Sie überprüfen, ob die höheren Freibeträge Ihnen nicht noch genügend Luft lassen für weitere steuerfreie oder mindestens steuergünstige Schenkungen. Bevor Sie hier vollendete Tatsachen schaffen, lesen Sie aber unbedingt die Ausführungen unter Rz. 168!

---

e) Der Zinseszins-Effekt

Doch nochmals kurz zurück zum „Grundfall", nämlich zum *166* Ratschlag, die 10-Jahres-Frist durch entsprechende Schenkungen planmäßig zu nutzen (= oben Rz. 163). Der aufmerksame Leser wird hier vielleicht einwenden, zumindest bei **Schenkungen von Eltern an Kinder** sei der Steuerspareffekt doch nicht so gewaltig: Schenke man im Abstand von jeweils mehr als zehn Jahren beispielsweise dreimal DM 400 000,–, so falle zwar keine Schenkungsteuer an, weil die Schenkung jeweils dem voll ausnützbaren Freibetrag entspreche. Schenke man aber die dreimal DM 400 000,–, also DM 1 200 000,–, auf einen Schlag, so falle zwar Schenkungsteuer an. Deren Höhe aber bleibe für jemanden, der immerhin über eine Million erhalte, durchaus tragbar. Der aufmerksame Leser wird dies auch wie folgt schnell selbst berechnen können:

Geschenkter Betrag		DM	1 200 000,–
./. Freibetrag	./.	DM	400 000,–
steuerpflichtiger Erwerb		DM	800 000,–
hierauf Schenkungsteuer, 15%		**DM**	**120 000,–**

Wer so rechnet, vergißt jedoch einen wichtigen Gesichtspunkt: Geschenkte Geldbeträge liegen in aller Regel nicht in Form von Scheinen oder Münzen unter dem Kopfkissen oder in einem Tresor, sondern werden zur Bank gebracht und bringen dort Zinsen. Auch Eltern, die ihren Kindern Geldbeträge schenken, legen diese in aller Regel für die Kinder verzinslich an. Mit Zins und Zinseszins kommt hier dann ein erklecklicher Betrag zusammen. Dies zeigt das nachfolgende

Beispiel: Herr Schlau schenkt seinem Stammhalter zur Geburt, zum 10. Geburtstag und zum 20. Geburtstag – und zwar so, daß zwischen den einzelnen Schenkungen immer etwas mehr als zehn Jahre liegen – jeweils DM 400 000,–. Die entsprechenden Gelder werden zu einem – langfristig betrachtet nach wie vor durchaus realistischen – Zinssatz von 7% pro Jahr angelegt. Die Zinsen werden dem Konto jeweils wieder gutgeschrieben und ihrerseits verzinst.

Wie man aus entsprechenden Tabellen ohne weiteres ablesen kann, ist aus einem bestimmten zu 7% angelegten Betrag nach zehn Jahren infolge des Zins- und Zinseszinseffektes exakt das 1,967-fache des ursprünglichen Betrages geworden und nach zwanzig Jahren sogar das 3,870-fache. Da die bei der Geburt geschenkten DM 400 000,– bis zum 20. Geburtstag exakt zwanzig Jahre lang Zinsen getragen haben und die zum 10. Geburtstag geschenkten DM 400 000,– zehn Jahre lang, weist das entsprechende Konto zum 20. Geburtstag des Sohnes folgenden Gesamtbestand aus:

DM 400 000,– × 3,870 =	DM 1 548 000,–
DM 400 000,– × 1,967 =	DM 786 800,–
Geschenk zum 20. Geburtstag	DM 400 000,–
Gesamtkontostand somit	**DM 2 734 800,–**

Der vorstehende – doch sehr stattliche – Betrag hat sich somit kurz nach dem 20. Geburtstag des Sohnes auf dessen Konto angesammelt und zwar ohne daß eine einzige Mark Schenkungsteuer angefallen wäre!

Erst wenn man dieses die Verzinsung berücksichtigende und von daher erst realitätsnahe Beispiel zugrundelegt, zeigt sich die wirkliche Steuerersparnis. Dies beweist folgendes

Beispiel: Vater Skeptisch meint, minderjährigen Kindern sollte man grundsätzlich überhaupt noch nichts schenken.

Als er dann allerdings von seinem Stammtischbruder, Herrn Schlau, erfährt, daß dessen Sohn aus den geschenkten dreimal DM 400 000,– bis zum 20. Geburtstag den stattlichen Betrag von DM 2 734 800,– angespart hat, möchte er nicht zurückstehen: Er schenkt seinem Sohn zum 20. Geburtstag exakt denselben Betrag, nämlich DM 2 734 800,–.

Seine Freude wird allerdings getrübt, als ihm sein Steuerberater die hierauf entfallende Schenkungsteuer vorrechnet und zwar wie folgt:

Geschenkter Betrag	DM 2 734 800,–
./. Freibetrag	./. DM 400 000,–
steuerpflichtiger Erwerb	DM 2 334 800,–
hierauf Schenkungsteuer, 19%	**DM 519 612,–**

Diese Steuer hätte vollständig gespart werden können, hätte sich Herr Skeptisch genauso verhalten wie Herr Schlau.

Herr Skeptisch findet kurze Zeit Trost bei dem Gedanken, daß das Kapital ja immerhin ihm selbst in den zwanzig Jahren nicht unerhebliche Zinsen gebracht habe. Als er die Sache aber weiter durchdenkt, entsteht auch hier neuer Verdruß. Die Zinsen unterlagen naturgemäß bei ihm als „Einkünfte aus Kapitalvermögen" der Einkommensteuer. Da er auch sonstige Einkünfte hatte (und zwar „Einkünfte aus nichtselbständiger Arbeit" als leitender Angestellter), wurden die Zinsen auch mit einem relativ hohen Steuersatz belastet. Bei dem Sohn von Herrn Schlau waren demgegenüber die Zinsen in den ersten Jahren vollkommen einkommensteuerfrei. Erst in den Folgejahren, als er die maßgeblichen Freibeträge überschritten hatte (dazu noch unten im Kapitel „Schenkungsteuer und Einkommensteuer", Rz. 221 ff.), unterlagen sie mit einem – im Vergleich zum Vater – deutlich niedrigeren Steuersatz der Einkommensteuer.

Wenn sich Herr Skeptisch hier die Mühe macht auszurechnen, was er letztlich mehr an Einkommensteuer in diesen zwanzig Jahren auf die Zinsen bezahlt hat, als sein Sohn dies getan hätte, wird er – je nach Höhe seiner sonstigen Einkünfte – durchaus auf einen Betrag in der Größenordnung von mehreren hunderttausend Mark kommen. Mit anderen Worten: Nicht nur über eine halbe Million DM Schenkungsteuer sind „verschenkt" worden, sondern sicher mehr als das Doppelte an Einkommensteuer!

Dies führt zu folgendem

167

> **Gestaltungshinweis:**
> Wenn Sie über genügend Sparmittel verfügen, so schenken Sie frühzeitig und möglichst unter Ausnutzung der Freibeträge namhafte Geldbeträge an Ihre Kinder. Über die Jahre hinweg bringt der Zinseffekt und der zusätzliche Spareffekt bei der Einkommensteuer ganz erhebliche Vorteile.

Bei „richtig" gutsituierten Eltern läßt sich der oben dargestellte Effekt leicht „verdoppeln": Schenkt jeder Elternteil unter Beachtung der Zehn-Jahres-Frist dem Kind dreimal DM 400 000,–, so hat das Kind zum 20. Geburtstag – selbst wenn man die Einkommensteuer auf die Zinsen in Abzug bringt – ein stattliches Kapital in einer Größenordnung von mehreren Millionen DM angespart, also durchaus eine Existenzgrundlage, mit der man ins Berufsleben starten kann!

f) Existenzsicherung im Alter bleibt vorrangig

168   Insoweit kann es also ganz erhebliche Vorteile bringen, frühzeitig Vermögen an Kinder zu schenken. Allerdings gilt auch hier – was unbedingt betont werden muß – der Grundsatz: **Die Ersparnis von Steuern sollte nie der alleinige Grund für eine bestimmte Gestaltung sein,** wenn nicht gleichzeitig andere vernünftige Gründe für diese Gestaltung oder mindestens nicht vernünftige Gründe gegen sie sprechen.

Derjenige, der nur ein relativ kleines Vermögen hat, etwa ein selbstbewohntes Einfamilienhaus und ein Sparkonto von beispielsweise DM 100 000,–, sollte sich unseres Erachtens nicht lediglich mit dem Hinweis auf Steuerersparnisse veranlaßt sehen (oder von dem Kind überreden lassen!), dieses Geld oder gar das Haus oder schlimmstenfalls beides zugleich dem Kind zu schenken. Auch das mögliche Drängen eines Kindes nach relativ frühzeitiger Schenkung mit dem Hinweis auf die dann höhere Wahrscheinlichkeit, die Zehn-Jahres-Frist auszunutzen, sollte in diesen Fällen kein Argument sein.

Die Ersparnis einiger hundert oder tausend Mark Schenkung- bzw. Erbschaftsteuer sollte nie Anlaß für die Eltern sein, sich vorzeitig ihrer **Existenzgrundlage** zu entledigen. Die Sicherung der Senioren im Alter ist ein demgegenüber höherwertiger Grundsatz. Erst recht sollte die vorbehaltlose Übertragung des Hausgrundstückes auf den Sohn oder die Tochter unter diesem Aspekt „tabu" sein, es sei denn, mindestens ein lebenslanges unentgeltliches Wohnrecht ist gewährleistet und grundbuchlich abgesichert.

Wichtig ist daher, insbesondere für kleine und auch mittlere Vermögen, der nachfolgende

Gestaltungshinweis: *169* Die Gewährleistung eines abgesicherten und finanziell sorgenfreien Lebensabends der Senioren muß unbedingten Vorrang haben gegenüber dem Bestreben, Schenkungsteuer durch frühzeitige Hingabe wesentlicher Vermögenswerte zu sparen!

Bei größeren oder wirklich großen Vermögen sollte es jedoch ebenso selbstverständlich sein, die Gestaltungsmöglichkeiten, die die stets neu ausnutzbaren Freibeträge und die relativ niedrige Tarifbelastung in den untersten Stufen der Tabelle bieten, auszunutzen. Für die Altersvorsorge ist in diesen Fällen und wenn man bei den Vorabübertragungen nicht überzieht, allemal noch genug übrig.

(einstweilen frei) *170*

3. Übernahme der Schenkungsteuer durch den Schenker

a) Allgemeines

Steuerschuldner der Schenkungsteuer ist grundsätzlich der *171* Erwerber, also der Beschenkte (§ 20 Abs. 1 ErbStG). Daneben haftet nach derselben Vorschrift allerdings auch der Schenker für die Erbschaftsteuer, und zwar als Gesamtschuldner. Dem Finanzamt steht es im Rahmen seines Ermessens grundsätzlich frei, an wen von beiden es sich hält. Da es in der Regel dem Willen der Beteiligten entspricht, daß der Beschenkte die Schenkungsteuer trägt (schließlich ist dieser „Nutznießer" des Geschenks, so daß er im allgemeinen hiergegen auch nichts wird einzuwenden haben), hält sich das Finanzamt in der Regel zunächst einmal nur an den Beschenkten.

b) Die Übernahme der Schenkungsteuer als weitere Schenkung

172   Es kann nun durchaus möglich sein, daß der Schenker so großzügig ist, daß er den Beschenkten noch nicht einmal mit der Schenkungsteuer belasten will, sondern daß er sich verpflichtet, auch diese Schenkungsteuer zu tragen. Der Beschenkte soll also nach seinem Willen den Gesamtbetrag „netto", also ohne Abzug irgendwelcher Schenkungsteuer erhalten. Es ist nachvollziehbar, daß der Beschenkte dem Schenker in diesem Falle dann eine weitere „Schenkung" macht, nämlich die Übernahme oder auch Erstattung der Schenkungsteuer. Dazu folgendes

Beispiel: Der vermögende Witwer Rudolf Hartmann schenkt seiner Haushälterin Elvira zu deren 50. Geburtstag einen Geldbetrag von DM 500000,–. Großzügig verpflichtet er sich auch zur Übernahme der darauf entfallenden Schenkungsteuer.

Ohne Übernahme der Schenkungsteuer durch Herrn Hartmann wäre der Fall schnell gelöst. Die Schenkungsteuer würde sich wie folgt errechnen:

Steuerwert der Schenkung	DM 500 000,–
Freibetrag, Steuerklasse III	DM 10 000,–
steuerpflichtiger Erwerb somit	DM 490 000,–
hierauf Schenkungsteuer, 23%	DM 112 700,–

Diese DM 112 700,– wird das Finanzamt von der Haushälterin Elvira anfordern und nach Zahlung des entsprechenden Betrages ist der Steuerfall für das Finanzamt und für alle Beteiligten abgeschlossen. Der Haushälterin verbleiben DM 387 300,–.

Hat nun Witwer Hartmann aber auch die entsprechende Schenkungsteuer übernommen, damit der Haushälterin tatsächlich DM 500 000,– verbleiben, so ist der Fall damit noch nicht zu Ende: Wie oben ausgeführt, „schenkt" er in diesem Falle neben den DM 500 000,– der Haushälterin praktisch auch noch die Schenkungsteuer, nämlich weitere DM 112 700,–, wie gerade errechnet. Auch diesen Betrag muß er demgemäß versteuern. Wir rechnen weiter wie folgt:

Steuerwert der Geldhingabe	DM 500 000,–
übernommene Schenkungsteuer	DM 112 700,–
Gesamter Steuerwert somit	DM 612 700,–
./. Freibetrag, Steuerklasse III	DM 10 000,–
Wert des steuerpflichtigen Erwerbs	DM 602 700,–
hierauf Schenkungsteuer (29 %)	DM 174 783,–

Dies wäre also die Schenkungsteuer, die Witwer Hartmann zu tragen hätte, wenn man auch die DM 112 700,– von ihm übernommene Schenkungsteuer als Schenkung in Ansatz bringt.

Wenn man annimmt, daß Witwer Hartmann die auf die eigentliche Geldschenkung (DM 500 000,–) entfallende Schenkungsteuer, nämlich DM 112 700,–, bereits an das Finanzamt entrichtet hat, so muß er also noch folgenden weiteren Betrag dorthin zahlen:

Vorläufig gesamte Schenkungsteuer	DM 174 783,–
hierauf bereits gezahlt	DM 112 700,–
noch zu zahlende Schenkungsteuer	DM 62 083,–.

Wie man vielleicht schon erahnen wird, ist damit die Rechnung aber noch nicht zu Ende: Wenn Witwer Hartmann auch diesen Betrag (DM 62 083,–) an das Finanzamt zahlen muß, liegt auch insoweit eine – weitere – Schenkung vor, so daß wir also von neuem anfangen müssen zu rechnen und zwar wie folgt:

Geschenkter Geldbetrag	DM 500 000,–
„zunächst" geschuldete Schenkungsteuer	DM 112 700,–
„weiter" geschuldete Schenkungsteuer	DM 62 083,–
Gesamter Steuerwert	DM 674 783,–
./. Freibetrag	DM 10 000,–
Steuerpflichtiger Erwerb somit	DM 664 783,–
abgerundet auf volle 100 DM	DM 664 700,–
hierauf Schenkungsteuer, 29 %	DM 192 763,–.

Aber auch hiermit ist die Berechnung eigentlich noch nicht zu Ende, denn die demnach von Herrn Hartmann zusätzlich zu zahlende Schenkungsteuer ist natürlich ichrerseits wiederum Schenkung und unterliegt daher der Schenkungsteuer. Die entsprechenden Beträge, die jeweils hinzukommen und ihrerseits wiederum der Schenkungsteuer unterliegen, werden zwar immer kleiner, ergäben aber erst nach einer kaum endenden und mehr als zeitaufwendigen Rechnung den letztlich gesuchten genauen Betrag.

Indessen hatte auch der Gesetzgeber hier ein Einsehen: Aus Vereinfachungsgründen hat er in § 10 Abs. 2 ErbStG bestimmt, daß lediglich derjenige Betrag als Erwerb im Sinne des ErbStG „gilt", der sich bei einer Zusammenrechnung des eigentlichen Erwerbs (DM 500000,–) mit der aus diesem Erwerb sich errechnenden Steuer (vorläufig DM 112700,–) ergibt.

Im konkreten Fall ermöglicht es also jener § 10 Abs. 2 ErbStG, daß wir in unserem obigen Beispielsfall nach Errechnung der Gesamtsteuer in Höhe von DM 174783,– „abbrechen" können. Dies ist die Steuer, die Witwer Hartmann letztlich zu tragen hat. Haushälterin Elvira trägt – so war es ja vereinbart – keine Steuer und erhält demgemäß endgültig und ohne jeden Abzug die DM 500000,–.

c) Der „Spareffekt" bei der Steuerübernahme

173   Wo aber liegt nun der angekündigte „Spareffekt" dieser Gestaltung? Auf Anhieb könnte man meinen, die Gestaltung sei eher ungünstiger, denn ohne besondere Vereinbarung und bei Tragung der Schenkungsteuer durch Elvira war ja die Schenkungsteuer endgültig berechnet worden mit lediglich DM 112700,–. Verpflichtete sich demgegenüber Witwer Hartmann zur Tragung der Schenkungsteuer, so zahlte er insgesamt DM 174783,–, also gut DM 60000,– mehr.

Indessen ist dieser Vergleich so nicht zulässig, denn im Fall, daß Elvira „netto" DM 500000,– zugewandt erhält, Witwer Hartmann also die Schenkungsteuer trägt, hat sie letztlich eben jene DM 500000,– ungekürzt erhalten.

Trägt sie selbst die Schenkungsteuer, so erhält sie demgegenüber nur

den Geldbetrag	DM 500 000,–
./. Schenkungsteuer	DM 112 700,–
und letztendlich somit	DM 387 300,–.

Wollen wir aber nun nicht „Äpfel mit Birnen vergleichen", sondern wirklich einen vergleichbaren Fall gegenüberstellen, so müssen wir fragen, welchen Betrag (Geldschenkung sowie darauf entfallende Schenkungsteuer) Hartmann insgesamt hätte schenken müssen, damit Elvira, nachdem sie die Schenkungsteuer getragen und abgeführt hätte, letztendlich einen ganz bestimmten Betrag „übrigbehält". Nehmen wir nun – zu Vergleichszwecken – einmal an, dieser Betrag, den die Haushälterin auch in diesem Fall letztendlich übrigbehalten sollte, sei (so hatte dies Witwer Hartmann ja auch letztlich gewollt!) der Betrag von DM 500 000,–. Wie die nachstehende Beispielsrechnung zeigt, hätten dies sage und schreibe exakt DM 700 129,– (!) sein müssen.

Infolge des dann mittlerweile auf 29% gestiegenen Steuersatzes hätte sich in diesem Falle nämlich folgende Schenkungsteuer ergeben:

Schenkungsbetrag	DM 700 129,–
abgerundet (§ 10 I 4 ErbStG)	DM 700 100,–
./. Freibetrag	DM 10 000,–
steuerpflichtiger Erwerb somit	DM 690 100,–
hierauf Schenkungsteuer (29%)	DM 200 129,–
verbleibender „Netto-Betrag" somit	DM 500 000,–.

Vorstehende Berechnung zeigt: Witwer Hartmann hätte stattliche DM 25 346,– DM (200 129,– ./. 174 783,–) mehr aufwenden müssen, damit Elvira letztlich denselben Betrag, nämlich DM 500 000,– „netto" übrigbehalten hätte.

Dieses Beispiel belegt, daß die (vereinbarte) Übernahme der Schenkungsteuer durch den Schenker sehr attraktiv sein kann. Dies gilt namentlich in den Fällen, in denen Schenker und Beschenkter nur entfernt oder überhaupt nicht (so unser Beispielsfall) verwandt sind oder in denen es sich um hohe Beträge handelt. Erst recht gilt es dann, wenn beide Komponenten zusammenkommen.

Dies leitet über zu dem

174 | **Gestaltungshinweis:**
Wenn Schenkungen beträchtlichen Umfanges anstehen, insbesondere wenn diese Schenkungen an weitläufig oder gar nicht verwandte Personen erfolgen sollen, sollte unbedingt vereinbart werden, daß der Schenker die Schenkungsteuer trägt.

d) Praktische Hinweise

175   Natürlich ist der Schenker in diesen Fällen gut beraten, wenn er zuvor die auf ihn zukommende **Steuerbelastung** errechnet oder errechnen läßt. Es kann andernfalls unliebsame Überraschungen geben.

Da es wegen der „Progressionssprünge" in den einzelnen Stufen sowie wegen der Regelung über den „Härteausgleich bei Tarifsprüngen" (§ 19 Abs. 3 ErbStG, vgl. dazu auch oben Rz. 118) keine allgemeine Berechnungsformel geben kann, sollte der Wert schlicht durch Verprobung gefunden werden, also anhand von konkreten Berechnungen, die man dann je nach Ergebnis nach oben und unten korrigieren kann.

Übernimmt dann der Schenker vertraglich die Schenkungsteuer und zahlt er sie auch endgültig, ist diese Gestaltung – da eindeutig durch die beschriebene **„Vereinfachungsregelung"** des § 10 Abs. 2 ErbStG gedeckt – auch von seiten des Finanzamts nicht zu beanstanden. Der denkbare Einwand des Schenkers, es sei doch nicht einzusehen, daß er auch noch die Schenkungsteuer trage, ist vordergründig und allenfalls irrational begründet. Schließlich haben die Beteiligten es ja ohne weiteres in der Hand, den zu schenkenden Betrag in diesen Fällen nur so hoch anzusetzen, daß der Schenker auch die darauf entfallende Schenkungsteuer tragen kann.

4. Der Abzug von Erwerbsnebenkosten

a) Allgemeines

176   Schenkt der Opa seinem Neffen Bargeld oder schenkt er ihm ein Fahrrad, so entstehen bei der Ausführung der Schenkung

keine weiteren Kosten. Anders ist es schon, wenn eine Schenkung lediglich versprochen wird. Hier ist die notarielle Beurkundung des Schenkungsversprechens erforderlich (siehe oben Rz. 4) und es fallen zwangsläufig Notarkosten an. Ist Gegenstand der Schenkung ein Grundstück, so kommen noch hinzu die Kosten der Umschreibung im Grundbuch. Wie wirken sich nun diese „Erwerbsnebenkosten" in schenkungsteuerlicher Hinsicht aus?

Sieht man sich daraufhin das Erbschaft- und Schenkungsteuergesetz an, so wird man vergeblich nach einer passenden Bestimmung suchen:

Zwar ist in § 10 geregelt, daß Nachlaßverbindlichkeiten abzugsfähig sind. Für Fälle der Schenkung fehlt es jedoch an einer entsprechenden Regelung. Muß man nun die Bestimmung über den Abzug von Nachlaßverbindlichkeiten entsprechend (analog) anwenden oder kann man aus dem Umstand, daß der Gesetzgeber diese „Schenkungsverbindlichkeiten" nicht geregelt hat, schließen, daß sie gerade nicht abzugsfähig sein sollen?

b) Die bisherige Praxis

Obwohl die Schenkung von Grundstücken – etwa von Eltern *177* an Kinder – in der Praxis nicht gerade selten war und obwohl hier zwangsläufig Erwerbsnebenkosten (Notar, Grundbuch) anfielen, hat man diese bei der Schenkungsteuer regelmäßig einfach „unterschlagen", also außer Betracht gelassen. *Moench*, ein ausgezeichneter Kenner sowohl des Schenkungsteuerrechts als auch der Praxis, vermutet, daß die Erbschaftsteuerstelle des Finanzamts auf der Informationsschiene Notar-Finanzamt in der Regel nur von der Grundstücksschenkung selbst erfuhr.

Nicht erfuhr es meist von der Kostenrechnung des Notars, die dieser – *Moench* vermutet: vielleicht aus Feingefühl gegenüber dem schlechter verdienenden Finanzbeamten – nicht in die Schenkungsurkunde aufnahm und nicht erfuhr es in der Regel auch von den Kosten der Grundbucheintragung, weil diese in der Praxis meist mehr Zeit braucht als die Veranlagung zur Schenkungsteuer (vgl. *Moench*, DStR 1994 S. 967, 968).

c) Die jetzige Rechtslage

Erfreulicherweise hat nun die Finanzverwaltung die Behand- *178* lung derartiger Erwerbsnebenkosten in gleichlautenden Erlassen

vom 20. 6. 1994 geregelt, die Sie z. B. in der Beck'schen Loseblattsammlung „Steuerrichtlinien" abgedruckt finden. Dort ist
nunmehr festgestellt, daß die allgemeinen Erwerbsnebenkosten
(dies sind die Kosten der Rechtsänderung, also etwa Notarkosten, Grundbuchkosten oder Handelsregisterkosten) sowie auch
die Steuerberatungskosten für die Erstellung der Schenkung-
steuererklärung, in voller Höhe vom Steuerwert der Zuwendung
abzuziehen sind, wenn – was in der Praxis die Regel ist – der
Beschenkte sie übernimmt.

Hierzu folgendes

Beispiel: Der Onkel schenkt seinem Neffen ein Grundstück mit
einem Grundbesitzwert von DM 200 000,–. Wir unterstellen, daß die
Erwerbsnebenkosten (also die Kosten der Beurkundung und der
Eintragung der Rechtsänderung im Grundbuch) und die Gebühren
des Steuerberaters für die Erstellung der entsprechenden Schen-
kungsteuererklärung insgesamt DM 18 000,– betragen. Weiter unterstellen wir – der üblichen Praxis entsprechend –, daß der Beschenkte
laut Notarurkunde diese Kosten tragen soll.

Ließe man – so die bisherige Praxis – diese Kosten einfach
unter den Tisch fallen, so errechnete sich die Schenkungsteuer
wie folgt:

Grundbesitzwert des Grundstücks	DM 200 000,–
./. Freibetrag	DM 20 000,–
Steuerpflichtiger Erwerb	DM 180 000,–
Hierauf Schenkungsteuer, 17%	**DM 30 600,–**

Wissen Onkel und Neffe um die Abzugsfähigkeit
der Erwerbsnebenkosten, so werden sie diese dem
Finanzamt mitteilen, und das Finanzamt wird wie
folgt veranlagen:

Steuerpflichtiger Erwerb	DM 200 000,–
./. Erwerbsnebenkosten	DM 18 000,–
./. Freibetrag	DM 20 000,–
Steuerpflichtiger Erwerb	DM 162 000,–
Schenkungsteuer 17%	DM 27 540,–
Steuerersparnis somit	**DM 3 060,–**

Vorliegendes Beispiel zeigt, daß sich aus der Berücksichtigung der Erwerbsnebenkosten und etwa anfallender Steuerberatungsgebühren durchaus und ohne daß es einer größeren Mühe bedürfte, als die entsprechenden Rechnungen an das Erbschaftsteuer-Finanzamt zu schicken, Steuerersparnisse erzielen lassen. Entsprechendes gilt im übrigen auch für die oben (Rz. 82 ff.) besprochenen Fälle der mittelbaren Grundstücksschenkung (Geldhingabe zum Erwerb eines bestimmten Grundstücks). Auch dort sind die Erwerbsnebenkosten abzugsfähig und zwar nicht etwa nur anteilig, sondern in voller Höhe.

Deshalb folgender

Gestaltungshinweis: *179*

Fallen bei einer Schenkung Nebenkosten an, die der Beschenkte zu tragen hat, so sollte man unbedingt darauf achten, daß diese durch Vorlage entsprechender Belege dem Finanzamt gegenüber geltend gemacht werden. Dies gilt auch dann, wenn im Einzelfall der Steuerwert der Schenkung den einschlägigen Freibetrag nicht erreicht, denn es bleibt dann ein entsprechend höherer unverbrauchter Freibetrag für künftige Schenkungen nutzbar.

(einstweilen frei) *180*

5. Schenkung über Umwege

a) Allgemeines

Wie bereits ausgeführt, bieten die im Erbschaftsteuergesetz *181* enthaltenen Freibetragsregelungen sowie die progressive Gestaltung des Steuertarifs Anlaß zu der Überlegung, ob der Steuerpflichtige diese Freibeträge nicht durch entsprechende **„Stückelung"** des Schenkungsbetrages mehrfach für sich nutzen kann. Wie oben (Rz. 119) dargestellt, hat der Gesetzgeber eben dem durch § 14 ErbStG zumindest teilweise einen Riegel vorgeschoben. Nach dieser Bestimmung werden nämlich sämtliche Erwerbe innerhalb eines Zeitraumes von zehn Jahren zusammengerechnet.

Nicht die Existenz der Freibeträge als solche, wohl aber die **unterschiedliche Höhe der Freibeträge** und die **unterschiedliche Tarifbelastung** in den einzelnen Steuerklassen sowie auch innerhalb der Steuerklasse I (dazu sogleich) bieten Anlaß zu weiteren „Gestaltungsüberlegungen": Sieht man sich die Steuerklassen-Einteilung an sowie die innerhalb der Steuerklasse I vorzunehmende Differenzierung (vgl. Rz. 115), so stellt man folgendes fest: Schenkungen des Großvaters an den Enkel fallen in die Steuerklasse I. Lebt aber der Vater oder die Mutter des Enkels noch und handelt es sich hierbei gleichzeitig um ein Kind des Großvaters, so beträgt der Freibetrag des Großvaters an den Enkel DM 100 000,–. Möchte der Großvater seinem Enkel aber mehr zuwenden als diesen Betrag, so sollte er nicht vorschnell handeln. Es tun sich in diesem Falle nämlich interessante Perspektiven auf: Der Sohn oder die Tochter des Großvaters hat nämlich diesem gegenüber einen Freibetrag, der exakt viermal so hoch ist, also DM 400 000,– beträgt. Einen ebensolchen Freibetrag aber hat das entsprechende Kind im Verhältnis zu seinem Kind, also dem Enkel des Großvaters.

Dies aber führt unmittelbar zu der Überlegung, ob man nicht anstatt der einen – relativ ungünstigen – Schenkung vom Großvater an den Enkel zwei Schenkungen vornehmen kann unter Ausnutzung der zwei Freibeträge.

Hierzu folgendes

Beispiel: Großvater Karl schenkt seiner Enkelin Luise, der Tochter seines Sohnes Frank, zum Abitur ein Sparbuch mit einem Guthaben von DM 300 000,–.
Die Berechnung der Schenkungsteuer ist einfach:

Steuerwert des Sparbuches	DM 300 000,–
Freibetrag, Kinder noch lebender Kinder	DM 100 000,–
Steuerpflichtiger Erwerb	DM 200 000,–
Schenkungsteuer hierauf, 11%	DM 22 000,–

Nimmt man demgegenüber an, Karl habe seinem Sohn Frank zunächst die DM 300 000,– geschenkt und dieser habe sich dann entschlossen, seiner Tochter Luise eben jene DM 300 000,– weiterzuschenken, so würde sich die Steuer wie folgt errechnen:

Steuerwert des Sparbuches	DM 300 000,–
Freibetrag, Kind	DM 400 000,–
Steuerpflichtiger Erwerb	DM 0,–
Schenkungsteuer	**DM 0,–**

Bei der Schenkung von Frank an Luise würde ebenfalls keine Schenkungsteuer anfallen. Dies bedeutet: Die gesamte Schenkungsteuer (DM 22 000,–) wäre gespart worden.

b) Die Gefahr der sogenannten „Kettenschenkung"

Wer den obigen Beispielsfall aufmerksam gelesen hat, dem *182* wird aufgefallen sein, daß Frank selbst „sich entschloß", die DM 300 000,– weiterzuschenken. Der Fall war gerade nicht so gebildet worden, daß der Großvater seinem Sohn die DM 300 000,– gab mit der Weisung, sie dann (sofort) weiterzuschenken. Wäre nämlich die Gestaltung so gewesen, so hätte hierin nach Ansicht der Finanzverwaltung ein sogenannter **„Gestaltungsmißbrauch"** nach § 42 der Abgabenordnung (AO) gelegen. Die Beteiligten hätten nämlich in diesem Falle, ausschließlich aus steuerlichen Erwägungen, eine „unübliche" Gestaltung gewählt. Die übliche, weil einfachere Gestaltung wäre nämlich die gewesen, daß der Großvater Karl seiner Enkelin Luise die DM 300 000,– direkt und „ohne Umwege" geschenkt hätte.

Wird der Umweg gleichwohl gewählt, so sind hierfür nach Ansicht der Finanzverwaltung ausschließlich steuerliche und nicht vernünftige wirtschaftliche Gründe ausschlaggebend. Das Finanzamt behandelt den Fall als sogenannte **„Kettenschenkung"**. Das heißt: Für Zwecke der Schenkungsteuer wird er so angesehen, als habe der Großvater den entsprechenden Betrag unmittelbar an die Enkelin geschenkt.

Aus Vorstehendem lassen sich **folgende Schlußfolgerungen** ziehen:

Verschenkt jemand etwas und schenkt der Empfänger den Schenkungsgegenstand **aufgrund eigenen Entschlusses** weiter, so liegen hierin unproblematisch zwei eigenständige Schenkungen. Dies gilt unabhängig von der Steuerklasse der beteiligten Personen. Zwei eigenständige Schenkungen mit den entsprechenden (dann günstigeren) Steuerfolgen sind also auch dann anzunehmen, wenn hieraus infolge der Zuordnung der getrennten Schenkungen unter günstigere Steuerklassen eine geringere Schenkungsteuer anfällt.

Vorstehendes gilt ausnahmsweise dann nicht, wenn es sich um eine sogenannte **„Kettenschenkung"** handelt. Ursprünglich hatte die Rechtsprechung und ihr folgend die Finanzverwaltung eine solche – steuerschädliche – Kettenschenkung dann schon angenommen, wenn der Schenker lediglich wußte und damit einverstanden war, daß der Beschenkte seinerseits den Schenkungsgegenstand weitergeben wollte.

Rechtsprechung und – teilweise – auch Finanzverwaltung sind jedoch zunehmend großzügiger geworden. Demnach soll eine Kettenschenkung nur dann vorliegen, wenn dem Beschenkten kein eigener Entscheidungsspielraum mehr dahingehend verbleibt, wie er das Geschenk verwendet. Ist der Beschenkte also in seiner Entscheidung frei und schenkt er den Gegenstand gleichwohl an jemand anderen weiter, ist grundsätzlich eine Kettenschenkung zu verneinen.

Wie auch in der einschlägigen Kommentar-Literatur betont wird, hat bei geschickter Einlassung des Steuerpflichtigen das Finanzamt kaum eine Chance, je eine Kettenschenkung nachzuweisen. Dies gilt insbesondere dann, wenn zwischen der ersten Schenkung und der Weitergabe des geschenkten Gegenstandes eine gewisse Zeit („Schamfrist") vergangen ist und gilt erst recht, wenn die Beteiligten für die – jeweilige – Schenkung zusätzlich noch sachliche Gründe (Geburtstag etc.) vorbringen können. Hieraus ergibt sich folgender

---

183 | **Gestaltungshinweis:**

Wenn Sie jemandem etwas schenken und der Beschenkte aus seiner freien Entscheidung heraus sich entschließt, dieses Geschenk einem Dritten weiterzugeben, so sind beide Schenkungen für die Schenkungsteuer auch dann anzuerkennen, wenn sich insgesamt eine niedrigere Steuer ergibt als bei unmittelbarer Hingabe vom Erstschenkenden an den Dritten. Binden Sie den Beschenkten also nicht in seiner Entscheidungsfreiheit!

184–190 (einstweilen frei)

6. Schenkungen an Kinder

a) Allgemeines

In den vorausgegangenen Beispielsfällen waren schon ver- *191*
schiedentlich Schenkungen an Kinder Gegenstand der Betrachtung. Nachstehend sollen auch nur die Besonderheiten genannt
werden, die speziell im Verhältnis zwischen Eltern und Kindern
zum Tragen kommen.

b) Kinder und Schwiegerkinder

Es ist allgemein bekannt: Kinder werden groß; Kinder heira- *192*
ten. Eltern haben dann nicht nur Kinder, sondern auch Schwiegerkinder.

Auch diese Spezies verdient Erwähnung im Zusammenhang
mit der Schenkungsteuer, denn nicht selten finden größere
Schenkungen statt gerade im Zusammenhang oder im unmittelbaren Anschluß an eine Hochzeit oder auch später, wenn die
junge Familie sich anschickt, ein Haus zu bauen oder zu kaufen.
Selbst wenn – was vorkommen mag – den Eltern die Schwie-
gertochter lieber ist als der eigene Sohn, bleibt gleichwohl festzustellen: Kinder einschließlich der Stiefkinder (so ausdrücklich
das Gesetz, nämlich § 15 Abs. 1 ErbStG) und der Adoptivkinder
(so klarstellend H 72 ErbStH) gehören zur (günstigen) Steuerklasse I und zwar zur „besseren Hälfte" (s. o. Rz. 181) dieser
Steuerklasse; Schwiegerkinder gehören zur – deutlich ungünstigeren – Steuerklasse II, bei der der Freibetrag lediglich
DM 20 000,– beträgt, also gerade mal ein Zwanzigstel (!) des
Eltern-Kinder-Freibetrages. Schwiergerkinder wurden also vom
Gesetzgeber – ganz anders als die den Kindern gleichgestellten
Stiefkinder – mehr als „stiefmütterlich" behandelt!

Stehen Schenkungen an frisch verheiratete Kinder an, so gibt
es grundsätzlich drei Möglichkeiten: Entweder erfolgt die Schenkung nur an das eigene Kind, oder sie erfolgt (meist hälftig) an
beide Kinder oder sie erfolgt an das Schwiegerkind.

Die letztgenannte Möglichkeit dürfte in der Praxis selten vorkommen. Im Hinblick auf die beiden ersten Alternativen ist im
Einzelfall schwer vorherzusagen, was aus der Sicht der Eltern
näherliegend ist: Der Erfahrung nach gibt es Eltern, die es für

selbstverständlich halten, daß nur das eigene Kind etwas geschenkt erhält. Ebenso gibt es der Erfahrung nach Eltern, die es für genauso selbstverständlich halten, daß größere und dem Aufbau der jungen Familie dienende Zuwendungen ausschließlich an beide gemeinsam zu erfolgen haben.

Auf die moralische Bewertung der einen oder anderen Alternative soll hier verzichtet werden. Dies muß jeder einzelne selbst entscheiden.

Sieht man die Sache ausschließlich unter dem Blickpunkt der Erbschaftsteuer und handelt es sich nicht um betragsmäßig völlig unbedeutende Schenkungen, so gilt der allgemeine

193 | **Gestaltungshinweis:**
Erbringen Sie größere Schenkungen ausschließlich an Ihr eigenes Kind und nicht gleichzeitig auch und erst recht nicht ausschließlich an Ihr Schwiegerkind!

Dazu kurz das nachfolgende

Beispiel: Der stolze Brautvater möchte der jungen Familie den Start ins Eheglück mit einem „Kapitalzuschuß" in Höhe von DM 200 000,– erleichtern. Dabei fragt er sich, ob er diesen Betrag alleine seiner Tochter schenken soll oder seiner Tochter und seinem Schwiegersohn gemeinsam.

Schenkt der Vater die DM 200 000,– alleine seiner Tochter, so fällt keine Schenkungsteuer an. Dies deshalb, weil noch nicht einmal der Freibetrag in Höhe von DM 400 000,–, der gegenüber Kindern gilt, erreicht ist. Schenkt er beiden Kindern gemeinsam das Geld, so erhält jedes DM 100 000,– geschenkt. Auch dies ist natürlich bei der Tochter schenkungsteuerfrei. Bei dem Schwiegersohn sieht die Sache wie folgt aus:

Steuerwert der Schenkung	DM 100 000,–
hierauf Freibetrag, Steuerklasse III	./. DM 20 000,–
Steuerpflichtiger Erwerb	DM 80 000,–
hierauf Schenkungsteuer, 12%	DM 9 600,–

Diese Schenkungsteuer ist (kaum ein Trost wird sein: steuerfrei!) an das Finanzamt „verschenkt" worden. Der Vater hätte ohne weiteres das ganze Geld seiner Tochter schenken können. Hätte diese dann aufgrund freier Entscheidung (vgl. das vorstehende Kapitel) die Hälfte des Geldes ihrem Ehemann weitergegeben, wäre auch dies steuerfrei gewesen und es wäre insgesamt keine Steuer angefallen.

c) Jeder Elternteil kann die Freibeträge nutzen

Wenn man einem Steuerpflichtigen erläutert, daß bei Schenkungen von Eltern an Kinder ein Freibetrag von DM 400 000,– gilt, ist eines meist ohne weiteres klar: Die Eltern können jedem ihrer Kinder DM 400 000,– schenken, also drei Kindern – bei gleichmäßiger Aufteilung – zusammen bis zu DM 1,2 Mio. Kinder werden also frühzeitig als Individuen erkannt und anerkannt! Im Hinblick auf die Eltern ist dies nicht so selbstverständlich. Hier bedarf es meist eines ausdrücklichen Hinweises darauf, daß auch **jeder Elternteil** jedem Kind DM 400 000,– steuerfrei schenken kann. Oder, allgemeiner ausgedrückt: Bei der Beurteilung von Schenkungen von Eltern an Kinder ist jeder Elternteil als eigenständiger Schenker anzusehen, und zwar sowohl im Hinblick auf die Freibeträge als auch im Hinblick auf etwaige Vorschenkungen.

194

Beispiel: Die Tochter erhält – zwecks Ausnutzung der Zehn-Jahres-Frist (dazu oben Rz. 161 ff.) – DM 800 000,– geschenkt, und zwar sowohl von ihrer Mutter als auch von ihrem Vater je DM 400 000,–. Beide Schenkungen sind, da jeweils der Freibetrag von DM 400 000,– in Abzug zu bringen sind, steuerfrei.

Auch hierbei sind allerdings die Grundsätze zu beachten, die die Finanzverwaltung im Zusammenhang mit den sogenannten **„Kettenschenkungen"** anwendet (vgl. vorstehend Rz. 181, 182).

Danach wären vorliegend die beiden Schenkungen dann als eine einzige Schenkung von insgesamt DM 800 000,– von dem Vater an die Tochter anzusehen, wenn die Mutter kein eigenes Vermögen hätte und wenn der Ehemann ihr zuvor DM 400 000,– geschenkt hätte mit der Verpflichtung, diese DM 400 000,– an die Tochter weiterzugeben. Wenn auch in diesem Fall „äußerlich" sowohl Vater als auch Mutter der Tochter DM 400 000,– geschenkt hätten, wäre der Fall gleichwohl wie folgt zu behandeln:

Schenkung Vater an Tochter	DM 800 000,–
./. Freibetrag	./. DM 400 000,–
Steuerpflichtiger Erwerb	DM 400 000,–
Schenkungsteuer, 11%	**DM 44 000,–**

Hat jedoch die Ehefrau den entsprechenden Betrag schon einige Zeit vorher und zu ihrer freien Verfügung erhalten und steht es ihr demgemäß frei, was sie mit diesem Geld macht, so hat sie natürlich auch die Freiheit, diesen Betrag an die Tochter zu schenken, ebenso wie sie diesen Betrag sparen, ausgeben oder anderweitig verschenken kann. Verschenkt sie ihn an die Tochter, ist diese Schenkung steuerfrei, auch wenn der Vater der Tochter gleichzeitig ebenfalls DM 400 000,– schenkt.

Dies leitet über zu dem nächsten

---

195 | **Gestaltungshinweis:**

Sie sparen Schenkungsteuer, wenn nicht nur *ein* Elternteil dem Kind etwas schenkt, sondern wenn diese Schenkung von beiden Elternteilen vorgenommen wird.

---

d) Schenkungen an noch nicht volljährige Kinder

196   Kinder werden bekanntlich mit 18 Jahren, genau genommen: an ihrem 18. Geburtstag um 00.00 Uhr, volljährig und damit voll geschäftsfähig. Das wiederum heißt: Sie können dann Verträge uneingeschränkt selbst und ohne Zustimmung dritter Personen abschließen.

Für die Zeit bis zum 18. Lebensjahr muß man zwei verschiedene Altersstufen unterscheiden: Solange das Kind das 7. Lebensjahr noch nicht vollendet hat, praktisch also bis zum Ende des Tages, der seinem 7. Geburtstag vorausgeht, ist das Kind **geschäftsunfähig** (§ 104 Nr. 1 BGB). Willenserklärungen eines Geschäftsunfähigen sind grundsätzlich nichtig (§ 105 Abs. 1 BGB).

Hat das Kind das 7., nicht aber schon das 18. Lebensjahr vollendet, so ist es **„beschränkt geschäftsfähig"**. Es kann damit zwar selbst Willenserklärungen (gerichtet insbesondere auf den Abschluß von Verträgen) abgeben. Diese Willenserklärungen bedürfen zu ihrer Wirksamkeit – von gleich zu besprechenden Ausnahmen abgesehen – jedoch der Zustimmung des gesetzlichen Vertreters. Bis zur **Genehmigung** sind sie dann schwebend unwirksam (§ 108 BGB). Wird die Genehmigung innerhalb von zwei Wochen nach der Aufforderung durch den Geschäftspartner nicht erteilt, ist das Geschäft endgültig unwirksam.

Sinn und Zweck dieser Bestimmungen ist der **Schutz der** **Minderjährigen.** Dieses Schutzes bedarf es allerdings nicht, wenn der Minderjährige durch ein Rechtsgeschäft lediglich einen rechtlichen Vorteil erhält.

Beispiel: Der 16jährige Jens kauft sich für DM 1200,– einen Motorroller. Als er seinen Vater bittet, ihm die noch fehlenden DM 200,–, die er zum Bezahlen des Motorrollers braucht, zuzuschießen, erklärt der Vater, er sehe nicht ein, weshalb der Sohn ausgerechnet einen Motorroller brauche. Er schreibt dem Händler, er sei mit dem Kaufvertrag „nicht einverstanden".

Wie oben dargestellt, ist Jens beschränkt geschäftsfähig. Seine Willenserklärungen (Kaufvertragsabschluß) bedürfen somit zur Wirksamkeit der Zustimmung des gesetzlichen Vertreters. Da der Kauf des Motorrollers Jens auch nicht lediglich einen **rechtlichen Vorteil** brachte (er wird dies möglicherweise zwar so sehen!), weil er den Kaufpreis als Gegenleistung zahlen muß, ist das Rechtsgeschäft auch nicht ausnahmsweise ohne Zustimmung des gesetzlichen Vertreters wirksam. Der Kaufvertrag ist daher nichtig. Jens muß den Motorroller nicht abnehmen und der Händler bekommt nicht den Kaufpreis.

Anders ist es in folgendem

Beispiel: Die Großmutter von Michael kennt dessen Liebe für alles was mit sportlicher Betätigung zu tun hat. Sie kauft ein Mountain-Bike für DM 1200,– und schenkt und übergibt ihm dieses zum Geburtstag. Auch hier ist der Vater von Michael dagegen, weil er meint, Fahrradfahren in unwegsamem Gelände sei zu gefährlich.

Wir müssen hier zweierlei unterscheiden. Die Schenkung des Mountain-Bikes bringt Michael lediglich einen rechtlichen Vorteil. Insbesondere muß er keine Gegenleistung (Kaufpreis; Miete) erbringen. Das Rechtsgeschäft ist damit wirksam, ohne daß es auf die Zustimmung des Vaters ankäme. Mit der Übergabe des Mountain-Bikes wird Michael auch dessen Eigentümer.

Hieran ändert auch die Tatsache nichts, daß der Vater Michael möglicherweise das Fahren mit dem Fahrrad verbietet. Dies kann er grundsätzlich machen, denn er handelt insoweit als Erziehungsberechtigter gegenüber seinem Sohn. Dies alles ändert aber nichts daran, daß Michael Eigentümer des Fahrrads geworden ist und Eigentümer bleibt. Notfalls muß er das Mountain-Bike dann eben stehen lassen, bis er 18 Jahre alt ist. Dann kann er damit fahren, wohin und so oft es ihm beliebt.

Wir hatten gerade angesprochen, daß der beschränkt Geschäftsfähige zu einer Willenserklärung, durch die er lediglich einen rechtlichen Vorteil erlangt, nicht der Zustimmung seines gesetzlichen Vertreters (im Regelfall also: der Eltern) bedarf. Diese Bestimmung gilt nicht für Geschäftsunfähige, also Kinder unter 7 Jahren. Genau genommen kann man also einem 6jährigen Kind, ohne daß dies von den Eltern vertreten würde, noch nicht einmal ein Spielzeugauto oder ein Eis schenken! Das noch nicht 7jährige Kind bedarf daher immer der **Vertretung.** Schenkt die Großmutter etwa dem 5jährigen Enkel ein Spielzeugauto und erheben – was die Regel sein wird – die dies wahrnehmenden Eltern keinen Einspruch dagegen, wird man hierin den schlüssigen Abschluß eines entsprechenden Schenkungsvertrages zwischen Großmutter und dem geschäftsunfähigen Kind (!) erblicken müssen, wobei letzteres vertreten wird durch die – schlüssig ihre Zustimmung erteilenden – Eltern.

Schenkt die Großmutter aber dem 6jährigen Enkel einen Spielzeugpanzer und sind die Eltern damit nicht einverstanden, so zeigt sich der Unterschied zu dem Fahrrad-Geschenk an einen Minderjährigen: Wollen die Eltern nicht, daß das 6jährige Kind etwas geschenkt erhält, so kommt kein Schenkungsvertrag zustande und das 6-jährige Kind erhält gerade kein Eigentum an dem Spielzeugpanzer. Dies schlicht deshalb, weil auch Rechtsgeschäfte, die lediglich einen rechtlichen Vorteil bringen (zum Beispiel: geschenkte Gelder oder Sachen jeglicher Art) bei Kindern unter 7 Jahren der Vertretung der Eltern beim Abschluß des Schenkungsvertrages bedürfen.

198 Hieraus ergibt sich für „**reine Schenkungen**", also Schenkungen, die lediglich einen **rechtlichen Vorteil** bringen und nicht mit irgendwelchen gleichzeitigen Verpflichtungen verbunden sind: Die Schenkung an **beschränkt Geschäftsfähige** (7 bis 18 Jahre) ist **ohne weiteres wirksam** und bedarf keiner Genehmigung, da sie dem Beschenkten lediglich einen rechtlichen Vorteil bringt. Die Schenkung an **Geschäftsunfähige** (Kinder bis 7 Jahre) wird nur wirksam, wenn das Kind durch die oder den Erziehungsberechtigten **vertreten** wird. Schenkt also die Oma dem 6jährigen Enkelkind DM 10000,–, müssen die Eltern im Namen des Kindes den entsprechenden Schenkungsvertrag abschließen. Werden diese Voraussetzungen gewahrt, gibt also beispielsweise die Großmutter dem 15-jährigen Enkel oder gibt sie mit Wissen (Vertretung) der Eltern dem 5jährigen Enkel DM 1000,– oder überweist sie einen Geldbetrag auf ein Konto des entsprechenden Kindes, so ist diese Schenkung wirksam und grundsätzlich (beachte aber unten Rz. 202 und 229!) auch in steuerlicher Hinsicht anzuerkennen.

Ein – in der Praxis gerade häufiger – Fall ist hervorzuheben, *199* nämlich der, daß gerade die **Eltern ihrem Kind** oder ihren Kindern **etwas schenken:** Bei der Schenkung an den 7 bis 18jährigen Sohn ist dies unproblematisch, denn der Sohn kann sich insoweit selbst vertreten, da das Rechtsgeschäft – eben weil Schenkung – ihm lediglich einen rechtlichen Vorteil bringt.

Nicht so klar ist die Sache, wenn die Eltern etwa ihrem 5jährigen Töchterchen etwas schenken wollen: Hier bedarf es grundsätzlich der Vertretung des Kindes, wie oben dargestellt. Gesetzliche Vertreter des Kindes aber sind in aller Regel die Eltern. Die Eltern schlössen praktisch in diesen Fällen einmal im eigenen Namen (als Schenker) und sodann im Namen des Kindes (nämlich als Vertreter des Beschenkten) einen Vertrag. Hier wird sich der im Geschäftsleben einigermaßen erfahrene Leser sofort an § 181 BGB erinnern. Diese Vorschrift verbietet das **„Selbstkontrahieren",** also einen Vertragsschluß, bei dem man gleichzeitig für sich selbst handelt und auf der anderen Seite als Vertreter des anderen. Grund des § 181 BGB, also des „Selbstkontrahierverbotes", ist ein ohne weiteres nachvollziehbarer Interessengegensatz: Handelt jemand auf der einen Seite für sich selbst und auf der anderen Seite als Vertreter eines anderen, so besteht naturgemäß die Gefahr, daß er den anderen übervorteilt, also seine eigenen Interessen über die des Vertretenen stellt. § 181 BGB gilt aus diesem Grunde auch für Geschäfte, die Eltern als Vertreter des Kindes mit sich selbst schließen. Dies galt nach der älteren Rechtsprechung des Bundesgerichtshofs (BGH) uneingeschränkt.

Unter ausdrücklicher Aufgabe der früheren Rechtsprechung wendet der BGH jedoch § 181 BGB nicht mehr auf Rechtsgeschäfte des Vertreters an, die dem Vertretenen **lediglich einen rechtlichen Vorteil** bringen. Für den vorliegenden Fall bedeutet dies: Schenken die Eltern einem 5-jährigen Kind einen Geldbetrag, etwa durch Überweisung auf dessen Konto, so können sie dabei, da dieses Geschäft dem Kind lediglich einen rechtlichen Vorteil bringt, das Kind vertreten, ohne daß § 181 BGB dem entgegenstünde. Folgendes ist jedoch zu beachten:

200   Vorstehende Grundsätze gelten naturgemäß dann nicht, wenn es sich um ein Rechtsgeschäft handelt, welches für das Kind **nicht** lediglich einen rechtlichen Vorteil bringt. Als derartige nicht lediglich rechtlich vorteilhafte Geschäfte – die Abgrenzung ist im einzelnen oft schwierig – wird man etwa ansehen müssen die Schenkung eines **Kommanditanteiles,** und zwar auch dann, wenn dieser voll eingezahlt ist, da der Minderjährige aus der gesellschaftlichen Treuepflicht heraus unter Umständen zur Erhöhung der Einlage verpflichtet ist. Weiterhin die schenkweise **Übertragung eines Erbteils,** weil der Minderjährige für Nachlaßverbindlichkeiten haftet. Rechtlich nachteilig ist auch die Schenkung unter einer Auflage oder die Schenkung mit der Verpflichtung zur späteren Rückgabe. Genannt werden soll schließlich auch noch die schenkweise Einbuchung einer **Unterbeteiligung** bei Teilnahme am Verlust. In diesen Fällen, in denen das Rechtsgeschäft dem Minderjährigen nicht lediglich einen rechtlichen Vorteil bringt, bedarf es also grundsätzlich bei Geschäften zwischen den Kindern und anderen Personen als den Eltern der Vertretung durch die Eltern (bei Kindern bis 7 Jahren) bzw. der Genehmigung des Vertragsabschlusses durch die Eltern (bei Kindern von 7 bis 18 Jahren).

Schließen dagegen die Eltern selbst (als Vertragspartner!) derartige diesen nicht lediglich rechtliche Vorteile bringende Verträge mit ihren Kindern ab, so sind sie generell **von der Vertretung ausgeschlossen** (§§ 1629 Abs. 2, 1795, 181 BGB).

Wegen des aufgezeigten Interessengegensatzes bedarf es vielmehr in diesen Fällen, die allerdings hier nicht weiter vertieft werden sollen, der Bestellung eines **Pflegers** für die Minderjährigen, bei bestimmten – besonders wichtigen – Vertragsabschlüssen sogar der Zustimmung des **Vormundschaftsgerichts.**

Da es im Einzelfall für den juristischen Laien schwer abschätzbar sein dürfte, wann ein Rechtsgeschäft, welches er selbst mit seinen Kindern oder welches Dritte mit seinen Kindern abzuschließen gedenken, wirksam ist und welche Genehmigung oder Vertretung gegebenenfalls gewährleistet sein muß, ist hier Vorsicht geboten. Bei allen derartigen Schenkungen, bei denen es sich nicht wirklich um solche geringen Umfanges oder um die typischen Gelegenheitsgeschenke handelt, sollte daher fachkundiger Rat erfragt werden. Die praktische Erfahrung zeigt, daß in diesen Fällen sehr oft Fehler gemacht werden, die dann nachher nicht mehr zu korrigieren sind. Dies gibt gerade in diesem Zusammenhang Anlaß für den nachfolgenden

---

Gestaltungshinweis: 201

Sollen Schenkungen größeren Umfanges an noch nicht volljährige Kinder bewirkt werden, insbesondere Schenkungen der Eltern an ihre Kinder, so sollte zuvor sachkundiger Rat eingeholt werden, da gerade auf diesem Gebiet viele juristische Fallstricke lauern.

Zwei Problemfälle, in denen es in diesem Zusammenhang in der Praxis häufig zu Schwierigkeiten kommt, sollen besonders hervorgehoben werden: Zum einen ist hier zu nennen die oft fehlende **klare Trennung** zwischen **der Vermögenssphäre** der Eltern und der Vermögenssphäre der Kinder.

Zum zweiten sind hier zu nennen die Fälle, in denen es nach dem Willen der Beteiligten nicht bei der Schenkung als solcher bleiben soll, sondern in denen an eine bestimmte **Verwendung**

des geschenkten Betrages gedacht ist. Insbesondere sind hier gemeint die Fälle, in denen der geschenkte Betrag wiederum als Darlehen den Eltern, insbesondere dem elterlichen Betrieb, zur Verfügung gestellt werden soll. Der zuletzt genannte Fall wird weiter unten unter dem Kapitel „Schenkung und Einkommensteuer" (Rz. 221 ff.) näher behandelt. Zum zuerst genannten Fall (fehlende klare Abgrenzung der Vermögenssphären) sollen nachstehend einige Anmerkungen gemacht werden.

e) Spezialfall: Das geschenkte Sparbuch

202   Exemplarisch ist hier das „gute alte **Sparbuch**": Hier kommt es besonders häufig vor, daß Eltern oder auch Großeltern ihren Kindern bzw. Enkelkindern Geld schenken in der Weise, daß sie entweder sogleich ein Sparkonto auf den Namen des Kindes bzw. Enkels einrichten oder das Sparbuch auf den Namen des Kindes oder des Enkels umschreiben lassen. Im Grundsatz ist dies natürlich möglich. In der Praxis werden hier viele „Sünden" begangen. Insbesondere wird oft nicht eindeutig geklärt, wer nun Inhaber des entsprechenden Guthabens ist.

Nach der – insoweit strengen – Rechtsprechung ist aber der Übergang des Sparkontos in die Inhaberschaft des Kindes nur dann anzuerkennen (und sind insbesondere die aus dem Sparbuch bezogenen Zinsen nur dann dem Kind als eigene Einkünfte anzurechnen), wenn die Guthabensforderung eindeutig und **endgültig in das Vermögen des Kindes übergegangen ist.** Es müssen also für eine Zurechnung der Zinsen beim Kind alle Folgerungen gezogen werden, die sich aus einer endgültigen Vermögensübertragung ergeben.

Im Zusammenhang mit Sparbüchern bedarf dieser Punkt der gesonderten Betonung, weil zwar viele Eltern einerseits das Sparbuch schon auf das Kind übertragen möchten (beispielsweise um die Zinseinkünfte auf das Kind zu verlagern), trotzdem aber „im Ernstfall" selbst den Zugriff auf dieses Sparkonto behalten und das Guthaben notfalls auf ein eigenes Konto zurücküberweisen möchten, etwa wenn das Kind doch nicht so „gerät", wie von den Eltern erhofft. Ist in diesen Fällen nicht klar, daß das Konto wirklich mit allen Konsequenzen auf das Kind übertragen wurde, so ist nach der Rechtsprechung das Konto steuerlich weiterhin den Eltern zuzuordnen. Dies ist dann besonders ärgerlich – dazu noch unten –, wenn etwa die Eltern die Zinsen auf dem Konto deshalb nicht bei ihren Einkünften erklärt haben, weil sie davon ausgingen, die Einkünfte seien dem Kind zuzurechnen. Ist letzteres aber in Wahrheit nicht der Fall, droht sogar ein Verfahren wegen Steuerhinterziehung!

Aus vorstehenden Überlegungen heraus kann nur geraten werden, jeweils **eindeutig klarzustellen, wer Inhaber des Sparbuches ist.** Da natürlich ein 5jähriges Kind nicht selbst über die Spareinlagen verfügen kann, bedarf es allerdings auch insoweit grundsätzlich der Vertretung durch die Eltern. Man muß aber hier strikt trennen zwischen Inhaberschaft an der im Sparbuch verbrieften Forderung einerseits und der auf dem elterlichen Sorgerecht beruhenden Vertretungsbefugnis andererseits. In der Literatur wird hier verschiedentlich die folgende Klarstellung im Sparbuch empfohlen: „Inhaber des Sparbuches ist Markus Lehmann (minderjährig), gesetzlich vertreten durch die Eltern Paul und Paula Lehmann".

Aus Vorstehendem leitet sich her der weitere

Gestaltungshinweis: *203*

Wenn Sie Ihrem Kind wirklich Sparguthaben, insbesondere ein Sparbuch, schenken wollen, tun Sie dies mit allen Konsequenzen und auch nur dann, wenn Sie sich wirklich endgültig von dem entsprechenden Guthaben zugunsten des Kindes trennen wollen. Eine Übertragung mit „Vorbehalten" oder „Rückforderungsrechten" bringt regelmäßig steuerlichen und nicht selten auch familiären Ärger!

In diesem Zusammenhang noch kurz ein Wort zur Funktion des **Besitzes** an einem auf den Namen eines Kindes laufenden Sparbuch: Für die Bewertung dessen, wer Inhaber der im Sparbuch verbrieften Forderung und wer Bezieher der Zinsen ist, ist der Besitz der Eltern am Sparbuch dann nicht schädlich, wenn die Eltern bei minderjährigen Kindern in Erfüllung ihres Sorgerechts das Sparbuch lediglich verwahren. Sind die Eltern aber bei volljährigen Kindern (immer noch) im Besitz des entsprechenden Sparbuches, wird man hieraus im allgemeinen die

Schlußfolgerung ziehen müssen, daß sie den Kindern in Wahrheit keine Ansprüche aus dem Sparguthaben zuwenden wollten und das Sparbuch im Grunde als ihr eigenes ansehen. Dies deshalb, weil die „elterliche Sorge" als Grundlage des Besitzes bei volljährigen Kindern gerade nicht mehr greift. Auch dies sollten Eltern zur Meidung steuerlicher Nachteile beachten!

204   *(einstweilen frei)*

7. Schenkungen an Ehegatten

a) Allgemeines

205   Ehegatten gehören (ebenso wie etwa Kinder und Stiefkinder) zur günstigsten Steuerklasse, nämlich zur Steuerklasse I (zur Aufteilung in die Steuerklassen I–III vgl. i. e. oben § 15 ErbStG, Rz. 115 f.). Während ansonsten in der jeweiligen Steuerklasse auch die persönlichen Freibeträge jeweils gleich sind, wird jedoch innerhalb der Steuerklasse I unterschieden: Kinder haben – wie bereits mehrfach dargestellt – einen Freibetrag von DM 400000,–; Kinder noch lebender Kinder nur einen von DM 100000,– und Ehegatten einen solchen von DM 600000,–. Das heißt: Schenkungen „üblicher" Vermögen in diesem Bereich wollte der Gesetzgeber weitgehend von der Schenkungsteuer freistellen. Entsprechendes gilt für Erbschaften (wobei bei Erbschaften eventuell noch ein sogenannter „Versorgungsfreibetrag" von bis zu DM 500000,– zugunsten des Ehegatten hinzukommt; dazu noch unten).

Abgesehen von dieser Freibetragsregelung gelten bei Schenkungen zwischen Ehegatten aber noch weitere Besonderheiten, auf die nachstehend eingegangen werden soll.

b) Vereinbarung der Gütergemeinschaft

206   Gemäß § 7 Abs. 1 Nr. 4 ErbStG gilt unter anderem als Schenkung die Bereicherung, die ein Ehegatte bei Vereinbarung der Gütergemeinschaft erfährt.

Zum Verständnis ist anzumerken, daß Ehegatten grundsätzlich und solange sie nicht in notarieller Form etwas anderes vereinbaren im Güterstand der sogenannten **„Zugewinngemeinschaft"** (dazu auch oben Rz. 33) leben.

Dies bedeutet: Auch bei der Eheschließung bleibt das **Vermögen** beider Ehegatten **grundsätzlich getrennt.** Lediglich wenn der Güterstand endet, insbesondere wenn die Ehe geschieden wird, hat ein sogenannter **Zugewinnausgleich** stattzufinden. Dies geschieht in der Form, daß derjenige Ehegatte, der während der Ehe sein Vermögen stärker gemehrt hat als der andere, die Hälfte der entsprechenden Differenz in Geld an den „ärmeren" Ehegatten herauszuzahlen hat. Auch bei der Zugewinngemeinschaft – um dies wegen des häufig insoweit bestehenden Mißverständnisses nochmals hervorzuheben – bleibt also das Vermögen der Ehegatten während der Ehe getrennt.

Schließen die Ehegatten darüber hinaus noch den Zugewinnausgleich, wie er vorstehend kurz skizziert wurde, aus, so leben sie im Güterstand der sogenannten **Gütertrennung.**

Lediglich wenn die Eheleute tatsächlich das verwirklichen wollen, was im landläufigen Sinne oft unter den vermögensrechtlichen Wirkungen der Eheschließung verstanden wird, nämlich daß das gesamte Vermögen „in einen Topf kommt", steht ihnen ein weiterer Güterstand (neben der Zugewinngemeinschaft und der Gütertrennung) zur Verfügung, nämlich der Güterstand der **„Gütergemeinschaft".** Vereinbaren die Ehegatten diesen Güterstand, gehört ihnen (mit Ausnahme des sogenannten Vorbehaltsgutes und des sogenannten Sondergutes) grundsätzlich alles gemeinsam. Derjenige Ehegatte, der auf diese Weise eine Bereicherung erfährt, hat sie, wenn die Freibeträge überschritten werden, zu versteuern (R 19 ErbStR).

Es soll an dieser Stelle nicht näher auf die Gütergemeinschaft und die Einzelheiten der Besteuerung eingegangen werden.

Der Güterstand der Gütergemeinschaft hat in der Praxis keine große Bedeutung. Für Unternehmer ist er sogar in aller Regel gänzlich ungeeignet, da die Begründung von gemeinschaftlichem Eigentum grundsätzlich auch eine Haftung des Nichtunternehmer-Ehegatten begründet, was in diesen Fällen aber gerade nicht gewollt ist.

Lediglich der Umstand, daß man in aller Regel bei der Vereinbarung einer Gütergemeinschaft nicht an die Verwirklichung eines Schenkungsteuer-Tatbestandes denkt, war Anlaß, diesen Sonderfall hier kurz zu erwähnen.

c) Die Übertragung eines „Familienwohnheims"

207   Was sich hierunter verbirgt, soll verdeutlicht werden an folgendem

Beispiel: Alfons Reich, Börsenmakler, fand mit 40 endlich genügend Zeit, um zu heiraten. Da er stets alles in voller Konsequenz tat, vertrat er die Ansicht, wenn man schon heirate, müsse man auch alles hälftig teilen. Aus diesem Grunde übertrug er schon kurz nach der Eheschließung die Hälfte der von ihm schon vor einiger Zeit gekauften Villa in einem Frankfurter Vorort auf seine Ehefrau. Eine Gegenleistung sollte diese nicht erbringen.

Der Leser der vorausgegangenen Zeilen wird hier geneigt sein, sogleich eine Schenkung zu bejahen und nach der „üblichen Miete" und dem Baujahr der Villa zu fragen (dazu oben Rz. 104 e) zu fragen, um sodann den „Grundbesitzwert" und anschließend die etwaige Schenkungsteuerbelastung zu errechnen. Dies wäre vorschnell: Der ständigen Rechtsprechung des Bundesgerichtshofs (BGH) folgend, hatte nämlich auch der Bundesfinanzhof (BFH), den Begriff der sogenannten **„unbenannten"** oder auch **„ehebedingten" Zuwendung** übernommen. Dies hieß: Eine Schenkung lag nach der Rechtsprechung des Bundesfinanzhofs dann nicht vor, wenn die Ehegatten durch bestimmte Zuwendungen „einander in angemessener Weise an den Früchten des ehelichen Zusammenwirkens beteiligen". Nachdem die Finanzverwaltung die Rechtsfigur der „ehebedingten Zuwendung" zunächst in gleichlautenden Ländererlassen übernommen und auf ein BFH-Urteil aus dem Jahre 1994 hin wiederum aufgehoben hatte, nahm sich der Gesetzgeber der Materie an: Durch das Jahressteuergesetz 1996 vom 11. 10. 1995 (BGBl. I S. 1250) fügte er in § 13 Abs. 1 ErbStG eine Nr. 4a ein, wonach unter bestimmten Voraussetzungen die Zuwendung eines sogenannten „Familienwohnheims" an den Ehegatten von der Steuer befreit war. Die ErbSt-Richtlinien (R 43) haben weitere Zweifelsfragen im Zusammenhang mit der Anwendung dieser Vorschrift geklärt.

Definiert ist dort der Begriff des **Familienwohnheims:** Als solches kommt ein Haus oder eine Eigentumswohnung nur in Betracht, wenn sich in dem Haus oder der Eigentumswohnung der **Mittelpunkt des familiären Lebens** befindet. Die steuerfreie Übertragung ist deshalb nicht möglich, wenn das zugewendete Grundstück als Ferien- oder Wochenendhaus genutzt wird. Unschädlich ist es, wenn neben den zur Familie gehörenden Kindern und Enkelkindern eine Hausgehilfin (oder – was die Richtlinien, wohl mit Blick auf die Praxis, gleichwohl aber nicht ganz im Sinne des Gleichheitsgrundsatzes, nicht erwähnen – ein Hausgehilfe!) im Hause wohnt oder wenn eines der Zimmer beispielsweise als Arbeitszimmer genutzt wird. Kritischer wird es bereits, wenn eine **gewerbliche oder berufliche Mitbenutzung** vorliegt, etwa durch Einrichtung einer Arztpraxis im eigenen Hause. Dies ist nur dann nicht steuerschädlich, wenn die Wohnnutzung zum einen insgesamt überwiegt, die Wohnräume die Voraussetzungen einer Wohnung erfüllen und die Eigenart als Ein- oder Zweifamilien-Haus durch die gewerbliche oder berufliche Mitbenutzung nicht beeinträchtigt wird. Hier ist die Grenzziehung also mitunter problematisch. Eine auch nur teilweise **Vermietung** des Hauses oder auch nur einer Eigentumswohnung ist allerdings in jedem Falle befreiungsschädlich.

Steuerbefreit ist nicht nur – woran man natürlich in erster Linie denken wird – die Übertragung des Alleineigentums oder des Miteigentums an dem einem Ehegatten bereits gehörenden Grundstück auf den anderen Ehegatten. Nach den ErbSt-Richtlinien (R 43 Abs. 2) ist **weiterhin befreit:**

– Der Kauf oder die Herstellung aus den Mitteln eines Ehegatten unter Einräumung einer Miteigentümerstellung des anderen Ehegatten,

– die Anschaffung oder Herstellung (ganz oder teilweise) durch einen Ehegatten aus Mitteln, die allein oder überwiegend vom anderen, zuwendenden Ehegatten stammen (mittelbare Grundstückszuwendung),

– die Tilgung eines im Zusammenhang mit dem Kauf oder der Herstellung des Familienwohnheims von einem oder beiden Ehegatten aufgenommenen Darlehens aus Mitteln des zuwendenden Ehegatten sowie

– die Begleichung nachträglicher Herstellungs- oder Erhaltungsaufwendungen am Familienwohnheim aus Mitteln eines Ehegatten, wenn der andere Ehegatte Eigentümer oder Miteigentümer ist.

Da erfahrungsgemäß die Steuerpflichtigen im Zusammenhang mit Vermögensübertragungen nach der Auswirkung eines bestimmten ehelichen Güterstandes fragen, sei auch insoweit aus den Richtlinien zitiert, daß der **Güterstand der Ehegatten** (dazu sogleich Rz. 209) für die steuerbefreite Übertragung eines Familienwohnheims **ohne Bedeutung** ist. Erfreulich sind auch die weiteren Klarstellungen des Richtliniengebers, die zum einen Rechtssicherheit schaffen und zum anderen eine Vereinfachung für den Steuerpflichtigen und die Verwaltung darstellen: Die Befreiung ist **wertmäßig nicht begrenzt.** Steuerfrei übertragen werden kann auch eine noch so luxuriöse Villa (so also im vorstehenden Beispielsfall). Auch kann während des Bestehens einer Ehe nacheinander **mehrfach** ein Familienwohnheim zugewendet werden, vorausgesetzt natürlich, es dient jeweils als Familienwohnheim im vorbeschriebenen Sinne. Es tritt also – anders als bei der Eigenheimförderung – **kein Objektverbrauch** ein. Allerdings darf der bedachte Ehegatte nicht gleichzeitig Eigentümer oder Miteigentümer mehrerer Familienwohnheime werden (abgesehen von der praktischen Schwierigkeit, daß diese kaum alle gleichzeitig als Mittelpunkt des familiären Lebens dienen könnten).

Auch besteht (anders beispielsweise als bei der Übertragung von Betriebsvermögen, dazu unten Rz. 375 ff.) **keine Behaltensfrist.** Das heißt: Die Steuerbefreiung bleibt auch dann erhalten, wenn das begünstigt erworbene Wohngrundstück im Anschluß daran veräußert oder nicht mehr zur Wohnung für die Familie genutzt wird. Doch Vorsicht auch hier: Übertrieben gestaltungsfreundlichen Steuerbürgern hält die Finanzverwaltung den § 42 der Abgabenordnung (AO) vor, die steuerliche Nichtanerkennung beim „Mißbrauch von Gestaltungsmöglichkeiten":

Zieht beispielsweise eine Familie für kurze Zeit in ein soeben vom Ehemann geerbtes Wohnhaus, überträgt dieser dann das Wohnhaus auf seine Ehefrau und zieht die Familie dann wiederum zurück in die vorher genutzte Eigentumswohnung, so ist der typische Fall eines solchen Gestaltungsmißbrauchs gegeben, es sei denn, es ließen sich ausnahmsweise – im Beispielsfall jedoch nur schwer vorstellbar – für den doppelten Umzug plausible außersteuerliche Gründe finden.

Nicht befreit ist die Übertragung eines Hauses oder einer Eigentumswohnung, wenn das fragliche Objekt im **Ausland** liegt, und zwar auch dann nicht, wenn dort der Mittelpunkt des familiären Lebens liegt. Hinzu kommt: In diesen Fällen gibt es nicht nur keine Steuerbefreiung. Auch die Bemessungsgrundlage ändert sich zu Lasten des Steuerpflichtigen: Anzusetzen für die Schenkungsteuer ist nämlich nicht der (niedrigere) Grundbesitzwert, sondern der volle Verkehrswert.

Ist die Übertragung selbstgenutzten Wohnraums auf den Ehegatten geplant, so beachten Sie bitte folgenden

Gestaltungshinweis:	*208*

Gestaltungshinweis:

Möchte ein Ehegatte dem anderen ein Wohnhaus oder eine Eigentumswohnung zuwenden, so kann dies schenkungsteuerfrei geschehen, wenn das Wohnhaus oder die Eigentumswohnung die Kriterien eines sogenannten „Familienwohnheims" erfüllt und im Inland gelegen ist. Dabei muß man jedoch darauf achten, daß die Steuerbefreiung nicht dadurch verloren geht, daß im konkreten Fall Gegebenheiten vorliegen, die die Steuerbefreiung ausschließen. Soll beispielsweise ein selbstgenutztes Wohnhaus, das eine Eigentumswohnung enthält, die später vermietet werden soll, auf den Ehegatten übertragen werden, so ist unbedingt darauf zu achten, daß die Schenkung des Hauses vor Vermietung der Eigentumswohnung erfolgt, da ansonsten die Steuerfreiheit verloren geht.

d) Zugewinnausgleich und Schenkungsteuer

Eine weitere Überlegung ist in diesem Zusammenhang, allerdings nicht bei gerade erst geschlossenen Ehen, angebracht: *209*

Hat während einer bereits länger bestehenden Ehe der Ehemann ein nicht unerhebliches Vermögen (Mietwohnungen, Kapitalvermögen) angehäuft und hat die Ehefrau während dieser Zeit beispielsweise die drei gemeinschaftlichen Kinder großgezogen, so hätte im Falle der Ehescheidung und beim Bestehen des gesetzlichen Güterstandes (Zugewinngemeinschaft) die Ehefrau einen nicht unbeträchtlichen Anspruch auf Ausgleich des Zugewinnes. Allerdings entsteht dieser Zugewinnausgleichsanspruch nicht erst im Falle der Ehescheidung, sondern auch dann, wenn der Güterstand der Zugewinngemeinschaft in anderer Weise – etwa durch Vereinbarung der Gütertrennung – endet. Will nun tatsächlich der Ehemann die Ehefrau nach langen Ehejahren an seinem Vermögen beteiligen, so kann er dies bei dem von seiner Familie genutzten Haus (sog. Familienwohnheim) bei Beachtung der vorstehenden (Rz. 207) Grundsätze schenkungsteuerfrei bewerkstelligen. Bei anderen Vermögensgegenständen ist dieser Weg versperrt. In diesen Fällen bietet sich jedoch eine andere Überlegung an: Gehen die Eheleute zum Notar und vereinbaren sie **Gütertrennung,** so ist grundsätzlich mangels anderweitiger Vereinbarungen der bis dahin entstandene Zugewinn auszugleichen. Dieser Ausgleich muß nicht unbedingt in Form einer Geldzahlung erfolgen, sondern der Ausgleich kann auch erfolgen durch Übertragung von Grundstücken, Aktien und dergleichen. In allen diesen Fällen handelt es sich dann um keine Schenkung, sondern um den Ausgleich einer Forderung, nämlich eben der Zugewinnausgleichsforderung. Die Übertragung ist – auch wenn sie ganz erheblichen Umfang erreicht – steuerfrei.

Dies führt zu folgendem

---

210 | **Gestaltungshinweis:**

Wollen Sie erhebliche Vermögenswerte Ihrem Ehegatten schenkungsteuerfrei zuwenden und ist diese Zuwendung nicht schon deshalb steuerfrei, weil es sich um ein sog. Familienwohnheim handelt, so prüfen Sie, ob dies nicht in Ausgleichung des Zugewinns erfolgen kann. Behalten Sie dabei aber auch stets die sonstigen steuerlichen sowie die vermögensrechtlichen Konsequenzen im Auge!

Die letztgenannte Einschränkung meint folgendes: Wie oben bereits dargestellt, sollte das Streben nach Steuerersparnis nicht der einzige oder letztlich ausschlaggebende Anlaß für eine bestimmte Gestaltung sein. Prüfen Sie in diesen Fällen also auch, ob die Vermögensübertragung auf den eigenen Ehegatten auch unter anderen (vermögensrechtlichen) Gesichtspunkten sinnvoll ist. Prüfen Sie weiterhin, wie sie sich im Falle einer Ehescheidung auswirken würde. Beachten Sie dabei auch die Auswirkungen bei anderen Steuern und achten Sie insbesondere darauf, daß nicht etwa auf diese Art und Weise Betriebsvermögen mit hohen Steuerabflüssen bei der Einkommensteuer zwangsentnommen wird (dazu oben Rz. 132 f.). Kurz: Lassen Sie sich in jedem Falle vor derartigen weitreichenden Vermögenstransaktionen fachkundig beraten.

e) Seien Sie als Verlobte(r) nicht zu großzügig!

Großzügigkeit ist eine Tugend. Ist ein von Natur aus großzü *211* giger Mensch verlobt und beabsichtigt er, in Kürze die Ehe einzugehen, so sollte er sich zumindest bei größeren Geschenken bis zur Eheschließung (genauer: bis kurz nach der Eheschließung) Zeit lassen. Dies belegt folgendes

Beispiel: Johannes Graf vom Hinterwald schenkt seiner Verlobten aus Anlaß der Verlobung und um seine feste Heiratsabsicht zu unterstreichen, ein Reitpferd im Wert von DM 150 000,–.

Erhält das Finanzamt davon Kenntnis, so wird es wie folgt rechnen:

Steuerwert	DM 150 000,–
Freibetrag, Steuerklasse III	DM 10 000,–
Steuerpflichtiger Erwerb	DM 140 000,–
hierauf Schenkungsteuer, 23%	**DM 32 200,–**

Wenn die Verlobte einen entsprechenden Schenkungsteuerbescheid vom Finanzamt erhält, wird sie wenig begeistert sein, hatte sie doch vielleicht den entsprechenden Geldbetrag für den Einkauf standesgemäßer Reitkleidung einkalkuliert.

Hätte ihr großzügiger Verlobter noch etwas gewartet, und zwar bis mindestens kurz nach der Eheschließung, so wäre – wir brauchen es nicht im einzelnen durchzurechnen – wegen des dadurch auch nur in Höhe von DM 150 000,– verbrauchten Ehegattenfreibetrages von DM 600 000,– die ganze Sache absolut schenkungsteuerfrei vonstatten gegangen. Ein Fünkchen Hoffnung für die frisch Verlobten besteht gleichwohl: Der Reichsfinanzhof (RFH) hatte in einem ähnlichen Fall wohl Mitleid mit den Verlobten: Bei derartigen Geschenken – so meinte der RFH – werde der Erwerb nämlich im Zweifel so anzusehen sein, daß die Zuwendung unter der **aufschiebenden Bedingung der Eheschließung** erfolgt, und somit die Steuer dementsprechend erst mit dem Beginn der Ehe und demgemäß nach der günstigen Steuerklasse I festzusetzen (bzw. vorliegend: wegen des nicht überschrittenen persönlichen Freibetrages gerade nicht festzusetzen) sei. Auch wenn beispielsweise das Finanzgericht (FG) Niedersachsen in einem Urteil vom 5. 1. 1989 (Az. III 472/86) bei einer Schenkung unter Verlobten mit nachfolgender Eheschließung dem nicht gefolgt ist, wäre die Sache in Anbetracht der relativ hohen Schenkungsteuer im vorliegenden Beispielsfall doch immerhin einen Versuch – also den Gang zum Finanzgericht – wert. Die ErbSt-Richtlinien haben sich zu dieser Frage übrigens nicht geäußert.

Beherzigen Sie jedenfalls, sollten Sie verlobt sein oder sollten Ihre Kinder verlobt sein, folgenden

212   **Gestaltungshinweis:**

Wenn Sie Ihrem/Ihrer Verlobten Geschenke von nicht unbedeutendem Wert machen wollen: Gedulden Sie sich bis zur Eheschließung!

f) Nichteheliche Lebensgemeinschaften

213   Ebensowenig wie den Verlobten hat der Gesetzgeber den Partner der nichtehelichen Lebensgemeinschaft in eine der Steuerklassen I bis III des § 19 ErbStG aufgenommen. Das heißt: Diese Personen zählen – wie völlig fremde Personen – zu der ungünstigsten Steuerklasse, nämlich der **Steuerklasse III,** die sich durch einen Freibetrag von lediglich DM 10 000,– auszeichnet und deren Steuersätze bereits mit 17% beginnen und sehr schnell in die Höhe steigen.

Ob sich der Gesetzgeber im Zuge der allgemeinen Entwicklung, die auf eine weitgehende Gleichstellung von nichtehelicher

Lebensgemeinschaft und bürgerlicher Ehe hinzielt, entschließen wird, dies zu ändern, bleibt abzuwarten. Nach derzeitigem Rechtszustand sind jedenfalls die Mitglieder nichtehelicher Lebensgemeinschaften bei der Erbschaftsteuer und auch bei der Schenkungsteuer deutlich schlechter gestellt. Vor allem bereits über lange Jahre zusammenlebende Partner einer nichtehelichen Lebensgemeinschaft, insbesondere wenn diese sich auch gegenseitig zu alleinigen Erben eingesetzt haben (was bei kinderlosen Partnern der nichtehelichen Lebensgemeinschaft erfahrungsgemäß häufig ist), sollten tatsächlich überlegen, ob sie nicht dann doch eventuell heiraten. Insbesondere wenn einer der Ehegatten beträchtliches Vermögen hat und der andere deutlich weniger Vermögen, ist den Beteiligten in aller Regel überhaupt nicht bewußt, welch eine hohe Steuerbelastung (Erbschaftsteuer) auf sie zukäme, wenn der vermögende Ehegatte als erster verstürbe.

Entsprechendes gilt naturgemäß bei Schenkungen zu Lebzeiten, wobei in derartigen Fällen – andes als bei der Regelung der Erbfolge – vor Durchführung der Schenkung dann oft schon die Frage nach der Schenkungsteuerpflicht gestellt wird. Es sind Fälle aus der Beratungspraxis bekannt, in denen derartige Überlegungen dann letztlich und endlich in eine Eheschließung mündeten!

8. Zur Abzugsfähigkeit von Schulden

a) Allgemeines

Wie weiter unten bei der Erbschaftsteuer (Rz. 382 ff.) darge- *214* stellt, gilt bei der Besteuerung von Nachlässen grundsätzlich das sogenannte „Netto-Prinzip", das heißt, steuerpflichtig ist nur der Saldo aus den ererbten Gegenständen und den damit im Zusammenhang stehenden Belastungen. Dazu ein kurzes

Beispiel: Michael hinterläßt seiner Lebensgefährtin Andrea ein Mietshaus im Verkehrswert von DM 500 000,–, welches einen Grundbesitzwert hat von DM 300 000,– und mit einem Hypothekendarlehen belastet ist von DM 400 000,–.
Die Erbschaftsteuer berechnet sich wie folgt:

Grundbesitzwert	DM 300 000,–
./. Verbindlichkeiten	DM 400 000,–
Netto-Steuerwert des Nachlasses somit	./. DM 100 000,–
./. Freibetrag	DM –,–
Steuerpflichtiger Erwerb somit	DM 0,–
Erbschaftsteuer	DM 0,–

b) Grundstücksschenkung mit Übernahme von Schulden

215 Stellen wir uns nun vor, Michael habe, um Andrea eine Freude zu machen, dieser das Grundstück bereits zu Lebzeiten geschenkt, wobei auch hier Andrea die Finanzierungsschulden übernommen hätte. Auf den ersten Blick wird man geneigt sein anzunehmen, daß sich auch hier keine Steuerbelastung ergäbe. Dem ist jedoch nicht so: Nach den ErbSt-Richtlinien, die insoweit jedoch keine Änderungen zu den bis dahin geltenden Verwaltungsanweisungen bringen, behandelt die Finanzverwaltung die Übernahme von Verbindlichkeiten bei der Schenkung eines Grundstücks als sogenannte „**gemischte Schenkung**". Sie geht also davon aus, daß lediglich ein Teil des Grundstücks geschenkt, ein anderer Teil dagegen in Gestalt der Übernahme der Verbindlichkeiten „gekauft" worden sei (R 17 ErbStR).

Konkret bedeutet dies, daß die Verbindlichkeiten nicht vom Steuerwert (also dem „Grundbesitzwert", dazu oben Rz. 104 b) des Grundstücks abgezogen werden können, wohl aber, daß nicht der gesamte Steuerwert des Grundstücks der Besteuerung zugrundezulegen ist, sondern nur diejenige Quote des Steuerwerts, die dem Verhältnis des Verkehrswertes der Bereicherung des Beschenkten zum Verkehrswert des Grundstücks entspricht.

Man kann auch folgende allgemeine Berechnungsformel (R 17 Abs. 2 ErbStR) aufstellen:

$$\frac{\text{Steuerwert der freigebigen Zuwendung}}{\text{Steuerwert der Leistung des Schenkers}} = \frac{\text{Verkehrswert der Bereicherung des Beschenkten}}{\text{Verkehrswert der Leistung des Schenkers}}$$

Wenn man diese Formel, um den Steuerwert der freigebigen Zuwendung zu finden, entsprechend auflöst, ergibt sich folgendes:

$$\frac{\text{Steuerwert der freigebigen Zuwendung}}{} = \frac{\text{Steuerwert der Leistung des Schenkers} \times \text{Verkehrswert der Bereicherung des Beschenkten}}{\text{Verkehrswert der Leistung des Schenkers}}$$

Setzt man die Zahlen des Beispiels ein, so erhält man also den maßgeblichen Steuerwert.

Bei den vorliegenden „glatten" Zahlen kann man dies allerdings ohne weiteres auch im Kopf rechnen:

Der Verkehrswert des Mietshauses betrug	DM 500 000,–
Da die Beschenkte Verbindlichkeiten übernahm in Höhe von	DM 400 000,–
ist sie somit bereichert worden um	DM 100 000,–
Wertmäßig geschenkt wurde ihr daher $1/5$.	
Für die Berechnung der Schenkungsteuer sind somit anzusetzen $1/5$ des Grundbesitzwertes (DM 300 000,–), also	DM 60 000,–

Hiervon errechnet sich nunmehr die Schenkungsteuer wie folgt:	
Steuerwert der Zuwendung	DM 60 000,–
./. Freibetrag (Steuerklasse III)	DM 10 000,–
Steuerpflichtiger Erwerb somit	DM 50 000,–
Hierauf Schenkungsteuer, 17%	DM 8 500,–
Beim Erbfall angefallen wären	DM 0,–
Somit ergibt sich eine Mehrbelastung bei der Schenkung in Höhe von	DM 8 500,–

Die Schenkung von Grundstücken unter Übernahme von Verbindlichkeiten ist also deutlich ungünstiger als die Vererbung von Grundstücken.

c) Die Übernahme von Betriebsvermögen mit Schuldposten

Anders als bei der Übernahme von Verbindlichkeiten bei der 216 Schenkung von privaten Grundstücken (seien es nun unbebaute oder bebaute) ist es bei der Schenkung (oder auch der Vererbung!) von Betriebsvermögen: Übernimmt hier der Beschenkte, dem etwa ein Betrieb im Wege der vorweggenommenen Erbfolge übertragen wird, nicht nur die Aktivwerte des Betriebes, sondern auch die Schulden (was in der Praxis die Regel ist), so zählt dies nicht als „gemischte Schenkung", sondern die Finanzverwaltung sieht in diesen Fällen in Übereinstimmung mit der in der Literatur herrschenden aber nicht unbestrittenen Meinung als geschenkt an von vorneherein einen **einheitlichen Saldo,** nämlich den Saldo der Aktivwerte des Betriebsvermögens und der betrieblichen Schulden und sonstigen Abzüge. Damit verlieren die einzelnen positiven und negativen Wirtschaftsgüter des Betriebsvermögens im Rahmen der wirtschaftlichen Einheit „Gewerbebetrieb" ihre Selbständigkeit.

Der Gewerbebetrieb wird damit praktisch auch für Zwecke der Schenkungsteuer als Einheit gesehen, umfassend also Aktiva und Passiva.

Variieren wir also das obige (Rz. 214)

Beispiel: Michael schenkt seiner Lebensgefährtin nicht ein (privates) Mietshaus, sondern er kauft noch für fremdfinanzierte DM 250 000,– Anlagevermögen und richtet auf diese Weise einen Hotelbetrieb ein, den er sodann seiner Freundin Andrea, die auch alle Passiva übernimmt, schenkt.

Der Einheitswert des Betriebes, der Bemessungsgrundlage für die Schenkungsteuer ist, würde sich wie folgt errechnen:

Grundbesitzwert des Grundstücks	DM 300 000,–
sonstiges Aktivvermögen (Buchwert)	DM 250 000,–
Summe der Aktivwerte	DM 550 000,–
./. Hypothekendarlehen	DM 400 000,–
./. betriebliche Schulden	DM 250 000,–
negativer Einheitswert somit	./. DM 100 000,–

Es ist ersichtlich, daß auch in diesem Falle **keine Schenkungsteuer anfiele.**

d) Konsequenzen für die Praxis

217   Welches sind nun die Konsequenzen für die Praxis? Ohne weiteres „lösbar" ist nur der Fall, daß die berühmte „Erbtante" hochbetagt und mit nicht nur statistisch, sondern auch tatsächlich niedriger Lebenserwartung vor der Frage steht, ob sie nun das mit Hypothekenschulden belastete Grundstück kurz vor ihrem Tode dem Lieblingsneffen noch übertragen oder ob sie es ihm kraft entsprechender testamentarischer Bestimmung vererben soll:

Sofern nicht der Neffe „befürchtet", die Tante werde allem Anschein zuwider doch noch zu Kräften kommen und sich die Sache anders überlegen, ist er unter rein erbschaftsteuerlichen Gesichtspunkten in der Regel besser beraten, nicht auf der Übertragung des Grundstücks bereits zu Lebzeiten zu bestehen.

In anderen Fällen wird es dagegen oft empfehlenswert sein, aus Privatvermögen Betriebsvermögen zu machen, etwa indem aus einem Mietshaus ein Hotel wird. Hier sollte man allerdings die langfristigen Konsequenzen bedenken, auch die Konsequenzen in ertragsteuerlicher Hinsicht. Entsprechendes gilt, wenn man eine zwar nicht gewerblich tätige, wohl aber sogenannte „gewerblich geprägte Personengesellschaft" gemäß § 15 Abs. 3 EStG gründet, die kraft Gesetzes immer Betriebsvermögen hält.

Eines ist in diesem Zusammenhang noch wichtig:

Sogenannte „Negativschenkungen" gibt es grundsätzlich nicht mehr, daß heißt, man kann nicht etwa – um im vorliegenden Beispiel zu bleiben – das Hotel mit einem negativen Einheitswert von DM 100 000,– schenken und zusätzlich, um den negativen Erwerb auf Null zu stellen, beispielsweise noch einen Geldbetrag in gleicher Höhe. Wohl aber kann der Betriebsinhaber, bevor er den Betrieb schenkt, eben jene DM 100 000,– oder auch mehr (Ausnutzung des Freibetrages!) in das Betriebsvermögen einlegen oder aber einige Zeit vor der Schenkung schlicht weniger Entnahmen tätigen, so daß das Betriebsvermögen gerade einen ausgeglichenen Wert erhält oder einen Wert in Höhe des steuerfreien Freibetrages, den der jeweils zu Beschenkende hat. Neuerdings (genauer: für Betriebsvermögensübertragungen ab dem 1. 1. 1996) ist jedoch Vorsicht geboten, falls der Betriebsvermögensfreibetrag und/oder der Bewertungsabschlag für Betriebsvermögen in Anspruch genommen wurden (dazu Rz. 114 u. 355 ff.): Die entsprechenden Vergünstigungen **entfallen** nämlich, wenn der Erwerber in den auf die Übertragung folgenden fünf Wirtschaftsjahren (= sog. **Behaltensfrist**) Entnahmen aus dem Betrieb tätigt, die die Summe seiner Einlagen und Gewinne um mehr als DM 100 000,– übersteigen (§ 13 a Abs. 5 Nr. 3 ErbStG). Die neue Vorschrift will Mißbrauch verhindern. Der Erwerber eines Betriebes muß sie also fünf Jahre lang im Auge behalten, gegebenenfalls also rechtzeitig wieder Einlagen ins Betriebsvermögen vornehmen. Geschieht dies vor Ablauf der Fünfjahres-Frist, so kann er nach deren Ablauf wiederum Entnahmen in beliebiger Höhe tätigen. Steuernachteile können dann allenfalls nach der allgemeinen Mißbrauchsklausel des § 42 AO entstehen (z.B. bei Einlage eines erheblichen Betrages kurz vor und bei Entnahme eines Betrages in ähnlicher Größenordnung kurz nach dem Ablauf der Frist), nicht aber gemäß § 13a ErbStG.

Dies leitet über zu dem

218 | **Gestaltungshinweis:**

Wenn der Beschenkte Schulden mitübernehmen soll, stehen Sie sich bei der Schenkung von Betriebsvermögen besser. Hat das Betriebsvermögen einen niedrigen oder gar negativen Einheitswert, so empfiehlt es sich, vor der Übertragung Einlagen zu tätigen oder Entnahmen zu unterlassen, um auf diese Weise gleichsam mit dem „Trojanischen Pferd" Betrieb weiteres Vermögen schenkungsteuerfrei zu transferieren. Beachten Sie dabei aber unbedingt die fünfjährige Entnahmebeschränkung!

Auch in diesem Zusammenhang die **Warnung**: Lassen Sie sich durch das Bestreben zur Ersparnis von Schenkungsteuer nicht den Blick versperren für die ertragsteuerlichen Folgen: Verschenken Sie nicht einen ganzen Betrieb, sondern nur ein Betriebsgrundstück mit darauf lastenden Schulden, so führt dies nicht nur nicht zu der erstrebten Steuerersparnis (nur bei einem Betrieb als Ganzem und nicht bei einem Betriebsgrundstück zählt der betriebliche Einheitswert als Saldo von Vermögensposten und Schuldposten), sondern es findet auch noch ertragsteuerlich eine sogenannte „Entnahme" des Grundstücks statt mit in der Regel hohen Abflüssen an Einkommensteuer. Deshalb auch in diesem Zusammenhang nochmals der warnende Hinweis auf die entsprechenden Ausführungen in Rz. 332f.

219, 220　(einstweilen frei)

B. Schenkung und sonstige Steuern

I. Schenkung und Einkommensteuer

1. Berührungspunkte

In den meisten Fällen haben Schenkungen keine einkommen- *221* steuerlichen Auswirkungen: Schenkt jemand seiner Verlobten einen Brillantring, so ist dies ein schenkungsteuerpflichtiger Vorgang. Einkommensteuer löst die Schenkung nicht aus, da die Beschenkte mit dem Ring keinerlei Einkünfte erzielt.

Anders ist es aber, wenn beispielsweise der Vater seiner Tochter zum Abitur einen Geldbetrag schenkt, den die Tochter dann auf ihrem Konto anlegt. Hier stellt sich zum einen die Frage nach der Schenkungsteuer. Daneben aber hat die Schenkung unmittelbare Auswirkungen bei der Einkommensteuer, und zwar im Hinblick auf die Zinsen, die vor der Schenkung beim Vater anfielen und die anschließend der Tochter zustehen. Hier ergeben sich – dazu sogleich noch im einzelnen – erhebliche Unterschiede bei der Einkommensteuer, wenn (wie dies typischerweise der Fall ist) der Vater ein relativ hohes Einkommen hat und die Tochter ein nur geringes oder kein (sonstiges) Einkommen.

Entsprechendes gilt, wenn der Tochter beispielsweise eine Eigentumswohnung geschenkt wurde und diese dann anstelle des Vaters die Mieten vereinnahmt.

Weitere Berührungspunkte zwischen Schenkung- und Einkommensteuer wurden auch oben schon für den Fall aufgezeigt, daß ein Grundstück von einem Unternehmer oder Mitunternehmer (Personengesellschafter) an einen Nichtunternehmer verschenkt wurde (vgl. Rz. 132 f.). Hier kann – worauf wegen der besonderen Gefährlichkeit und „Heimtücke" dieser Gestaltung nochmals hingewiesen werden soll – eine ganz erhebliche Einkommensteuer-Belastung wegen der damit verbundenen Zwangsentnahme des entsprechenden Grundstücks aus dem Betriebsvermögen entstehen.

Berührungspunkte zwischen Schenkungsteuer und Einkommensteuer ergeben sich in besonderem Maße auch dann, wenn Vermögensübertragungen im Wege der sogenannten „vorweggenommenen Erbfolge" erfolgen. Hierauf wird in einem gesonderten Kapitel (siehe unten Rz. 370 ff.) einzugehen sein.

In dem jetzt gleich folgenden Kapitel sollen die Fälle behandelt werden, in denen sich infolge von Schenkungen die Zurechnung von Einkunftsquellen (Sparkonto, Eigentumswohnung etc.) ändert und dadurch gleichzeitig Auswirkungen bei der Einkommensteuer entstehen.

2. Schenkungen zur Senkung der „Familieneinkommensteuer"

a) Grundsatz

222   Anders als etwa im Hinblick auf die Vermögensteuer (dazu sogleich) ist für die Einkommensteuer die einzelne Person auch **einzeln steuerpflichtig.** Einzeln steuerpflichtig sind insbesondere – um dies hervorzuheben – nicht etwa nur volljährige oder voll geschäftsfähige Personen. Einkommensteuerpflichtig ist auch der wegen Geschäftsunfähigkeit Entmündigte; einkommensteuerpflichtig ist insbesondere auch das Kleinkind und zwar ab dem Tage seiner Geburt.

Erbt also etwa ein zweijähriges Kind ein Mietshaus oder erhält es ein Mietshaus geschenkt, so sind die entsprechenden Mieterträge **ihm alleine** zuzurechnen. Hinsichtlich der Mieterträge ist für das Kind als Steuerpflichtigen eine Veranlagung durchzuführen. Das Kind selbst ist auch Steuerschuldner, ungeachtet dessen, daß es bei der Abgabe und der Entgegennahme von Steuererklärungen und Steuerbescheiden natürlich von seinen Eltern oder den sonst Erziehungsberechtigten vertreten werden muß.

b) Der Zinsabschlag

223   Der Grundsatz der Einzelbesteuerung gilt auch im Hinblick auf das sogenannte „Zinsabschlaggesetz": Bekanntlich sind danach die Kreditinstitute verpflichtet, 30% der Zinserträge sogleich an das Finanzamt abzuführen und lediglich die verbleibenden 70% dem Sparer gutzuschreiben bzw. an ihn auszuzahlen.

Beispiel: Witwer Sparsam erhält auf sein Sparbuch, auf dem er DM 120 000,– angespart hat, 3% Zinsen, also DM 3600,– pro Jahr.

Bis Ende 1992 erhielt er diesen Betrag ungekürzt in seinem Sparbuch gutgeschrieben. Ab dem Jahre 1993 (und entsprechend für die Folgejahre) darf die Bank jedoch lediglich in Höhe von 70% (= DM 2520,–) gutschreiben. Die restlichen 30% von DM 3600,–, also DM 1080,–, wird sie sogleich an das Finanzamt überweisen.

Nun ist es aber nicht so, daß Witwer Sparsam diese DM 1080,– endgültig „verloren" hat: Er wird nämlich von der Bank eine Bescheinigung über den entsprechenden Einbehalt zugesandt erhalten. Legt er diese Bescheinigung dem Finanzamt im Rahmen seiner Einkommensteuererklärung vor, werden ihm die DM 1080,– im Rahmen seiner Steuererklärung für das Jahr 1993 angerechnet bzw. erstattet.

Will Witwer Sparsam aber es überhaupt nicht zu einer Zahlung und späteren Erstattung kommen lassen, sondern von vornherein den gesamten Zinsbetrag von DM 3600,– gutgeschrieben erhalten, so kann er dies ohne weiteres erreichen, indem er der Bank einen sogenannten **„Freistellungsauftrag"** erteilt. Hierzu muß man wissen: Ab dem 1. 1. 1993 ist der Sparer-Freibetrag angehoben worden von DM 600,– auf DM 6000,–. Zur Halbierung des Freibetrags ab dem Jahre 2000 siehe Rz. 227 a. Hinzu kommt der Werbungskosten-Pauschbetrag in Höhe von DM 100,–, so daß dem Steuerpflichtigen für seine Zinseinkünfte ab dem 1. 1. 1993 ein jährlicher Freibetrag in Höhe von DM 6100,– zur Verfügung steht. Bis zur Höhe dieses Freibetrags kann er sogenannte „Freistellungsaufträge" an seine Bank richten. Hat er mehrere Konten bei einer Bank oder auch bei mehreren Banken, so kann er den Betrag von DM 6100,– nach Belieben aufteilen. Im Ergebnis darf er freilich nur Freistellungsaufträge stellen über insgesamt maximal DM 6100,–. Gibt Witwer Sparsam also im vorliegenden Fall seiner Bank rechtzeitig einen Freistellungsauftrag über DM 3600,– (oder auch, wenn er keine anderen Konten hat, über einen höheren Betrag oder über den Gesamtbetrag von DM 6100,–), so wird die Bank von vornherein keinerlei Zinsabschlag an das Finanzamt abführen, sondern den Gesamtbetrag von DM 3600,– auf dem Sparkonto gutschreiben.

Vom Zinsabschlag unbehelligt bleiben somit alle diejenigen Personen, die maximal DM 6100,– pro Jahr an Zinseinkünften haben und die einen entsprechenden Freistellungsauftrag an ihr Kreditinstitut richten. Sind höhere Einkünfte vorhanden, so läßt sich der Zinsabschlag nicht vollständig vermeiden. Dies belegt etwa folgendes

Beispiel: Die Eheleute Wolf haben bei ihrer Bank ein Kapitalvermögen von DM 305 000,– zu 8% Zinsen angelegt. Sie haben daher jährliche Zinserträge in Höhe von DM 24 400,–. Damit ihre Bank nicht 30% des gesamten Zinsaufkommens sogleich an das Finanzamt abführt, richten sie dorthin einen Freistellungsauftrag über die höchstzulässige Summe, bei zusammenveranlagten Ehegatten also über DM 12 200,–.

Die Bank wird dies zum Anlaß nehmen, DM 12 200,– Zinsen ungekürzt auszuzahlen bzw. gutzuschreiben und von den restlichen DM 12 200,– 70% den Eheleuten Wolf gutzuschreiben und 30%, immerhin DM 3660,–, sogleich an das Finanzamt überweisen.

Wollen die Eheleute Wolf dies nicht und können sie das entsprechende Kapital auch tatsächlich entbehren, so bietet es sich an, daß sie die Hälfte des Kapitalvermögens, also gerade DM 152 500,–, ihren beiden Töchtern Carmen und Kerstin schenken. Dann erzielen diese jeweils DM 6100,– Zinseinkünfte.

Geben die beiden Töchter dann – wenn sie minderjährig sind, eventuell vertreten durch die Eltern – jeweils Freistellungserklärungen über den Höchstbetrag von DM 6100,– ab, fällt im Ergebnis keinerlei Zinsabschlag an, das heißt, die gesamte „Familie Wolf" erhält die Zinsen ungekürzt ausgezahlt bzw. gutgeschrieben.

Daraus leitet sich ab folgender

224 | **Gestaltungshinweis:**
Wollen Sie die Freistellungsmöglichkeiten bei der Zinsabschlagsteuer voll nutzen, so übertragen Sie Kapitalvermögen auf Ihre Kinder und nutzen Sie deren Freibeträge bei Zinseinkünften durch entsprechende Freistellungsaufträge aus!

Zur Klarstellung sei an dieser Stelle vermerkt: Ist die Schenkung auf die Töchter rechtswirksam erfolgt, so bleiben die Zinserträge völlig legal und auch endgültig steuerfrei. Nicht nur im Hinblick auf den Zinsabschlag und Freistellungsauftrag gelten nämlich die Freibeträge, sondern auch im Hinblick auf die endgültige Versteuerung sind Einkünfte aus Kapitalvermögen nur dann steuerpflichtig, wenn und soweit sie den Betrag von DM 6100,– übersteigen. Bereits an dieser Stelle wird auf die ab dem Jahre 2000 geltende **Halbierung des Sparerfreibetrages** (vgl. i. e. unten Rz. 227 a) verwiesen!

c) Die Verlagerung von Mieteinkünften

Die Verlagerung von Einkünften auf Kinder kommt vor allem im Hinblick auf Zinseinkünfte und Einkünfte aus Vermietung und Verpachtung in Betracht. *225*

Bei Einkünften aus Land- und Forstwirtschaft, aus Gewerbebetrieb sowie aus selbständiger oder auch nichtselbständiger Arbeit ist dies naturgemäß und aus naheliegenden Gründen kaum möglich.

Wie in dem vorstehenden Beispiel deutlich wurde, ist die Übertragung von Kapitalvermögen schon deshalb sehr interessant, weil hier pro Steuerpflichtigem, also insbesondere auch pro Kind, sei es auch noch so klein, ein Freibetrag von DM 6100,– zur Anwendung kommt.

Ein derartiger Freibetrag existiert aber bei Einkünften aus Vermietung und Verpachtung gerade nicht. Ist also die Übertragung einer vermieteten Eigentumswohnung, eines vermieteten Geschäftshauses oder einer verpachteten Gastwirtschaft auf die Kinder damit letztlich uninteressant und unattraktiv im Hinblick auf die Reduzierung der Einkommensteuer?

Sie ist es keineswegs: Man muß sich nämlich vergegenwärtigen, daß es nicht nur spezielle Freibeträge bei den einzelnen Steuerarten gibt. Vielmehr ist – im Grunde genommen ähnlich auch dem Schenkungsteuertarif – der **Einkommensteuertarif** so aufgebaut, daß zunächst ein Grundfreibetrag zur Anwendung kommt, danach der Tarif zunächst mit einem relativ niedrigen Steuersatz beginnt und erst bei relativ hohen Einkommen mit dem Höchststeuersatz von 53% (ab dem Jahre 2000: 51%) endet. Dies bedeutet: Da Kindern der Freibetrag voll zur Verfügung steht und auch Kinder in den Genuß der Progressionsvorteile kommen, ergeben sich unter diesem Aspekt ganz erhebliche Sparmöglichkeiten, wenngleich hier spezielle Freibeträge nicht zur Anwendung kommen.

Dies belegt das nachfolgende

Beispiel: Die Eheleute Birkhof sind Eigentümer eines kleinen aber feinen Geschäftshauses in Koblenz.
Die jährlichen Netto-Mieteinkünfte aus diesem Geschäftshaus betragen DM 60 000,–. Das zu versteuernde Einkommen der Eheleute Birkhof beträgt (ohne die erwähnten Mieteinkünfte) DM 200 000,–. Da die Eheleute Birkhof noch genügend anderweitiges Vermögen haben, schenken sie ihrer Tochter Simone das Geschäftshaus in Koblenz, so daß diese fortan entsprechende Mieteinkünfte hat. Simone ist noch Schülerin und hat keine eigenen Einkünfte.

Vor der Übertragung des Geschäftshauses hatten die Eltern folgende Einkommensteuer zu zahlen:

Zu versteuerndes Einkommen	DM 260 000,–
darauf Einkommensteuer laut Splitting-Tabelle	**DM 92 092,–**

Nach der Übertragung des Geschäftsgrundstücks auf die Tochter Simone stellt sich die Steuerveranlagung der Eheleute Birkhof wie folgt dar:

Zu versteuerndes Einkommen	DM 200 000,–
hierauf Einkommensteuer laut Splitting-Tabelle	DM 61 486,–

Da wir das **„Familieneinkommen"** vor und nach der Schenkung vergleichen, müssen wir zu dieser Steuerbelastung natürlich hinzurechnen die Steuer, die Simone selbst zu zahlen hat. Hier ergibt sich folgendes:

Einkünfte aus Vermietung = zu versteuerndes Einkommen	DM 60 000,–
hierauf Einkommensteuer, Grundtabelle	DM 14 423,–
Hinzu kommt eine Einkommensteuer der Eltern in Höhe von (s. o.)	DM 61 486,–
so daß die Familie insgesamt Einkommensteuer zahlt in Höhe von	DM 75 909,–

Da die Eltern aber, bevor sie das Geschäftshaus an
Simone schenkten, Einkommensteuer zu zahlen
hatten in Höhe von   DM   92 092,–
ergibt sich eine Steuerersparnis in Höhe von   DM   16 183,–

Hinzu kommt noch der Solidaritätszuschlag (derzeit 5,5%)
und, wenn die Birkhofs nicht aus der Kirche ausgetreten sind,
die Kirchensteuer (8 oder 9%, je nach Bundesland). Wohnen
alle Familienmitglieder in Rheinland-Pfalz (Kirchensteuer 9%),
so ergibt dies:

Einkommensteuerersparnis (s. o.)   DM   16 183,–
darauf SolZ, 5,5%   DM   890,–
sowie KiSt, 9%   DM   1 456,–
macht zusammen   DM   18 529,–

Vorstehendes ist – wohlgemerkt pro Jahr – der Betrag, den die
Familie Birkhof mehr in der „Familienkasse" hat.
   Hierzu folgender

Gestaltungshinweis: *226*
Auch wenn spezielle Freibeträge nicht zur Anwendung kommen, ergeben sich aus der Ausnutzung des Grundfreibetrages
sowie der Progressionswirkung des Steuertarifs ganz erhebliche Steuerersparnisse, wenn Einkunftsquellen, insbesondere
Miethäuser oder Eigentumswohnungen, auf die Kinder
übertragen werden.

**d) Ausnutzung sowohl des Sparer-Freibetrags als auch der
   Tarifprogression**

Aus den vorstehenden beiden Abschnitten ergibt sich im   227
Grunde schon, daß die Spareffekte sich noch vergrößern, wenn
sowohl Grundfreibetrag und Tarifwirkung (wie im gerade vorausgegangenen Beispiel) als auch die zusätzliche Ausnutzung
des Sparer-Freibetrages (wie in dem Beispiel in Rz. 223) zusammenkommen.
   Dies kann verdeutlicht werden an dem folgenden, das letzte
Beispiel leicht abwandelnden

Beispiel: Nehmen wir an, das Geschäftsgrundstück erbringe nicht eine Jahres-Netto-Miete von DM 60 000,–, sondern lediglich eine solche von DM 50 000,–. Nehmen wir aber weiter an, die Eheleute Birkhof, vermögend und auch großzügig, schenkten ihrer Tochter gleichzeitig mit dem fraglichen Geschäftshaus noch einen Teil ihres Kapitalvermögens, nämlich DM 200 000,–, die die Tochter Simone dann mit 5% verzinslich anlegt. Zu den DM 50 000,– Mietüberschüssen hätte sie dann eben noch jene DM 10 000,– Zinseinkünfte, zusammen also DM 60 000,– und damit exakt ebensoviel wie in dem vorstehenden Beispiel an „reinen Mieteinkünften".

Da in dem zuletzt genannten Beispiel aber zusätzlich der für Kapitaleinkünfte geltende Freibetrag von insgesamt DM 6 100,– (für das Jahr 2000: s. u. Rz. 227 a!) zur Anwendung kommt, würde Simone lediglich folgende Einkommensteuer zu zahlen haben:

Einkünfte aus Vermietung und Verpachtung		DM 50 000,–
Einkünfte aus Kapitalvermögen		DM 10 000,–
abzüglich Freibetrag	./.	DM 6 100,–
zu versteuerndes Einkommen		DM 53 900,–
hierauf Einkommensteuer laut Grundtabelle		**DM 12 358,–**

Die Tatsache, daß Simone nunmehr auch den Freibetrag bei den Kapitaleinkünften ausnutzen kann, bringt also gegenüber der Übertragung von ausschließlich Mieteinkünften einen zusätzlichen (vgl. oben Rz. 225) Spareffekt (ohne Kirchensteuer und Solidaritätszuschlag, die diesen Effekt nochmals erhöhen) von über DM 2000,– pro Jahr.

227a   Auf eine **wichtige Änderung** im Hinblick auf den **Sparerfreibetrag** sei an dieser Stelle hingewiesen: Durch das „Steuerentlastungsgesetz 1999/2000/2002" ist mit Wirkung ab dem Veranlagungszeitraum 2000 der **Sparerfreibetrag** exakt **halbiert** worden. Er beträgt also ab da nur noch 3000,– DM und für Ehegatten 6000,– DM. Hinzu kommt gegebenenfalls der – ungeschmälert gebliebene – Werbungskosten-Pauschbetrag in Höhe von 100,– DM bzw. 200,– DM, falls nicht im Einzelfall höhere Werbungskosten (zum Beispiel Depotgebühren) nachgewiesen werden. Dies führt dazu, daß in allen vorbezeichneten Beispielen ab dem Jahre 2000 anstelle der dortigen Höchstbeträge die

Beträge von 3100,– DM bzw. 6200,– DM (Ehegatten) einzusetzen sind. Trotz der damit im Einzelfall gegebenenfalls eingeschränkten Steuervorteile bleiben die Gestaltungshinweise gleichwohl gültig. Damit nicht in jedem Falle neue **Freistellungsaufträge** gestellt werden müssen, was für den Steuerpflichtigen lästig und für die Banken mit erheblichem Verwaltungsaufwand verbunden wäre, hat der Gesetzgeber in der Überleitungsvorschrift zu § 44a EStG folgendes geregelt: Hat der Steuerpflichtige einen Freistellungsauftrag vor dem 1. 1. 2000 unter Beachtung der bis dahin geltenden Sparerfreibeträge erteilt, so darf (und muß) die Bank den angegebenen Freistellungsbetrag nur bis zur Hälfte berücksichtigen. Dies bedeutet: Hat Herr Müller bei der A-Bank einen Freistellungsauftrag abgegeben in Höhe von 4000,– DM und bei der B-Bank in Höhe von 2000,– DM, so wird die A-Bank künftig pro Kalenderjahr Zinsen lediglich bis maximal 2000,– DM ohne Zinsabschlag auszahlen dürfen und die B-Bank lediglich bis zur Höhe von 1000,– DM. Dies gilt solange, bis Herr Müller nach dem 31. 12. 1999, wozu er berechtigt, aber nicht verpflichtet ist, der Bank nichts anderweitiges mitteilt, insbesondere keine anderweitige Aufteilung des Freistellungsauftrages vornimmt. Hinsichtlich des Werbungskosten-Pauschbetrages (100,– DM bzw. bei Ehegatten 200,– DM), der ja auch künftig ungekürzt gelten wird, hat der Gesetzgeber lediglich eine eingeschränkte Weitergeltung angeordnet: Nur wenn im Freistellungsauftrag der gesamte Sparer-Freibetrag (also 6000,– DM bzw. bei Ehegatten 12000,– DM) enthalten war **und** der gesamte Werbungskosten-Pauschbetrag, ist letzterer in voller Höhe zu berücksichtigen. Haben also die Eheleute Müller, die ausschließlich Bankkonten bei der C-Bank haben, dort einen Freistellungsauftrag über 12200,– DM (voller Sparer-Freibetrag und voller Werbungskosten-Pauschbetrag) angegeben, ist die Bank berechtigt und verpflichtet, ihn, ohne daß es eines Änderungsantrages der Eheleute Müller bedarf, künftig in Höhe von 6200,– DM zu berücksichtigen.

e) Exkurs: Das Ende des klassischen „Zweikonten-Modells"!

In der Vorauflage war das nachfolgende **Beispiel** noch eingehend erläutert worden:

228

Dachdeckermeister Willi Ziegel hatte sich einen kleinen aber feinen Dachdecker-Betrieb aufgebaut. Private Ersparnisse hatte er keine, weil er jede Mark sofort in die Firma gesteckt hatte, die daher praktisch ohne Fremdkapital wirtschaftete. Da der Betrieb ordentlich lief, versteuerte er nicht unerhebliche Einkünfte aus Gewerbebetrieb und zahlte dementsprechende Einkommensteuer.

Sodann war erläutert worden, daß es dem Steuerpflichtigen nach der höchstrichterlich abgesegneten und danach auch von der Verwaltung anerkannten Rechtsansicht freisteht, wie er seinen Gewerbebetrieb oder auch seine freiberufliche Praxis **finanziert.** Das heißt: Anstatt jede verdiente Mark sofort wieder in den Betrieb zu stecken, hätte Meister Ziegel durchaus privat Gelder sparen können und umgekehrt betriebliche Investitionen mit entsprechenden betrieblichen Krediten finanzieren können. Niemand konnte ihm – so war dargelegt worden – verwehren, sämtliche Betriebsausgaben über ein bestimmtes Bankkonto laufen zu lassen, das sodann zwangsläufig ins Soll geriet, und die Betriebseinnahmen auf ein anderes Konto (daher: „Zweikonten-Modell") fließen zu lassen und von diesem Konto dann entsprechend höhere Entnahmen zu tätigen, die dann mindestens zum Teil zum Aufbau von entsprechendem (privaten) Kapitalvermögen (z. B. Festgeld) verwandt werden.

Dies hatte dann folgende Konsequenz: Legte er auf diese Weise z. B. DM 200 000,– mit 6% Zinsen an und erzielte er demgemäß DM 12 000,– Zinsen im Jahr, so waren diese Zinsen (wir unterstellen: Er war verheiratet und wurde mit seiner Ehefrau zusammen veranlagt) steuerfrei, da sie den Freibetrag (zusammen DM 12 200,–) nicht überstiegen. Die von den Eheleuten Ziegel zu versteuernden „Einkünfte aus Gewerbebetrieb" minderten sich aber um die Zinsen, die Herr Ziegel an seine Bank zahlen mußte und die bei ihm Betriebsausgaben darstellten. Zahlte er hier beispielsweise 7,5% Kreditzinsen für sein Darlehen, also DM 15 000,– Zinsen pro Jahr, so zahlte er zwar an und für sich über den Betrieb DM 3000,– mehr an Soll-Zinsen, als er privat an Haben-Zinsen (DM 12 000,–) einnahm. Da er jedoch – eben weil die DM 15 000,– Kreditzinsen bei ihm Betriebsausgaben darstellen – DM 15 000,– pro Jahr weniger zu versteuern hatte, brachte ihm dies eine nicht unerhebliche steuerliche Entlastung.

Vorstehendes gilt heute nicht mehr bzw. nur noch mit ganz *229*
erheblichen Einschränkungen: Durch das bereits mehrfach angesprochene „Steuerentlastungsgesetz 1999/2000/2002" hat der
Gesetzgeber in § 4 des Einkommensteuergesetzes (EStG) einen
neuen Absatz (4a) eingeführt. Dort ist nicht nur geregelt
(Ziffer 1), daß bei einem einheitlichen Konto für betriebliche
und private Zahlungsvorgänge nur der durch betrieblich veran-
laßte Zahlungsvorgänge entstehende Saldo maßgebend ist. In
Ziffer 2 ist vielmehr weiterhin geregelt, daß dann, wenn der
Steuerpflichtige für die Abwicklung des betrieblichen Zahlungs-
verkehrs mehrere Konten unterhält, insbesondere bei Kreditin-
stituten, deren Bestände zusammenzufassen sind. Ist dieser
zusammengefaßte Bestand negativ und erhöht sich der Nega-
tivbetrag durch eine Entnahme, sind die hierauf nach der Zins-
staffelmethode entfallenden **Schuldzinsen keine Betriebsausgaben.** Die Abhebung (Entnahme) von einem Haben-Konto
vermeidet also nicht zuverlässig die Nichtabzugsfähigkeit, wenn
die Soll-Salden höher sind (negativer Gesamtsaldo). Neben
weiteren Detailbestimmungen, die eine Umgehung dieser Vorschrift verhindern sollen und die hier nicht näher erörtert
werden können, ist die in der Praxis ebenfalls bedeutsame Bestimmung hinzugekommen, daß bei **Entnahme von Wirtschaftsgütern des Anlagevermögens** für deren Anschaffung, Herstellung oder Erhaltung nach dem Zeitpunkt der Entnahme
aufgewandten Schuldzinsen nicht mehr als Betriebsausgaben
abgezogen werden können. Entsprechendes gilt im Falle der
Veräußerung, wenn und soweit der Veräußerungserlös nicht
wiederum dem Betrieb zugeführt wird.

Auf den ersten Blick lesen sich diese Bestimmungen so, als ob
der Steuerpflichtige bei jeglicher Entnahme Angst haben muß,
die Abzugsfähigkeit seiner Fremdkapitalzinsen zu gefährden.
Dies kann selbstverständlich nicht die Konsequenz der Neuregelung sein. Indessen ist die Bandbreite der Zinsen, deren betriebliche Veranlassung die Finanzverwaltung über den neu
eingefügten § 4 Abs. 4a EStG in Frage stellen wird, sehr viel
größer geworden. Wie die Finanzämter, insbesondere bei Be-
triebsprüfungen, die Neuregelung handhaben und wie sich die
Praxis darauf einstellt, insbesondere welche konkreten Gestal-

tungsempfehlungen sich als brauchbar herausstellen werden, bleibt abzuwarten. Jedenfalls ist der Steuerpflichtige gut beraten, wenn er bei jeder anstehenden Investition sicherstellt, daß die Finanzierung nicht einfach über das Girokonto erfolgt, sondern der benötigte Kredit zeitnah vor der Anschaffung und speziell zugeschnitten auf die entsprechende Anschaffung (Stichwort „Objektkredit") aufgenommen wird. Es gilt daher folgender

230

Gestaltungshinweis:

Verwenden Sie noch mehr Aufmerksamkeit als bisher auf die exakte Zuordnung betrieblicher und privater Zahlungsvorgänge. Beachten Sie insbesondere bei Entnahmen von betrieblichen Konten, daß dadurch kein Soll-Saldo entsteht oder sich ein solcher Soll-Saldo erhöht. Bei anstehenden Investitionen finanzieren Sie nicht über Girokonto, sondern nehmen Sie einen speziell auf die Investition bezogenen Kredit („Objektkredit") auf. Bei der Veräußerung von Wirtschaftsgütern, auch bei der Veräußerung eines ganzen Unternehmens, wollen Sie bitte beachten, daß die zur Finanzierung der entsprechenden Wirtschaftsgüter aufgewandten Schuldzinsen anschließend nicht mehr als Betriebsausgaben abzugsfähig sind, soweit der auf sie entfallende Veräußerungserlös entnommen und nicht wiederum dem Betrieb zugeführt worden ist.

231–240   *(einstweilen frei)*

II. Schenkung und Vermögensteuer

1. Allgemeines

241   Die Erhebung der Vermögensteuer ist geregelt im Vermögensteuergesetz (VStG) vom 14. 11. 1990 (BGBl. I 1990 S. 2467). Danach ist bei unbeschränkt Steuerpflichtigen das nach Abzug der Freibeträge vom Gesamtvermögen verbleibende Vermögen nach den Verhältnissen zu Beginn des Kalenderjahres mit einem Steuersatz zwischen 0,5% und 1,0% zu besteuern.

Einzelheiten zur Berechnung der Vermögensteuer und zum Verhältnis bzw. zu Berührungspunkten zwischen Schenkung und Vermögensteuer sind gegebenenfalls nachzulesen in der ersten und zweiten Auflage dieses Buches.

2. Das Ende der Vermögensteuer

Das Bundesverfassungsgericht hat bekanntlich mit seinem *242* richtungsweisenden Beschluß vom 22. 6. 1995 (BStBl. II 1995 S. 655) festgestellt, die Erhebung der Vermögensteuer mit einem einheitlichen Steuersatz für einheitswertgebundenes und für anderes Vermögen sei mit dem Grundgesetz unvereinbar. Gleichwohl dürfe das VStG, um eine stetige Veranlagung der Vermögensteuer zu gewährleisten, bis zum 31. 12. 1996 weiter angewandt werden. Bis dahin habe der Gesetzgeber Gelegenheit, entweder eine grundsätzliche und den Anforderungen des Bundesverfassungsgerichts genügende Neufassung oder zumindest eine längstens auf fünf Jahre befristete Übergangslösung zu beschließen.

Von beidem hat der Gesetzgeber nach kontroversen politischen Diskussionen keinen Gebrauch gemacht. Insbesondere enthält das bereits mehrfach erwähnte Jahressteuergesetz 1997 vom 20. 12. 1996 (BGBl. I 1996 S. 2049) keinerlei Aussagen zur Vermögensteuer, so daß das Vermögensteuergesetz also nach wie vor formal erhalten geblieben ist. Aufgrund der zitierten Entscheidung des Bundesverfassungsgerichts kann die Vermögensteuer aber ab dem 1. 1. 1997 (dies ist der erste betroffene Stichtag) nicht mehr erhoben werden. Sie ist damit praktisch abgeschafft. Daß dies freilich nicht bedeuten kann, daß auch die auf die Zeit **vorher** entfallende Vermögensteuer nicht mehr erhoben werden könne, wenn der entsprechende Steuerbescheid nicht spätestens in 1996 ergangen ist, ist mittlerweile höchstrichterlich geklärt. Die bisherige Darstellung in diesem Buch zur Vermögensteuer konnte damit ab der 3. Auflage entfallen.

Ob das entsprechende Kapitel nicht irgendwann eine „Reaktivierung" erfahren wird, ist keinesfalls sicher. Auch die Grunderwerbsteuer (dazu sogleich unten) wurde 1983 von 7% auf 2% gesenkt und mit Wirkung ab dem 1. 1. 1997 wiederum auf 3,5% erhöht.

Nur Optimisten nehmen daher an, daß die Vermögensteuer „auf ewig" begraben ist. Realisten neigen eher zu der Annahme, daß sie – wenngleich unter einem anderen Namen, mit anderer Begründung und mit modifizierten Anknüpfungspunkten – irgendwann wieder aus der Versenkung auftauchen wird. Der Erfindungsreichtum der Steuerpolitiker auf der Suche nach Steuerquellen ist bekannt. Jedenfalls aber bleiben die nachfolgenden Randziffern zumindest „einstweilen" frei!

243–250   *(einstweilen frei)*

III. Schenkung und Grunderwerbsteuer

1. Allgemeines

251   Schenkungen wurden im Hinblick auf die Vermögensteuer und insbesondere im Hinblick auf die Einkommensteuer vor dem Hintergrund betrachtet, daß sie als bewußtes Gestaltungsmittel eingesetzt werden können, um die künftige regelmäßige Belastung mit diesen Steuern, insbesondere der Einkommensteuer, zu reduzieren. Systematisch gesehen ist somit die Schenkung jeweils der eine Vorgang, die danach sich ändernde Zuordnung der Einkunftsquelle (Einkommensteuer) bzw. des Vermögens (Vermögensteuer) für die Zukunft der andere. Der Gegenstand der Schenkungsteuer und der Gegenstand der Einkommensteuer bzw. Vermögensteuer ist also jeweils ein anderer.

Nicht so ist die Situation aber bei der Grunderwerbsteuer: Wird ein Grundstück verschenkt, so ist dieser Übertragungsakt sowohl Gegenstand der schenkungsteuerlichen als auch der grunderwerbsteuerlichen Betrachtung. Es geht also stets um **denselben und** auch nur **um einen einzigen Vorgang.** Die Frage nach dem Zusammenhang beider Steuern (Grunderwerbsteuer und Schenkungsteuer) stellt sich somit nicht unter dem Gesichtspunkt der Gestaltung, sondern unter dem Gesichtspunkt, wie beide zueinander stehen.

2. Das Verhältnis von Schenkungsteuer und Grunderwerbsteuer

Das Verhältnis von Schenkungsteuer und Grunderwerbsteuer *252* läßt sich leicht demonstrieren an folgendem kurzen

Beispiel: Frau Wiegel schenkt ihrem Neffen Frank ein Grundstück, das einen Wert (Verkehrswert) hat in Höhe von DM 300 000,– und einen Grundbesitzwert in Höhe von DM 180 000,–. Sie fragt, ob sie die üblichen 3,5% (ab dem 1. 1. 1997; vorher 2%) Grunderwerbsteuer zahlen muß oder auch oder möglicherweise nur eine etwa anfallende Schenkungsteuer.

Einschlägig ist hier § 3 Nr. 2 Grunderwerbsteuergesetz (GrEStG): Danach sind unter anderem nicht grunderwerbsteuerpflichtig Grundstücksschenkungen unter Lebenden im Sinne des Erbschaftsteuer- und Schenkungsteuergesetzes. Daraus folgt: Da vorliegend eine Schenkung im Sinne des ErbStG vorliegt, ist die Grundstücksschenkung nicht gleichzeitig grunderwerbsteuerpflichtig. Es fällt also keine Grunderwerbsteuer an.

Vorstehendes gilt – um dies klarzustellen – unabhängig davon, ob im konkreten Fall auch Schenkungsteuer anfällt oder nicht, beispielsweise, weil der (für Zwecke der Schenkungsteuer zu ermittelnde) Grundbesitzwert des entsprechenden Grundstückes unter dem im Einzelfall für die Schenkungsteuer geltenden Freibetrag (oben Rz. 117) liegt. Ist letzteres der Fall, so ist die entsprechende Grundstücksschenkung also weder schenkungsteuer- noch grunderwerbsteuerpflichtig.

(einstweilen frei) *253–270*

Teil 4: Erbschaftsteuer

Aus § 1 Abs. 1 Nr. 1 ErbStG ergibt sich, daß der Erwerb von 271
Todes wegen steuerpflichtig ist. Hierbei knüpft die Erbschaftsteuerbelastung an drei Kriterien an: Die persönliche Steuerpflicht, den steuerpflichtigen Erwerb und den Steuersatz. Bei
allen Maßnahmen der Steuerplanung wird versucht, jeweils
eines dieser Merkmale zu verändern, um die Steuer zu minimieren.

I. Persönliche Steuerpflicht

Das Erbschaftsteuergesetz läßt die Steuerpflicht bei Erwerben 272
von Todes wegen sowie bei Vorliegen von Ergänzungs- und
Ersatztatbeständen dazu (wie Pflichtteilsgeltendmachung, Ver-
mächtniserhalt etc.) eintreten, wenn entweder der Erblasser zur
Zeit seines Todes oder der Erwerber zur Zeit der Steuerentste-
hung Inländer ist. In diesem Fall entsteht die unbeschränkte
Steuerpflicht auf den gesamten Vermögensanfall einschließlich
des Auslandsvermögens (§ 2 Abs. 1 ErbStG).

1. Unbeschränkte Steuerpflicht

§ 2 Abs. 1 Nr. 1 S. 2 ErbStG definiert, wer Inländer ist: Insbe- 273
sondere fallen darunter natürliche oder juristische Personen mit
gewöhnlichem Aufenthalt oder **(Wohn-)Sitz** im Inland, wobei
es gleichgültig ist, ob diese Personen inländisches oder ausländisches Vermögen erhalten. In 1989 sorgte der BFH für gehörige
Verwirrung, als er in Abkehr von seiner bisherigen Rechtsprechung urteilte, Steuersubjekt sei nicht nur die rechtsfähige Per-
sonenvereinigung wie die Körperschaft oder die Stiftung, sondern auch **nicht rechtsfähige Personengesellschaften.**
Nicht das Verwandtschaftsverhältnis des Zuwendenden zu
den einzelnen Personengesellschaftern sei damit für die Bestimmung der Erbschaftsteuerklasse maßgeblich, sondern die Personengesellschaft selbst sei Geber oder Nehmer mit der Folge, daß

die ungünstigste Erbschaftsteuerklasse III (oben Rz. 115) zur Anwendung komme. Zwischenzeitlich hat der BFH (BStBl. 1995 II 81) sich jedoch von dieser Fehlsicht wieder abgewendet; Zuwendungsempfänger ist der einzelne Gesamthänder, nicht die Gesellschaft, so daß das jeweilige Verwandtschaftsverhältnis zwischen Erblasser und Erwerber für die Erbschaftsteuer (wieder) entscheidend ist.

274   Allerdings sind nicht alle Vermögenstransfers zwischen Gesellschaft und Gesellschafter schenkung- oder erbschaftsteuerpflichtig.

Beispiel: Axel ist Gesellschafter der Axel GmbH. Er überträgt auf seine GmbH ein Grundstück gegen Gewährung von Gesellschaftsrechten.

Dieser Vorgang ist in der Regel nicht steuerbar, weil zwar das Privatvermögen des A um das weggegebene Grundstück verringert, aber in gleichem Umfang sich sein Betriebsvermögen in Form seines Geschäftsanteils aufbaut und er insofern weder entreichert noch bereichert wird.

Vermögenstransfers wie **Einlagen, Gewinnausschüttungen, Kapitalrückzahlungen** etc. sind somit **nicht steuerbar;** sie haben ihren Rechtsgrund in der mitgliedschaftlichen Förderungspflicht (s. R 18 Abs. 2 ErbStR).

275   Will aber der Zuwendende das Gesellschaftsvermögen verstärken, so stellt sich die Frage, ob er damit seine Mitgesellschafter bereichern will oder nur die Gesellschaft selbst, auch wenn dies mittelbar den Gesellschaftern zugute kommt. So hat der BFH ausdrücklich entschieden, daß der mittelbare Wertzuwachs, den eine Beteiligung durch eine Vermögenserhöhung zugunsten der Gesellschaft erfährt, für die Gesellschafter nicht erbschaftsteuerpflichtig sei (ZEV 1996, 396).

Beispiel: Die Erblasserin setzt die von ihr gegründete GmbH, an der ihre Kinder beteiligt sind, als Alleinerbin ein.

Nicht die einzelnen Gesellschafter dieser Gesellschaft, sondern die Gesellschaft selbst ist der Erwerber, die zivilrechtlich und damit auch steuerrechtlich in eigener Rechtszuständigkeit Rechte erwerben oder übertragen kann (§ 13 Abs. 1 GmbHG).

Die Folge wird sein, daß die Gesellschaft den Nachlaß in Erbschaftsteuerklasse III insofern hoch steuerbelastet empfängt.
Hätte die Erblasserin statt der Gesellschaft dagegen die Gesellschafter bedacht, wäre derselbe wirtschaftliche Effekt, allerdings
mit einer wesentlich geringeren Steuerbelastung erzielt worden:
Dann nämlich wäre das Verwandtschaftsverhältnis zwischen der
Erblasserin und deren Kindern maßgeblich gewesen!

Beispiel: Die Erblasserin wendet ein Vermögen von 1 Mio. DM ihrer
Gesellschaft zu, an der nach ihrem Tod ausschließlich ihre Tochter
beteiligt ist.

Die Steuerbelastung der Gesellschaft wird unter Vernachlässigung der Steuerfreibeträge in Erbschaftsteuerklasse III 29%, für
die Tochter dagegen in Erbschaftsteuerklasse I nur 15% betragen
(vgl. dazu R 18 ErbStR).

Gestaltungshinweis:
Gerade wenn eine Gesellschaft finanziell verstärkt werden
soll, muß darauf geachtet werden, daß im Verhältnis zu ihr
kein schenkung- oder erbschaftsteuerlicher Tatbestand verwirklicht wird.

Wie bereits gesagt, die unbeschränkte Steuerpflicht beim in-   *276*
ländischen Erwerber oder inländischen Erblasser erstreckt sich
nicht nur auf Inlandsvermögen, sondern auch auf **Nicht-
Inlandsvermögen.** Hierbei ist von besonderer Bedeutung, daß
gerade das auch nach der Erbschaftsteuerreform immer noch
günstige Grundstücksbewertungssystem des deutschen Steuerrechts im Ausland unbekannt ist (vgl. oben Rz. 127).

Beispiel: Der Industrielle vermacht seine Luxusvilla in St. Tropez
mit einem Wert von DM 3 Mio. seiner Lebensgefährtin.

Diese muß hierauf 35% Erbschaftsteuer entrichten, so daß sie
voraussichtlich nicht in den Genuß des Vermächtnisses kommen
wird, weil sie zur Aufbringung der Steuer das Objekt verkaufen
muß! Hätte dagegen dieselbe Villa am Starnberger See gelegen,

so hätte der (nach §§ 146 Abs. 6, 145 Abs. 3 BewG alleine maßgebliche) Grundstückswert den Betrag von DM 1,2 Mio. voraussichtlich nicht überschritten, so daß die Belastung „nur" ca. 400 000,– DM statt mehr als eine Mio. DM betragen hätte! Gerade auch mit diesem Beispiel wird der mit dieser Erbschaftsteuerreform verwirklichte Effekt nochmals deutlich, daß Nichtverwandte „gewonnen" haben: Denn nach altem Erbschaftsteuerrecht hätte die Lebensgefährtin noch rund DM 1,56 Mio. an Erbschaftsteuern zahlen müssen! Außerdem zeigt das Beispiel, daß Gebäude, die auf hochpreisigem Grundstück errichtet werden, praktisch erbschaftsteuerneutral bleiben: Bei **Hochpreislagen** zählt nur das Grundstück.

Beispiel: Vater schenkt Sohn ein hochpreisiges Grundstück mit Steuerwert von 1 Mio. DM. Er kann ohne zusätzliche Erbschaftsteuerbelastung hierauf ein Gebäude errichten, ohne daß dies auf den zur Schenkungsteuer allein maßgeblichen Grundstückswert sich auswirkte!

Gestaltungshinweis:

Bei hochpreisigen Grundstückslagen kann der Schenker/ Erblasser das Gebäude steuerfrei in den Vermögenstransfer einbeziehen!

---

277   Inländer ist der Erblasser oder Erwerber, ungeachtet seiner Staatsangehörigkeit, schon dann, wenn er hier einen **Wohnsitz** oder den **gewöhnlichen Aufenthalt** hat.

Diese in §§ 8 und 9 der Abgabenordnung definierten Begriffe, die im gesamten Steuerrecht einheitlich angewendet werden, besagen, daß entweder der Erwerber/Erblasser sich mehr als 183 Tage in der Bundesrepublik aufgehalten hat (gewöhnlicher Aufenthalt) oder er hier seinen Wohnsitz hat, das heißt, daß er – möglicherweise auch neben anderen Wohnsitzen – Räumlichkeiten, die zum Wohnen geeignet sind, in einer Form hier unterhält, daß er sie nach Belieben nutzen kann.

Beispiel: Ein Industrieller hat sich nach seinem aktiven Leben in die Schweiz abgesetzt. Weil er aber jährlich zweimal für je 3 Wochen in der Bundesrepublik zur Jagd geht, hat er eine Jagdhütte in einem gemieteten Jagdrevier beibehalten.

Das reichte dem BFH aus, hier seinen Wohnsitz und damit die unbeschränkte Steuerpflicht anzunehmen.

Gerade persönliche Dinge wie Toilettenartikel, Zahnbürste, Bettwäsche etc., die in Räumlichkeiten verwahrt werden, deuten auf die Beibehaltung des Wohnsitzes im steuerrechtlichen Sinne hin.

(einstweilen frei) *278–280*

2. Beschränkte Steuerpflicht

Ist dagegen weder der Erblasser noch der Erbe Inländer, so *281* tritt Erbschaftsteuerpflicht nur bei Weitergabe von sogenanntem **Inlandsvermögen** ein.

Was darunter zu verstehen ist, wird gesetzlich festgestellt in *282* § 121 des Bewertungsgesetzes: Nicht alles das, was im Inland liegt, ist gleichzeitig Inlandsvermögen, sondern nur die dort · abschließend aufgeführten Vermögensteile wie **Grundvermögen, Betriebsvermögen, Anteile** an Kapitalgesellschaften, die den Sitz oder die Geschäftsleitung im Inland haben und an denen der Steuerpflichtige mit mindestens 10% beteiligt ist, **stille Beteiligungen** an inländischen Unternehmen und ähnliches. Nicht erwähnt ist in diesem Katalog Geldvermögen, so daß dieses auch kein Inlandsvermögen darstellt, selbst wenn es im Inland aufbewahrt wird.

Beispiel: Der Erblasser, der Franzose François, hat in Deutschland ein wertvolles Geschäftshaus mit einem Grundstückswert von DM 1 Mio., das er seiner ebenfalls in Frankreich lebenden Ehefrau vererben möchte.

Da das Grundvermögen im Inland belegen ist, ist der Vorgang in Deutschland erbschaftsteuerpflichtig, wobei zu beachten ist, daß lediglich ein pauschaler Steuerfreibetrag von nur DM 2000,– zur Anwendung kommt (§ 16 Abs. 2 ErbStG)! Der Reformgesetzgeber hat übrigens diesen wirtschaftlich unbedeutenden Freibetrag unverändert gelassen, obwohl auch er infolge der Kaufkraftentwicklung der Anpassung bedurft hätte.

Der Erblasser, François, kann jedoch **Einfluß auf die Steuer-** *283* **folge** nehmen:

So zum Beispiel kann er vermeiden, daß seine Ehefrau „Inlandsvermögen" erhält, indem er wie folgt verfährt:

Er beruft zum Erben einen Deutschen, der damit das inländische Grundstück erhält. Er belastet den Erben zugleich mit einem Vermächtnis zugunsten seiner, des Erblassers, Ehefrau, dieser den Wert des Hauses in Geld zu übertragen.

Erfolg der Gestaltung: Da der Erbe mit einem den gesamten Wert des Nachlasses erreichenden Vermächtnis belastet ist, hat er nichts zu versteuern. Die Ehefrau des Erblassers, die selbst nicht Inländerin ist, erhält Geldvermögen, das aber, weil nicht im Katalog von § 121 Bewertungsgesetz aufgeführt, ihr steuerfrei zugeht.

Gestaltungshinweis:

Nicht-Inländern sollte möglichst kein Inlandsvermögen im Sinne des § 121 BewG zugewandt werden.

---

284   In der gleichen Form kann Erbschaftsteuer vermieden werden, indem Beteiligungen an Kapitalgesellschaften nicht über die magische Schwelle von 10% hinaus angehoben werden, weil sie dann nämlich noch kein Inlandsvermögen im Sinne dieser Vorschrift des § 121 BewG sind.

285   Natürlich hat der nicht inländische Erwerber in jedem Fall die Zuwendung nach dem für ihn gültigen **ausländischen Erbschaftsteuerrecht,** falls es ein derartiges gibt, zu versteuern. Wohnt er aber beispielsweise in Monaco, wo es kein Erbschaftsteuerrecht gibt, so fließt ihm die Zuwendung dort vollständig steuerfrei zu.

286   In den meisten europäischen Staaten dagegen gibt es der Erbschaftsteuer vergleichbare Normen, so daß es hier durchaus zu Doppelbelastungen sowohl mit deutscher wie auch mit ausländischer Erbschaftsteuer kommen kann **(Doppelbesteuerung).** Lediglich mit den Staaten Griechenland, Schweden, Österreich, Schweiz, USA und Dänemark bestehen Doppelbesteuerungsabkommen (DBA), die die internationale Doppelbesteuerung bei Erwerben von Todes wegen vermeiden. Diese sogenannten

ErbSt-DBA sind meist auf **Erwerbe von Todes wegen** beschränkt und erfassen damit keine Schenkungen unter Lebenden; etwas anderes gilt jedoch für die auch Schenkungen erfassenden ErbSt-DBA mit den **USA,** mit **Schweden** und mit **Dänemark.** Primär soll nach den Regeln des Doppelbesteuerungsabkommens der Staat mit seiner Besteuerung zum Zuge kommen, in dem der Erblasser zum Zeitpunkt seines Todes den Wohnsitz hatte. Bei Doppelzuständigkeit etwa durch die Belegenheit einer Sache als Inlandsvermögen und Wohnsitzbesteuerung des ausländischen Staates regelt sich dann die Frage, wem unter Vermeidung einer Doppelbelastung durch beide Steuerhoheiten die Steuer denn zusteht, nach dem DBA.

Bestehen keine Doppelbesteuerungsabkommen, wie in der *287* Mehrzahl der völkerrechtlichen Verbindungen, kommt es zu einer Mehrfachbelastung des Nachlasses jeweils nach dem maßgeblichen Erbschaftsteuerrecht für Erblasser und Erben nach dem **Wohnsitzrecht,** der lex domicilii, oder dem **Recht des Belegenheitsstaates,** wo der Nachlaß liegt, nach der sogenannten lex rei sitae.

Hier hilft allerdings die spezielle Bestimmung des § 21 *288* ErbStG, wonach die ausländische Erbschaftsteuer **Anrechnung** findet auf die deutsche Erbschaftsteuer; gibt es dagegen keine der deutschen Erbschaftsteuer vergleichbare ausländische Erbschaftsteuer, sondern etwa nur eine Gewinnsteuer (z.B. die kanadische capital gains tax), so wird der deutsche Steuerpflichtige nur dadurch entlastet, daß seine Steueraufwendungen im Ausland als **Erwerbskosten** des Nachlasses abgesetzt werden, wodurch sich die Bemessungsgrundlage für die deutsche Erbschaftsteuer mindert.

Beispiel: Der in Monaco ansässige Fabrikant Fritz hinterläßt seiner in Deutschland lebenden Tochter Wohnungen und ein Geschäftshaus in Köln mit einem Steuerwert von zusammen DM 3 Mio., sowie einen Wohnblock in Madrid mit einem Verkehrswert von DM 2 Mio.

Die Tochter zahlt in Deutschland auf einen Nachlaß von insgesamt DM 5 Mio. Erbschaftsteuern. Denn da sie Inländerin ist,

wird auch das Auslandsvermögen von der deutschen Erbschaftsteuer miterfaßt. Da mit Spanien kein ErbSt-DBA besteht,
ist das Besteuerungsrecht der Bundesrepublik insoweit auch
nicht eingeschränkt.

Darüber hinaus schuldet die Tochter dem spanischen Fiskus
Erbschaftsteuer auf das in Spanien gelegene Objekt, und zwar
umgerechnet ca. DM 150000,–.

289   **Auf Antrag** kann die Tochter die in Spanien festgesetzte Erbschaftsteuer auf die deutsche Erbschaftsteuer nach § 21 ErbStG
mit dem gezahlten Betrag **anrechnen** lassen, allerdings höchstens mit dem Betrag, bis zu dem das Auslandsvermögen im
Inland versteuert werden würde.

Berechnung:

Steuerpflichtiger Nachlaß:	DM 5 000 000,–
./. Freibetrag (der nur dem unbeschränkt Steuer- pflichtigen gewährt wird):	DM 400 000,–
steuerpflichtig	DM 4 600 000,–
× 19% = deutsche Erbschaftsteuer	**DM 874 000,–**
Hierauf anrechenbar spanische Erbschaftsteuer	DM 150 000,–
Zahlbetrag	DM 724 000,–

Wäre allerdings die deutsche Erbschaftsteuer geringer als die
in Spanien erhobene, so bildete diese fiktive Steuerbelastung die
Obergrenze. Die Kontrollrechnung erfolgt nach der Formel:

$$\text{Deutsche Erbschaftsteuer} \times \frac{\text{steuerpfl. Auslandsvermögen}}{\text{steuerpflichtigen Erwerb}} = \text{Obergrenze}$$

$$\text{also: } 874\,000 \times \frac{2\,000\,000 \text{ DM}}{4\,600\,000 \text{ DM}} = 380\,000,\text{– DM}$$

Der Höchstbetrag der anrechenbaren Erbschaftsteuer hätte also DM 380000,– betragen können; er wird hier ersichtlich unterschritten, so daß der vollständige Zahlbetrag der spanischen
Erbschaftsteuer zum Abzug gelangt.

290   Hätte es sich dagegen um ein Vermögen in einem sogenannten
DBA-Staat gehandelt, etwa der Schweiz, so wäre das deutsche
Besteuerungsrecht nach dem DBA-Schweiz ausgeschlossen und
der Erwerb wäre nur in der Schweiz steuerpflichtig gewesen

(natürlich nur, soweit der entsprechende Kanton überhaupt eine Erbschaftsteuer kennt, was unterschiedlich ist).

Allerdings ist der in der Bundesrepublik zu versteuernde *291* Nachlaß unter Einbezug des freigestellten ausländischen Vermögens aufzunehmen und mit dem Steuersatz zu versteuern, der sich danach ergibt (sog. **Progressionsvorbehalt**).

Berechnungsbeispiel

Nachlaß inländisches Vermögen	DM 1 000 000,–
Nachlaß ausländisches Vermögen	DM 2 000 000,–
	DM 3 000 000,–
./. Freibetrag (je Kind)	DM 400 000,–
fiktiv steuerpflichtig mit 19%	DM 2 600 000,–
./. ausländisches Vermögen	DM 2 000 000,–
tatsächlich steuerpflichtig	DM 600 000,–
mit 19% (statt mit nur 15%)	DM 114 000,–

(einstweilen frei) *292–294*

II. Erwerb von Todes wegen

In § 3 des Erbschaftsteuergesetzes ist klargestellt, daß nicht *295* nur der Erbanfall, die Vermächtnisnahme oder die Geltendmachung des Pflichtteilsanspruchs zur Erbschaftsteuer führt, sondern auch sogenannte **Surrogat**-Erwerbe, das heißt, solche Erwerbe, die zwar mit einem Erbfall in Verbindung stehen, aber nicht die vorgenannten „klassischen" Erwerbsarten darstellen.

1. Klassische Erwerbe

Gerade in der Ausschöpfung der hier gegebenen Möglichkei- *296* ten zeigt sich die **Kreativität** des Erblassers, Erbschaftsteuer zu minimieren.

Beispiel: Die Eheleute haben sich wechselseitig zu Erben berufen *(Berliner Testament)*, Schlußerben sind die beiden gemeinschaftlichen Kinder zu gleichen Teilen.
Der steuerpflichtige Nachlaß des zuerst verstorbenen Ehemannes beträgt DM 10 Mio.; darin enthalten sind Grundstücke mit

einem über den Steuerwert hinausgehenden Wert von weiteren DM 10 Mio., so daß der Verkehrswert des Vermögens bei ca. DM 20 Mio. liegt.

297 Unter Außerachtlassung der Freibeträge ergibt sich folgende Steuerbelastung:

Erstversterbensfall:		
Steuerpflichtiger Nachlaß	DM 10 000 000,–	
× 19% =		DM 1 900 000,–
Zweitversterbensfall:		
Verstirbt die Ehefrau als zweite, so gibt sie jedem Kind je	DM 5 000 000,–	
weiter, die wiederum 2 × 19% Erbschaftsteuer auslösen, insgesamt also		DM 1 900 000,–
Beide Erbfälle kosten also insgesamt an Erbschaftsteuern		**DM 3 800 000,–**

298 Hätten die Kinder im Erstversterbensfall wenigstens (im Einverständnis mit dem Längerlebenden) den Pflichtteil geltend gemacht, wobei die Auszahlung des Pflichtteils auf den Zweitversterbensfall hätte gestundet werden können, so wäre die Steuerbelastung erheblich reduziert worden (Beträge in DM):

Erstversterbensfall:		
steuerpflichtiger Nachlaß:		10 000 000,–
. /. 2-maliges Pflichtteilsrecht der Kinder:		
Verkehrswert des Vermögens:	20 000 000,–	
davon ½ = Ehegattenerbrecht	10 000 000,–	
die andere Hälfte steht den Kindern zu = je	5 000 000,–	
davon ½ = Pflichtteilswert	2 500 000,–	
./. 2 × Pflichtteil der Kinder =		5 000 000,–
steuerpflichtig bei dem Längerlebenden „nur"		5 000 000,–
× 19% =		**950 000,–**
Außerdem haben die Kinder ihren Pflichtteil nach dem Erstversterbenden ebenfalls mit je 19%, das sind zusammen zu versteuern.		**950 000,–**

Im Zweitversterbensfalls vererbt der Längstlebende nochmals den ihm verbliebenen
Restbetrag von weiteren   5 000 000,–
so daß jedes Kind weitere   2 500 000,–
erhält, was nochmals Steuern
auslöst in Höhe von
2 × 19%, =   **950 000,–**
Insgesamt fallen an Steuern an   **2 850 000,–**
anstatt   3 800 000,–
Steuerersparnis mithin: **950 000,–**

Auch an dieser Stelle sei nochmals der Hinweis auf die tendenziell familienunfreundliche Auswirkung der Erbschaftsteuerreform gestattet: Nach altem Recht hätte derselbe Erbfall in der Familie nur DM 1 900 000 an Erbschaftsteuern gekostet; die Reform hat eine Verteuerung um 50%(!) in dieser nicht untypischen, mittelständischen Vermögensgrößenordnung gebracht!

Ohne den Familienfrieden zu stören, kann also ein erhebliches Vermögen lediglich durch **(einvernehmliche) Geltendmachung** des Pflichtteilsanspruchs vor der Versteuerung bewahrt werden. *299*

Der Vorteil dieser Gestaltung ist ersichtlich darin begründet, daß für den Pflichtteilsanspruch der Verkehrswert maßgeblich ist, wogegen für das Erbschaftsteuerrecht der deutlich niedrigere Grundstückswert auf die Bemessungsgrundlage durchschlägt. Durch die Diskrepanz beider Werte, die oftmals erheblich ist, lassen sich bei geschickter Gestaltung nennenswerte Steuervorteile erzielen.

Für den Pflichtteilsberechtigten selbst erwachsen jedoch *300* (allerdings wiederum vermeidbare) Steuernachteile:

Beispiel: Der Vater beruft seine Tochter zur Alleinerbin eines aus einem Geschäftshaus bestehenden Nachlasses mit einem Steuerwert von DM 2 Mio., einem Verkehrswert von DM 4 Mio.

Den Sohn enterbt er. Dieser macht nach dem Tod des Vaters den Pflichtteil gegen seine Schwester geltend und erhält $\frac{1}{4}$ des Verkehrswertes, das sind DM 1 Mio.

Er hat diese mit 15% zu versteuern, das sind DM 150 000,–. Seine Schwester erhält lediglich DM 2 Mio. steuerpflichtiges Vermögen, kann aber die Pflichtteilsschuld als Erbteilsschuld in Höhe von DM 1 Mio. nach § 10 Abs. 5 Nr. 2 ErbStG geltend machen, so daß letztlich sie mit der gleichen Steuerbelastung einen dreifachen Vermögenswert erhalten hat gegenüber einem hoch steuerbelasteten geringeren Wert, der dem Sohn zugeflossen ist.

Daraus resultiert folgender

301

> **Gestaltungshinweis:**
> Um den positiven Erbschaftsteuereffekt selbst oder gerade bei Enterbung von Erbberechtigten geltend machen zu können, empfiehlt es sich, im Testament die ansonsten stets notwendige Pflichtteilsabwehrklausel dahin aufzuweichen, daß keine Sanktion der Enterbung im Zweitversterbensfall droht, wenn der **Pflichtteil im Einverständnis** mit dem Längstlebenden geltend gemacht wird.

302   Das ist empfehlenswert insbesondere bei **Berliner Testamenten,** durch die regelmäßig im Erstversterbensfall etwaige Abkömmlinge enterbt werden. Obwohl das Erbschaftsteuergesetz in § 6 Abs. 4 ausdrücklich nur von „Nachvermächtnissen" spricht, die – ungeachtet der Anordnung – steuerlich im Erstversterbensfall beim Vorvermächtnisnehmer zu versteuern sind, im Nachvermächtnisfall dann zum zweiten Mal (vgl. oben Rz. 69), dehnt der Richtliniengeber nach R 13 Satz 5 ErbStR diese negative Wirkung auf den Pflichtteilsfall im Zweitversterbensfall aus: Sollte davon auch die Stundung des Pflichtteils auf den Zweitversterbensfall, wie hier empfohlen, erfaßt werden, sollte dies nicht hingenommen, sondern unter Berufung auf den insoweit eindeutig anderslautenden Gesetzeswortlaut angegriffen werden!

2. Surrogaterwerbe

303   Sind Surrogat-Tatbestände, also Gestaltungen, die dem klassischen Erwerb von Todes wegen wirtschaftlich entsprechen, nicht in § 3 ErbStG ausdrücklich erwähnt, so unterliegen sie

nicht der Steuer. Demgemäß war bislang der **Anspruch des geschädigten Vertragserben** vollkommen erbschaftsteuerfrei.

Beispiel: Gemäß Ehegattenerbvertrag war vorgesehen, daß nach *304* dem Tode des Längerlebenden der gemeinsame Sohn Alleinerbe werden solle.

Nachdem die Mutter verstorben war, entstand Streit zwischen Vater und Sohn mit dem Ergebnis, daß der Vater sich an die Schluß-erbschaft des Sohnes nicht mehr halten wollte: Er verschenkte sein gesamtes Vermögen unter Lebenden an einen Wohltätigkeitsverein. Der Sohn wurde zwar Erbe, aber es war nichts mehr da.

Daraufhin klagte der Sohn mit Erfolg gegen den Wohltätigkeits-verein auf Herausgabe des ihm gemachten Geschenks, das letztlich in der Absicht einer Schädigung getätigt wurde (vgl. oben Rz. 63).

Bis zum Steueränderungsgesetz 1992 war das, was der geschä-digte Vertragserbe mit Erfolg einklagte, erbschaftsteuerfrei, weil der Ersatztatbestand des **Ausgleichs einer beeinträchtigenden Schenkung** (§ 2287 BGB) nicht als „Erwerb von Todes wegen" in § 3 ErbStG aufgeführt war.

Mit dem Steueränderungsgesetz 1992 wurde allerdings § 2287 BGB ebenfalls als Erwerbsgrund eingefügt, so daß jedenfalls heute der Vertragserbe auch mit seinem Klageerfolg steuer-pflichtig wird (§ 3 Abs. 2 Nr. 7 ErbStG).

Zweifelhaft ist geblieben, ob auch der geschädigte **Schluß-** *305* **erbe** eines schlichten wechselbezüglichen Ehegattentestamentes ebenfalls mit seinen Ausgleichserhalten steuerpflichtig wird oder nicht: Denn das (geänderte) Gesetz spricht nur vom „Vertrags-erben", nicht aber vom bloßen Schlußerben, der aufgrund der Unabänderlichkeit eines Ehegattentestamentes nach Tod eines Ehegatten ebenfalls eine von § 2287 BGB geschützte Anwart-schaft hat (Steuerpflicht verneinend FG Berlin, ZEV 1998, 78).

Verzichtet ein Pflichtteilsberechtigter **auf** seinen **Pflichtteils-** *306* **anspruch,** so löst dies keine Schenkungsteuer zugunsten der sonstigen Erben, die von der Pflichtteilsgeltendmachung ver-schont werden, aus.

Erhält er dagegen eine Abfindung für einen Verzicht auf den entstandenen Pflichtteilsanspruch, so erfüllt diese Abfindung ebenfalls einen Surrogat-Tatbestand und ist damit steuerpflichtig. Dasselbe gilt bezüglich der Abfindung für einen Erbverzicht, die allerdings als Surrogat-Tatbestand einer Schenkung unter Lebenden (§ 7 ErbStG) gilt.

306 a Ein Sonderproblem kann entstehen, wenn die **Steuerentstehungszeitpunkte** von klassischem Erwerb von Todes wegen (§ 3 Abs. 1 ErbStG) von denen des Surrogaterwerbs **abweichen:**

Beispiel: Nach dem Tod des Vaters werden die Kinder Alleinerben, die Mutter erhält ein Geldvermächtnis. Sie schlägt dies aus und verlangt stattdessen den Zugewinnausgleich nebst kleinem Pflichtteil (güterrechtliche Lösung). Zur Abwendung dieses liquiden Anspruchs übertragen die Kinder der Mutter ein Mietgrundstück. Die Erbschaftsteuer könnte entstanden sein bezüglich des geltendgemachten Pflichtteils „mit dem Zeitpunkt der Geltendmachung" (§ 9 Abs. 1 Nr. 1 Buchst. b ErbStG) oder „mit dem Zeitpunkt der Ausschlagung" des Vermächtnisses (§ 9 Abs. 1 Nr. 1 Buchst. f ErbStG) oder erst mit Abschluß des notariellen Übertragungsaktes, betreffend das Miethaus, womit der Pflichtteilsanspruch modifiziert abgegolten wurde (§ 9 Abs. 1 Nr. 1 Buchst. f ErbStG): Wenn die Steuerfolgen je nach Zeitpunkt differieren – etwa wegen unterschiedlicher Bewertungsregeln z. B. vor oder nach 1996, als die steuerverschärfende Bedarfsbewertung eingeführt wurde – kann hierdurch eine Schieflage der Verteilungsplanung entstehen!

307 Auch die **Ausschlagung** der Erbschaft **gegen Abfindung** führt zur Erbschaftsteuerpflicht. Zur Erläuterung und zum Nachweis, wie das Instrument der Ausschlagung wirksam genutzt werden kann, schildern wir folgendes

Beispiel: Der Senior, 80 Jahre alt, in Gütertrennung mit seiner Ehefrau, 79 Jahre alt, verheiratet, hatte ein Vermögen, das sich wie folgt zusammensetzte:
– ein Geschäftshaus mit einem Steuerwert von DM 1 Mio., aber noch mit DM 2 Mio. Schulden belastet.
– Aktien im Wert von DM 2 Mio.
Die Senioren hatten ein wechselseitiges Berliner Testament errichtet und den Sohn, mittlerweile bereits 50 Jahre alt, als Schlußerben benannt.

308 Wäre nach diesem Testament die Erbfolge vollzogen worden, so hätte dies folgende Steuerbelastung ausgelöst:

Nachlaß:

Geschäftshaus	DM 1 000 000,–
Aktien	DM 2 000 000,–
./. Schulden	DM 2 000 000,–
somit steuerpflichtig	DM 1 000 000,–
./. Freibetrag Ehefrau	DM 600 000,–
steuerpflichtig	DM 400 000,–
mit 11 % =	**DM 44 000,–**

Man darf jedoch die Betrachtung des Erbfalles nicht nach dem Erstversterbensfall abschließen, sondern muß auch den **Zweitversterbensfall** einbeziehen, um die gesamte drohende Erbschaftsteuerbelastung zutreffend zu quantifizieren. Das ergibt dann folgende weitere Überlegung:

Nach der maßgeblichen **Sterbetafel 1986/1988** des Statistischen Bundesamtes für die Bundesrepublik Deutschland (abgedruckt als Anlage) hatte die 79-jährige Mutter noch eine **Lebenserwartung** von 8 Jahren. Hätte sie nach 8 Jahren das ererbte Vermögen an den Sohn weitergegeben, so wären nach bestehendem Finanzierungsplan die Schulden getilgt gewesen mit diesen Folgen: *309*

Steuerpflichtiger Wert des Vermögens dann	DM 3 000 000,–
Nach Abzug des Steuerfreibetrages auf seiten des Sohnes von	DM 400 000,–
hätte der Sohn mithin	DM 2 600 000,–
versteuern müssen, mit 19 %, das sind	DM 494 000,–
Der gesamte Erbfall hätte somit in beiden Erbgängen rund	**DM 540 000,–**

an Erbschaftsteuern ausgelöst.

Da die 6-Wochen-Frist, die zur **Ausschlagung** einer Erbschaft beachtet werden muß (s. oben Rz. 97), noch nicht abgelaufen war, wurde der Seniorin empfohlen, doch die Erbschaft, freilich gegen Sicherstellung durch ihren Sohn, auszuschlagen: *310*

Der Sohn wurde infolge der Ausschlagung danach Alleinerbe gegen Zusage eines **Rentenkapitalwertes,** der in Anbetracht der geringen Lebenserwartung der Mutter nur DM 600 000,– betrug (ca. DM 10 000,– pro Monat).

Dementsprechend versteuerte der Sohn den Nach-
laß von   DM 1 000 000,–
. /. Verbindlichkeit gegenüber der Mutter   DM   600 000,–
. /. Freibetrag   DM   400 000,–
Steuerpflichtig (ohne Berücksichtigung des § 25 DM   0,–
ErbStG)

Die Mutter hatte freilich den Rentenkapitalwert
von   DM   600 000,–
. /. Freibetrag   DM   600 000,–
zu versteuern, somit ebenfalls   DM   0,–

311   Verstirbt nun die Mutter, so fällt ohne weiteres die vom Sohn
geschuldete Rente weg, ohne daß der Wegfall nochmals separat
Erbschaftsteuern auslöste, so daß im Ergebnis der Erbfall mit
wirtschaftlich gleichem Ergebnis ohne jede **Erbschaftsteuerbelastung** endgültig erledigt werden könnte: die Steuerersparnis
betrug DM **540 000,–!**

312   Für den Fall, daß sich die Seniorin geängstigt hätte, die geschilderte Gestaltung einer **Kapitalabfindung mit Rentenoption**
zu akzeptieren, hätte sie mit ihrem Sohn eine **Familienpoolge-
sellschaft** gründen können, die folgende Vorteile zu verschaffen
vermag: Der Senior bewahrt sich die dingliche Teilhabe am
übertragenen Vermögen, so daß dieses jedenfalls nicht ohne
sein Zutun belastet oder gar veräußert werden kann; außerdem kann er sich in dieser Gesellschaft „Macht und Ertrag"
durch Sonderrecht bewahren. Diese Möglichkeiten bietet
die sogenannte reziproke Familiengesellschaft, eine **Personengesellschaft mit reziproken Beteiligungs- und Gewinnver-
hältnissen**.

Beispiel: Mutter gründet mit Sohn eine Gesellschaft bürgerlichen
Rechts, die Eigentümerin des Hauses wird. Die Beteiligung beträgt
90% für den Sohn, 10% für die Mutter, die Gewinnverteilung aber
erfolgt zu 90% für die Mutter, zu 10% für den Sohn.

Dieser reziproke Familienpool ist insbesondere geeignet, um
schon die Enkelgeneration mit zu bedenken, was in vielen Fällen erbschaftsteuerlich Sinn macht:

Beispiel: Großmutter O hat ein Geschäftsgrundstück mit einem Steuerwert von DM 20 Mio. Die jährlichen Überschüsse betragen DM 1,6 Mio.

Würde sie das Objekt zuerst ihrer 50-jährigen Tochter T, dann ihrem 20-jährigen Enkel E, vererben, so würden zweimal Erbschaftsteuern von je DM 4,6 Mio. DM anfallen, wobei zwischenzeitliche Wertsteigerungen bis zum Schlußerhalt des Enkels einmal unbeachtet bleiben.

Würde sie dagegen mit ihrer Tochter und dem Enkel einen reziproken Pool bilden, in den sie selbst und die Tochter je 5%, der Enkel 90% erhielten, so hätte der Enkel schon frühzeitig die Vermögenssubstanz, so daß in Zukunft diesbezüglich keine Erbschaftsteuern mehr anfielen; O und T erhielten ein überproportionales Stimm- und Gewinnrecht, so daß E nur den so entwerteten Anteil zu versteuern hätte. Nach dem Tod von O fiele deren Gewinnrecht praktisch steuerfrei weg; der Vorgang wiederholte sich bei der T, so daß E das wertvolle Grundvermögen letztlich nach dem Tod beider zur vollen Nutzung hätte bei einer Gesamterbschaftsteuerbelastung von allenfalls einem Bruchteil (ca. $^1/_{10}$) der sonst geschuldeten Erbschaftsteuer; eventuell kommt noch Erbschaftsteuer auf das überproportionale Gewinnrecht hinzu, das seiner Mutter und Oma eingeräumt worden ist. In jedem Fall wäre der Nachlaß erheblich zugunsten der Familie geschont!

Eine weitere steuersparende Gestaltung bietet sich dem Erblasser, wenn er dem Begünstigten im Rahmen eines **Verschaffungsvermächtnisses** das Recht einräumt, von den Erben ein bestimmtes Grundstück zu erwerben (s. oben Rz. 71). *313*

Beispiel: Im Streitfall hatte der Erblasser angeordnet, daß sein Sohn als Erbe verpflichtet werde, seiner Schwester das Mehrfamilienhaus zum Kaufpreis von DM 1 Mio. zu veräußern. Die Schwester zahlte DM 1 Mio. für das Haus, das einen Steuerwert von nur DM 300 000 hatte.

Da sie Aufwendungen von DM 1 Mio. tätigen mußte, um das Kaufrechtsvermächtnis anzutreten, war sie letztlich nicht bereichert, so daß sie keine Erbschaftsteuern zahlen mußte.

Der Sohn als Alleinerbe mußte lediglich den Erhalt des Hauses mit seinem Steuerwert versteuern, obwohl er im Ergebnis ein Barvermögen von DM 1 000 000,– erhalten hatte:

Hätte er dieses zu versteuern gehabt, so hätte er ungeachtet der Freibeträge 15% an Erbschaftsteuern
zahlen müssen, das sind   DM 150 000,–
wogegen er infolge seiner Erbschaft des Hauses nur
11% auf DM 300 000,–, das sind

                                                          DM 33 000,–

zu entrichten hatte, er hat somit an Erbschaftsteuern
gespart   **DM 117 000,–**

Daraus resultiert folgender

> **Gestaltungshinweis:**
> Der Erblasser muß sich Gedanken darüber machen, wie er
> möglichst steuerschonend die Vermögensweitergabe gestaltet
> und hierbei unter Ausnutzung der Bewertungsunterschiede
> und von Generationensprüngen das Vermögen dem zu Be-
> denkenden zukommen lassen kann.

314 Der Gestaltungshinweis läßt sich auch nutzbar machen, wenn
der Erblasser **Vor- und Nacherbschaft** angeordnet hatte (s. oben
Rz. 67).

§ 6 ErbStG bestimmt, daß auch der Vorerbe als Erbe gilt mit
der Folge, daß ein und derselbe Nachlaß beim Vorerben und
beim Nacherben voll versteuert wird, und zwar im Gegensatz
zur zivilrechtlichen Lage so, als erhielte der Nacherbe den
Nachlaß vom Vorerben.

Allerdings hat der Nacherbe die Möglichkeit, sein **Verwandtschaftsverhältnis zum ursprünglichen Erblasser,** also nicht zum
Vorerben, der Versteuerung zugrundezulegen zu lassen, wenn
dies für ihn günstiger ist, wie es auch der zivilrechtlichen Regelung entspricht.

Beispiel: Der Vater hatte seinen Sohn zum Vorerben berufen, seine
Stieftochter zur Nacherbin.
Mit dem Tod des Sohnes kommt es zur Nacherbschaft der Stief-
tochter.

Nach § 6 Abs. 2 ErbStG wird der Erhalt des Nachlasses bei
der Tochter grundsätzlich in Erbschaftsteuerklasse II versteuert,
weil das Verhältnis zwischen Bruder und Schwester, Vorerbe

und Nacherbin, für die Bemessung der Erbschaftsteuer maßgeblich ist.

Aber da die Nacherbin zugleich Tochter des Erblassers ist, kann sie beantragen, daß der Versteuerung ihr Verwandtschaftsverhältnis zum Erblasser zugrundegelegt wird, wonach die Erbschaft dann in der günstigeren Erbschaftsteuerklasse I versteuert wird (zu den Erbschaftsteuerklassen s. oben Rz. 115).

Nun hat der Nacherbe, nachdem der Vorerbe die Erbschaft *315* angetreten hat, ein **Anwartschaftsrecht** auf Erhalt des Nachlasses, wenn der Vorerbe stirbt.

Dieses Anwartschaftsrecht ist, obwohl es selbst noch nicht als steuerpflichtiger Erwerb gilt (§ 10 Abs. 4 ErbStG), **selbständig veräußerbar**. So in folgendem

Beispiel: Die Stieftochter möchte nicht abwarten, bis ihr Bruder verstirbt, sondern verkauft schon vorab ihr Nacherbenanwartschaftsrecht für DM 1 Mio. an ihren Onkel, den Bruder des Vaters.

In diesem Moment hat die Tochter einen Surrogat-Erwerb getätigt in Höhe von DM 1 Mio., den sie nach dem Erblasser, also in Steuerklasse I, zu versteuern hat.

Der Anwartschaftserwerber erhält im Zeitpunkt des Todes des Vorerben den Erwerb unmittelbar vom Vorerben, also seiner Nichte, und hat ihn nach dem Verwandtschaftsverhältnis zu diesem in Steuerklasse III zu versteuern; er kann allerdings auch den Antrag stellen, sein Verwandtschaftsverhältnis zum Erblasser, seinem Bruder, zugrundezulegen, was eine Verbesserung bewirkt, weil dann Steuerklasse II zur Anwendung kommt. Der Erwerber wird zwar nicht Nacherbe, er tritt aber in dessen gesetzliche Position ein. So jedenfalls hat der BFH in einem Urteil vom 28. 10. 1992, BStBl. II 1993 S. 158, entschieden.

Überhaupt macht die Anordnung der Vor- und Nacherbschaft, *316* die bekanntlich geeignet ist, das Familienvermögen in der Linie zu halten und vor Verfremdung zu bewahren, zwar einen zivilrechtlichen Sinn, steuerrechtlich ist sie jedoch eine „**teure Alternative**": Denn sie bringt dem Vorerben wirtschaftlich nicht mehr als ein befristetes Nutzungsrecht ohne (freies) Substanzverwertungsrecht, weil der Vorerbe den Nachlaß an den Nacherben spätestens mit seinem Tod herauszugeben hat, für den er dessen ungeachtet die volle Erbschaftsteuer schuldet (§ 6 Abs. 1 ErbStG).

317   Dann aber könnte der Erblasser seinen Nachlaß auch unmittelbar seinem Letzterben zuwenden und dem Vorerben stattdessen nur ein **Nießbrauchsrecht** auf Lebenszeit zuwenden: Eine wirtschaftlich gleichwertige, steuerlich aber wesentlich günstigere Lösung.

Beispiel: Herr Arndt plant die Vermögensweitergabe. Seine Frau, 60 Jahre alt, soll Vorerbin, seine Tochter Nacherbin werden. Das steuerpflichtige Vermögen von Herrn Arndt beläuft sich auf DM 10 Mio. und besteht im wesentlichen aus Betriebs- und Grundvermögen.

318   Würde zuerst Frau Arndt, dann die Tochter erben, so würde der Nachlaß zweimal mit 19% Erbschaftsteuern belastet, das sind DM 3,8 Mio.

319   Beruft Herr Arndt dagegen seine Tochter zur Erbin, wogegen er seiner Frau einen totalen Nießbrauch am Vermögen vermacht, so ergibt sich folgende Berechnung:

Nachlaßwert	DM 10 000 000,–
normale Erbschaftsteuerbelastung 19% =	DM 1 900 000,–

Aber: Steuer, soweit sie auf den Nießbrauch entfällt, wird nach § 25 ErbStG gestundet, das heißt Jahreswert des Nießbrauchs gemäß § 16 Bewertungsgesetz = $1/_{18,6}$ von DM 10 Mio. = DM 538 000,–
kapitalisiert auf das Leben der Mutter × 12,034 (gemäß Anlage 9 zu § 14 BewG) = DM 6 474 292,–
so daß die Erbin netto nur erhält die Differenz zu

	DM 10 000 000,–
=	DM 3 525 708,–
diese sind steuerpflichtig mit 19% =	**DM 669 885,–**

320   Nur dieser Betrag ist von der Gesamterbschaftsteuerbelastung sofort steuerpflichtig, die Differenz zu DM 1 900 000,–
das sind DM 1 230 115,–
werden auf den Todestag der Mutter **zinslos** gestundet, können aber abgezinst abgelöst werden.

Bei einer Lebenserwartung der Mutter von noch
21 Jahren gemäß Sterbetafel 1986/88 beträgt der
Abzinsungsfaktor nach Anlage 1 zu § 12 Abs. 3
BewG 0,325, so daß der gestundete Betrag mit **DM   399 788,–**
abgelöst werden kann.

Insgesamt zahlt die Tochter also für den Erhalt
„nur"   **DM 1 069 673,–**
Die Mutter muß natürlich den Nießbrauch von
DM 6 474 292,– versteuern mit 19%, das sind   **DM 1 230 115,–**
so daß der Erbfall insgesamt   **DM 2 299 788,–**
an Erbschaftsteuern kostet statt   DM 3 800 000,–

Denn der Zweitversterbensfall der Mutter kostet keine Erbschaftsteuern mehr, weil der Wegfall des Nießbrauchsrechts kein
neuerlicher Erwerbstatbestand ist.

Dennoch darf nicht verkannt werden, daß die Nießbrauchsge-
staltung keine echte Steuerentlastung bietet: Denn dadurch, daß
der Nießbrauch nicht uneingeschränkt vom Nachlaß abgezogen
werden darf, vielmehr nur der diskontierte Kapitalwert der ungekürzt geschuldeten Erbschaftsteuer gezahlt wird, entsteht
lediglich der Anschein einer Steuerersparnis: Die Einsparung
beruht zum Teil also nur auf einem Abzinsungseffekt, nicht auf
einer Verminderung der Erbschaftsteuerschuld! Dennoch ist
diese Gestaltung sinnvoll, weil sie die Sicherheit verschafft, daß
jedenfalls künftige Wertzuwächse von einer Versteuerung ausgeschlossen sind, was bei Anordnung der Vor- und Nacherbschaft
nicht der Fall wäre!

Daraus folgt der

Gestaltungshinweis:
In der Regel sollte statt der Anordnung von Vor- und Nacherbschaft die meist günstigere Alternative der Nießbrauchge-
staltung oder – noch besser – diejenige der reziproken Gesellschaft (Rz. 311) in die Überlegung mit einbezogen werden!

Wie an anderer Stelle (Rz. 303) bereits erwähnt, bleibt der *321*
Surrogat-Erwerb steuerfrei, wenn er nicht in dem abschließen-
den Katalog der Erwerbsgründe gemäß § 3 ErbStG erfaßt ist:

So zum Beispiel werden von der Besteuerung nicht erfaßt
etwaige **Schadensersatzansprüche,** die Angehörige wegen Tö-

tung des Erblassers (nach § 844 BGB) von dem Schädiger erhalten.

322   Interessant ist auch die Gestaltung, durch Vereinbarung eines sogenannten **Erbschaftsvertrages** die Erbschaftsteuer zu umgehen:

Bekanntlich dürfen über den Nachlaß eines noch lebenden Dritten keine Verträge geschlossen werden. Das gilt nicht für Verträge unter künftigen gesetzlichen Erben über den gesetzlichen Erbteil oder den Pflichtteil eines von ihnen. Ein solcher Vertrag, der der notariellen Beurkundung bedarf, ist wirksam (§ 312 Abs. 2 BGB).

Dieser sogenannte Erbschaftsvertrag ist weder in der Aufzählung der Erwerbe des § 3 noch des § 7 ErbStG, der vergleichbare Surrogate für den Fall der Schenkung unter Lebenden enthält, aufgeführt. Es handelt sich insbesondere nicht um einen Anwendungsfall von § 7 Abs. 1 Nr. 10 ErbStG, wonach Abfindungen für künftige Ansprüche als steuerpflichtig qualifiziert werden: Denn die Verschaffung des gesetzlichen Erbes ist eben kein bloßer Anspruchserwerb, wie er in § 7 Abs. 1 Nr. 10 ErbStG vorausgesetzt wird, sondern der Erwerb einer umfänglichen Rechtsposition!

323   Daraus folgt: Was der Veräußerer des gesetzlichen Erbrechtes hierfür an Abfindung erhält, fließt ihm steuerfrei zu. Korrespondierend dazu ist die Aufwendung des Erwerbers aber dennoch steuerlich abzugsfähig (§ 10 Abs. 6 S. 1 ErbStG), weil die Aufwendungen für ihn notwendig sind, den Nachlaß zu erlangen. Dadurch läßt sich folgender Steuereinsparungseffekt erwirken:

Beispiel: Der Erblasser hat ein steuerpflichtiges Vermögen von DM 1 Mio. mit einem Verkehrswert von DM 2 Mio. Seine Kinder Alfred und Bernd werden dieses nach gesetzlicher Erbfolge zu je $\frac{1}{2}$ erben.

Bernd steht in seinem Berufsleben vor Investitionen und bietet seinem Bruder Alfred an, ihm sein künftiges gesetzliches Erbrecht zum Preise von DM 500 000,– verkaufen zu wollen. Das hat für Bernd den Effekt, daß er schon jetzt über Geld verfügt; sein Bruder Alfred hat den Effekt, daß er für DM 500 000,– ein allerdings erst im Zeitpunkt des Versterbens seines Vaters fällig werdendes Vermögen von DM 1 Mio. im Verkehrswert, Steuerwert 500 000,– erwirbt.

Die Zahlung von Alfred in Höhe von DM 500 000,- führt bei diesem zu einem Aufwand, den er im Zeitpunkt des Erhaltes der Erbschaft nach seinem Vater geltend machen kann: Er erbt dann DM 1 Mio. steuerpflichtiges Vermögen kraft eigenen und kraft erworbenen gesetzlichen Erbrechtes seines Bruders, von dem er die Baraufwendungen von DM 500 000,- in Abzug bringen kann.

Er hat also netto nur DM 500 000,- zu versteuern.

Demgegenüber erhält Bernd den Abfindungsbetrag vollständig steuerfrei. Es ergibt sich folgender Einsparungseffekt unter den Geschwistern:

Die Geschwister hätten zu bezahlen gehabt bei einem Nachlaß von je	DM 500 000,-
2 × 11% =	DM 110 000,-
Tatsächlich hat nur A einen steuerpflichtigen Erwerb von	DM 1 000 000,-
./. Lasten	DM 500 000,-
	DM 500 000,-
× 11% =	DM 55 000,-

Die Steuerlast ist somit halbiert worden.

Man kann sich also merken:
Die Ausschöpfung der Möglichkeiten bei Surrogat-Erwerben kann durchaus nennenswerte Erbschaftsteuerersparnisse bieten. Hierbei kann wiederum das Bewertungsgefälle zwischen (verkehrswertorientierten) Abfindungen und (niedrigerem, steuerbewertetem) Nachlaßvermögen zu steuerschonenden Ergebnissen genutzt werden.

324

Ebenso kann sich als vorteilhaft auswirken, wenn der Erblasser den zu Begünstigenden etwa eine gesetzliche **Hinterbliebenenversorgung** zu hinterlassen in der Lage ist: Solche gesetzlichen Hinterbliebenenversorgungen (zum Beispiel die gesetzliche Rentenversicherung einschließlich freiwilliger Höher- oder Weiterversicherungen, aber auch Betriebsrenten) werden nämlich erbschaftsteuerfrei bezogen.

325

Sie sind zwar mit ihrem Kapitalwert steuerlich nicht gänzlich irrelevant, weil sie den besonderen **Versorgungsfreibetrag** nach

§ 17 ErbStG mindern; aber da dieser spezielle Versorgungsfreibetrag günstigstenfalls – und zwar bei Ehepartnern –
DM 500 000,– ausmacht, der schon bei einer Rentenzusage auf
das 65. Lebensjahr von noch nicht einmal 3000,– DM/pro Monat ausgeschöpft ist, lassen sich doch durch Abschluß entsprechender Versicherungen zusätzliche Steuerfreieffekte erzielen.

326   Leider ist ja mit der Erbschaftsteuerreform 1974 die vorteilhafte Regelung, die mutmaßliche Erbschaftsteuerschuld durch
eine **Erbschaftsteuerversicherung** auf den Todesfall zu versi-
chern, in Fortfall geraten: Jede Lebensversicherung ist heute Teil
der Bemessungsgrundlage und löst mit Zufluß Erbschaftsteuer
aus (§ 3 Abs. 1 Nr. 4 ErbStG).

Diese ungewollte Konsequenz läßt sich jedoch wie folgt vermeiden:

Schließen zum Beispiel Eheleute einen **Lebensversicherungs-
vertrag** so ab, daß etwa die sicherzustellende Ehefrau zugleich
Versicherungsnehmer wird, wogegen der Ehemann die versicherte Person ist, die für die Ehefrau mit befreiender Wirkung
die Beiträge zahlt, so ist sichergestellt, daß im Zeitpunkt seines
Todes die Ehefrau die Versicherungssumme auf den eigenen
Anspruch und damit erbschaftsteuerfrei erwirbt.

Diese Gestaltung, die so oder ähnlich auch als **unechte Erbschaftsteuerversicherung** bezeichnet wird, läßt sich problemlos
unter Ehegatten praktizieren. Steuerliche Anerkennungsproble-
me tauchen jedoch auf, wenn Fremde auf diese Weise das Erb-
schaftsteuerrisiko zu minimieren versuchen: Hier steht zu befürchten, daß die Finanzverwaltung die Gestaltung nach § 42
AO wegen Mißbrauchs von Gestaltungsmöglichkeiten verwerfen
wird!

327   Das sogenannte Steuerentlastungsgesetz 1999/2000/2002 hat
den Katalog der Erwerbstatbestände in § 3 ErbStG erweitert:
Zum einen wurde eine Gesetzeslücke geschlossen, die darin
bestand, daß gerade bei Kapitalgesellschaften durch Einziehung
des Gesellschaftsanteils gegen eine nur geringe Entgeltleistung
letztlich die verbleibenden Gesellschafter erbschaftsteuerfrei
bereichert werden konnten. § 3 Abs. 1 Nr. 2 Satz 3 ErbStG stellt
nun die Bereicherung steuerpflichtig.

Eine vom bisherigen Gesetz nicht erfaßte erbschaftsteuer- *328* schonende Gestaltung zeigt folgendes

Beispiel: Herr Reich gründet einen ausländischen Trust, auf den er erhebliche Vermögenswerte mit der Auflage überträgt, daß das Vermögen zugunsten seiner in Deutschland lebenden Kinder verwaltet werde. Sie sollen die laufenden Erträge beziehen und überdies das Vermögen zu einem späteren Zeitpunkt mit Beendigung des Trusts übernehmen.

Der Bundesfinanzhof hat in Ermangelung einer Gesetzesbestimmung die Errichtung des Trusts und die Übertragung des Vermögens auf ihn nicht als erbschaftsteuerpflichtigen Erwerbstatbestand gesehen, sondern wollte erst eine Besteuerung zulassen, wenn bei Auflösung des Trusts das Vermögen an die Anfallsberechtigten ausgekehrt werde.

Dieser letztlich steueraufschiebenden Möglichkeit hat der Gesetzgeber jetzt einen Riegel vorgeschoben, indem er schon die **Errichtung und Ausstattung des Trusts** für erbschaftsteuerpflichtig erklärt. Nicht nur das: Die Übertragung des Vermögens geschieht überdies in der ungünstigsten **Erbschaftsteuerklasse III,** weil laut Gesetzeswortlaut nur die Übertragung auf eine *inländische* Stiftung begünstigt werden soll. Ob diese „Diskriminierung" der ausländischen Stiftung aber europarechtlich Bestand hat, dürfte zumindest zweifelhaft sein.

Wird der Trust aufgelöst, haben die Anfallberechtigten den Vermögenszuwachs nochmals zu versteuern, allerdings dann in dem für sie maßgeblichen Verhältnis zum Trusterrichter. Das Gesetz wurde somit mehr als doppelt verschärft!

(einstweilen frei) *329, 330*

3. Gesellschaftsrechtliche Erwerbe

Ein weiterer sogenannter Surrogat-Tatbestand, der Erb- *331* schaftsteuern auslöst, liegt im gesellschaftsrechtlichen Bereich dann vor, wenn die Gesellschafter vereinbart haben, daß bei Ausscheiden eines Gesellschafters durch Tod die übrigen Gesellschafter oder die Gesellschaft selbst den **Anteil fortsetzen,** ohne den weichenden Erben mindestens soviel zu zahlen, wie der steuerliche Wert des Anteils beträgt (§ 3 Abs. 1 Satz 2 ErbStG).

Mit anderen Worten: Haben Gesellschafter in ihrem Gesellschaftsvertrag eine **Buchwertabfindungsklausel** oder ähnliches vereinbart, jedenfalls eine Abfindungsklausel getroffen, wonach nicht soviel gezahlt wird, wie der steuerliche Wert der Beteiligung ausmacht, so tritt in der Tat auf seiten der den Anteil übernehmenden Gesellschafter eine Bereicherung ein, weil sie einen Wert erhalten, für den sie den weichenden Erben nur einen geringeren Betrag zahlen müssen. Allerdings ist das Risiko einer Differenzversteuerung zwischen Buch- und Steuerwert deutlich entschärft worden, seit (ab 1. 1. 1993) grundsätzlich die Ertragsteuerwerte mit dem erbschaftsteuerlichen Wert des Betriebsvermögens übereinstimmen (§ 109 BewG); allerdings besteht das Problem unverändert, soweit etwa Betriebsgrundstücke vorhanden sind, die im neuen Bewertungsverfahren den ertragsteuerlichen Bilanzansatz übersteigen.

332 **Beispiel:** In der Ackermann & Burkhardt OHG ist festgelegt, daß bei Versterben eines Gesellschafters der Längstlebende den Anteil fortzusetzen berechtigt ist (sogenannte Fortsetzungsklausel). Die Erben sollen nichts bekommen.

Die Zulässigkeit einer solchen **Abfindungsklausel** wurde oben (Rz. 83, 84) festgestellt: Durch Vereinbarung einer Fortsetzungsklausel wird erreicht, daß der Anteilsübergang im Zeitpunkt des Todes des Gesellschafters nicht als erbrechtliches Ereignis, sondern als gesellschaftsrechtliche Weitergabe betrachtet wird mit der Folge, daß der Anteil am Nachlaß vorbeigesteuert wird; Erben haben insofern keine Ansprüche (weder Pflichtteilsansprüche noch solche erbrechtlicher Art) gegen den begünstigten Gesellschafter. Dieser erhält den Steuerwert der Beteiligung im Wert von DM 1 Mio. somit ohne Verpflichtung, den Erben hiervon etwas abzugeben.

Seine Bereicherung von DM 1 Mio. muß der Gesellschafter aber ungeachtet der Tatsache, daß juristisch kein Erbfall vorliegt, als **„Schenkung auf den Todesfall"** versteuern.

333 Hat der Verfasser des Gesellschaftsvertrages dagegen eine **Nachfolgeklausel,** möglicherweise sogar in ihrer **qualifizierten Form,** vereinbart, so liegt auch gesellschaftsrechtlich ein Erbfall vor, wenn der Gesellschafter verstirbt: Der Anteil fällt im Wege der Sonderrechtsnachfolge an den Nachfolger; wertmäßig ist er aber dem Nachlaß hinzuzurechnen (s. oben Rz. 87, 88).

Muß der Nachfolger in den Gesellschaftsanteil nunmehr den weichenden Erben hierfür Abfindungen zahlen, die den Steuerwert nicht übersteigen (etwa aufgrund einer Buchwertklausel), so ist er in Höhe der Differenz zwischen Steuerwert und Abfindungsbetrag bereichert mit der Folge, daß er auch auf den Differenzbetrag Erbschaftsteuer entrichten muß.

Hat er dagegen den Anteil kraft qualifizierter Nachfolgeklausel entgeltlich erhalten, so kann er seine Aufwendungen einkommensteuerlich nicht verwerten; die qualifizierte Nachfolgeklausel ist also eine Steuerfalle! (s. unten Rz. 365 f.)

Deshalb geben wir folgenden

Gestaltungshinweis:
Vereinbaren Sie statt der qualifizierten besser eine einfache Nachfolgeklausel, weil dann der Nachfolger seinen Abfindungsaufwand an weichende Erben steuerlich geltend machen kann.

Allerdings bietet die einfache Nachfolgeklausel folgende **Gefahr:** Da sie den Charakter einer Teilungsanordnung hat, partizipieren alle Miterben – jedenfalls nach dem „unglücklichen" Wortlaut von § 13a Abs. 3 S. 2 ErbStG – an dem Bewertungsabschlag auf das Betriebsvermögen mit der Folge, daß die gewünschte Begünstigung dem tatsächlichen Nachfolger verlorengeht! Es ist zu hoffen, daß der Gesetzgeber seine redaktionelle Fehlleistung baldigst korrigiert!

Im Ergebnis zeigt sich:

Erbschaftsteuern lassen sich jedenfalls, gleichgültig ob eine Nachfolge- oder Fortsetzungsklausel verwendet wurde, nicht sparen!

Damit wird letztlich das Ziel der Gesellschafter, im Falle des *334* Versterbens eines von ihnen die Gesellschaft vor Liquiditätsabflüssen zu bewahren, durch staatliche Maßnahmen konterkariert: Was der Gesellschafter-Nachfolger gegenüber dem Erben spart, muß er, wenn auch in reduzierter Höhe, dem Staat in Form von Erbschaftsteuern abführen.

Hierbei hängt die Steuerbelastung über dies vom **Grad der Verwandtschaft** der oder des fortführenden Gesellschafters zu dem Verstorbenen ab. Denn, je nachdem, wird die Differenz zwischen dem Abfindungsbetrag und dem Steuerwert nach Steuerklasse I bis III erfaßt. Sind die Gesellschafter eng miteinander verwandt, so ist die Erbschaftsteuerbelastung folglich erheblich geringer als bei etwa fehlender Verwandtschaft. Der Abfindungsempfänger hat auch keinen Anspruch auf die Betriebsvermögenspräferenz nach § 13 a ErbStG, weil er eben keinen Betrieb erhält (siehe R 55 Abs. 2 ErbStR).

335 Eine hohe Erbschaftsteuerbelastung droht immer dann, wenn etwa die **Gesellschaft selbst** den Anteil des verstorbenen Gesellschafters übernimmt.

Dies kann bei Kapitalgesellschaften vorkommen, die nach den handelsrechtlichen Vorschriften Eigentümer eigener Anteile sein können.

Die Gefahr der Versteuerung in der ungünstigsten Erbschaftsteuerklasse III im Falle der (Zwangs-)Einziehung von Anteilen beim Tod eines Gesellschafters und Nachfolge eines zur Anteilsübernahme nicht qualifizierten Erben hat der BFH jedoch schon in 1992 gebannt.

Beispiel: Die Gesellschafter Gerhard und Wolfgang betreiben in Rechtsform der GmbH ihr Unternehmen. Die Nachfolgeklausel der Satzung bestimmt, daß nur Abkömmlinge der Gesellschafter zur Nachfolge berechtigt sind, andernfalls werde der Anteil eingezogen.

Wenn jetzt einer der Gesellschafter ohne Abkömmlinge verstirbt, kommt es zur **Einziehung** des Anteils mit der Folge, daß dieser nach § 34 GmbHG untergeht. Mit dem Steuerentlastungsgesetz 1999/2000/2002 hat der Gesetzgeber aber – entgegen bisheriger Auffassung in Literatur und Rechtsprechung – klargestellt, daß der Vorgang keineswegs steuerneutral sei: Zwar wird nicht die Gesellschaft selbst steuerpflichtig. Denn geerbt hat den Anteil der (nicht qualifizierte) Erbe, der ihn jedoch nicht behält und deshalb auch nicht versteuern muß. Die GmbH selbst erhält den Anteil aber auch nicht, denn er geht ja mit Einziehung unter. Also ist auch sie nicht bereichert. Die Gesellschafter, deren

Anteil durch die (entschädigungslose) Einziehung werthaltiger geworden ist, wurden zwar nicht durch Zuwendung seitens des Verstorbenen bereichert, so daß auch sie nach bisheriger Meinung keine Erbschaftsteuer zu entrichten hätten (vom BFH in BStBl. II 1992, 912 offengelassen, aus BFH in ZEV 1996, 396 aber zu folgern). § 3 Abs. 1 Nr. 2 Satz 3 ErbStG bestimmt aber jetzt ausdrücklich die Steuerpflicht der „reicher gewordenen" Mitgesellschafter (vgl. auch R 7 Abs. 1 ErbStR). Erwirbt die GmbH dagegen den Anteil unentgeltlich als eigenen z. B. aufgrund letztwilliger Verfügung des Erblassers, muß sie den Wertzugang möglicherweise, wenn nicht eine wesentliche Beteiligung von mehr als 25% zugewendet wurde, in der ungünstigsten Steuerklasse versteuern (siehe auch oben, Rz. 275).

Um diese (teure) Konsequenz auszuschließen, beachten Sie *336* bitte den folgenden

---

Gestaltungshinweis:

Bei Nachfolgeklauseln in GmbH-Satzungen soll zur Vermeidung des Effektes der Bereicherung der Gesellschaft nur ersatzweise die Einziehung statuiert werden; besser dürfte es regelmäßig sein, sowohl den verbleibenden als auch etwa einrückenden, aber wieder zum Ausscheiden verpflichteten Erben-Gesellschaftern die Verpflichtung aufzuerlegen, den Anteil auf eine von der Gesellschafterversammlung zu benennende Person zu übertragen. Dann haben die Gesellschafter es in der Hand, die Erbschaftsteuerbelastung ihrer Gesellschaft günstigstenfalls zu vermeiden, mindestens aber zu steuern.

Denn es kommt nur dann zur Erbschaftsteuerbelastung der *337* Gesellschaft, wenn nicht eine einzelrechtsgeschäftliche Anteilsübertragung auf einen neuen oder alten Gesellschafter stattgefunden hat: Für diesen Fall der einzelrechtsgeschäftlichen Übertragung trägt natürlich der Gesellschafter selbst die Erbschaftsteuer, soweit er bereichert worden ist.

Diese Regelung auf den Todesfall entspricht derjenigen in § 7 Abs. 7 ErbStG, wo die Anteilsübertragung unter Steuerwert beim sonstigen Ausscheiden des Gesellschafters, also außer bei Tod, in gleicher Weise steuerpflichtig gestellt worden ist.

338   Wichtig ist hierbei, daß nach der Rechtsprechung des Bundesfinanzhofs hiergegen nicht eingewendet werden kann, man habe mit der Buchwertklausel (oder einer sonstigen, unter dem Steuerwert liegenden Abfindung) nur das Unternehmen schonen, keineswegs aber die Mitgesellschafter bereichern wollen:

Auf dieses Merkmal der ansonsten im Schenkung- und Erbschaftsteuerrecht unverzichtbaren **Bereicherungsabsicht** kommt es hier ausdrücklich nicht an, was der ErbSt-Richtliniengeber nochmals bestätigt hat (R 7 Abs. 1 ErbStR).

339, 340   *(einstweilen frei)*

4. Einkommensteuerliche Besonderheiten der Erbauseinandersetzung

a) Allgemeines

341   Bis zum Beschluß des Großen Senates des BFH vom 5. 7. 1990 (BStBl. II 1990 S. 837) war davon auszugehen, daß grundsätzlich das Versterben eines Vermögensinhabers und die Verteilung seines Vermögens an Erben und Vermächtnisnehmer keine einkommensteuerlichen Folgen aufwies:

Mußte an die weichenden Erben eine Abfindung oder Gleichstellung gezahlt werden, so war dies steuerlich ebenso irrelevant wie Pflichtteilszahlungen und Vermächtniserfüllungen.

342   Mit dem zitierten Beschluß des Großen Senates des BFH änderte sich die rechtstheoretische Einordnung der Erbauseinandersetzung: Sie wird nunmehr als rechtlich selbständiger Akt, der von dem Erbfall zu unterscheiden ist, angesehen und entwickelt dementsprechend auch selbständige Steuerfolgen.

Die Steuerfolgen sind derart mannigfach, daß der Bundesfinanzminister diese in zwei Schreiben vom 11. und 13. Januar 1993 (BStBl. I 1993 S. 62 und S. 80, 464) nochmals umfassend dargestellt hat. Hier sollen einmal die Grundzüge interessieren:

Solange Erben entsprechend ihrer **gesetzlichen Quote** das *343* Vermögen des Erblassers übernehmen, sind Einkommensteuerfolgen nicht zu befürchten.

Beispiel: Der Unternehmer U verstirbt und hinterläßt an seine beiden Kinder S und T ein Einzelunternehmen sowie ein privat genutztes Geschäftshaus.
Die Kinder führen in ungeteilter Erbengemeinschaft das Vermögen gemeinsam fort.

Selbst wenn sie sich quotenmäßig auseinandersetzen, etwa in der Form, daß sie die Erbengemeinschaft durch Errichtung einer Gesellschaft bürgerlichen Rechts oder offenen Handelsgesellschaft beenden, hat dies keine Einkommensteuerfolgen.

Erst in dem Moment, in dem der Erblasser oder auch die Er- *344* ben selbst die Teilung des Vermögens **quotenabweichend** vornehmen, sind Einkommensteuerfolgen zu bedenken:

Beispiel: Uwe hat in seinem Testament eine Teilungsanordnung getroffen, wonach Sven das Unternehmen, Tanja das Geschäftshaus erhalten soll. Wegen der Höherwertigkeit des Unternehmens schuldet Sven eine Ausgleichszahlung an Tanja.

Jetzt kommt die neue rechtstheoretische Sichtweise des Bundesfinanzhofs zum Tragen: Bisher wurde die Erbauseinandersetzung als **steuerneutraler Vorgang** gesehen. Das hatte zur Folge, daß derjenige, der Ausgleichszahlungen zu leisten hatte, diese als privat veranlaßt steuerlich nicht geltend machen konnte: Weder konnte er auf den Auszahlungsbetrag Abschreibungen vornehmen noch die Zinsen für die Finanzierung geltend machen.

Der Empfänger des Gleichstellungsentgeltes dagegen erhielt einkommensteuerfreies Geld, das er ausschließlich der Erbschaftsteuer zu unterwerfen hatte.

Das Fazit war, daß gerade im unternehmerischen Bereich der **Unternehmensnachfolger** ungebührlich belastet war: Er mußte aus seinem grundsätzlich steuerbelasteten Unternehmen Kapitalbeträge abführen, die das Unternehmen schwächten, wogegen der Empfänger dieses Geld einkommensteuerfrei erhielt.

Da zur Aufbringung des Kapitals erfahrungsgemäß mehr als das Doppelte an Gewinn erforderlich ist, konnte über eine solche nominell gerechte Gleichstellungszahlung ein Unternehmen in den Liquiditätstod geraten.

345   Die neue Rechtsansicht des Großen Senates des BFH geht jedoch davon aus, daß mit dem Erbfall, entsprechend der zivilrechtlichen Sicht, **alle Erben nach ihrer gesetzlichen Quote den Nachlaß übernehmen.** Setzen sie sich nunmehr auseinander, sei es aufgrund einer Teilungsanordnung oder aufgrund eigenen Entschlusses, so kommt es darauf an, ob der eine oder andere mehr als seine Quote, die ihm am Nachlaß zusteht, erhält. Dieses „**Mehr**" wird aber nicht auf den gesamten Nachlaß bezogen, sondern auf das jeweils einzelne Wirtschaftsgut des Nachlasses, das dem Empfänger im Rahmen der Teilungsanordnung zugewiesen ist.

346 **Beispiel:** Uwe weist im Rahmen einer Teilungsanordnung dem Sven das Unternehmen mit einem Verkehrswert von DM 2 Mio., der Tanja das Geschäftshaus mit einem Verkehrswert von DM 1 Mio. zu und verpflichtet Sven zur Ausgleichszahlung von DM 500 000,–.

Rechnerisch werden beide Kinder gleiche Anteile erhalten haben:
– der Sohn das Unternehmen mit einem Verkehrswert von DM 2 Mio., aber belastet mit einer Ausgleichszahlung zugunsten seiner Schwester in Höhe von DM 500 000,–;
– die Tochter ein Geschäftshaus im Wert von DM 1 Mio. zuzüglich einer Ausgleichszahlung in Höhe von DM 500 000,–.

347   Aber bezüglich des Unternehmens erhält der Sohn (DM 2 Mio. ./. DM 500 000 DM) = 1.5 Mio. im Erbweg unentgeltlich, das sind 75 % des Gesamtwertes dieser Sachgesamtheit von Wirtschaftsgütern. 25 % muß er sozusagen entgeltlich von seiner Schwester erwerben. Umgekehrt scheidet seine Schwester aus dem Unternehmen mit einer Abfindung von 25 % aus. Es kommt nun zu den normalen Einkommensteuerfolgen, die stets auftreten, wenn ein Gesellschafter einen Anteil hinzuerwirbt (so hier der Sohn) bzw. einer die Gesellschaft verläßt: Der den Anteil hinzuerwerbende Gesellschafter hat **Anschaffungskosten,** hier in Höhe von DM 500 000,–, auf die er seine Abschreibungen geltend machen kann. Muß er den Anschaffungspreis sogar

finanzieren, so kann er, ebenso wie bei einem Erwerb des Gesellschaftsanteils von einem Fremden, die Finanzierungsaufwendungen steuerlich als Betriebsausgaben absetzen.

Die Tochter hingegen hat ihren gedachten Anteil von 25% an der Unternehmung **entgeltlich veräußert** mit der Folge, daß sie die Differenz zwischen dem Buchwert und dem Erlös, den sie für ihren Anteil bekommen hat, versteuern muß.

Die neue Sicht des BFH hat also für den **Unternehmens-** *348* **nachfolger** die Verbesserung gebracht, daß er im Falle der Übernahme von Gleichstellungsgeldern an weichende Erben diese jedenfalls dann steuerlich effektuieren kann, wenn er, bezogen auf das einzelne Wirtschaftsgut oder auf die Sachgesamtheit von Wirtschaftsgütern, mehr erhält, als ihm nach seiner gesetzlichen Erbquote zusteht. Seine Aufwendungen sind also nunmehr steuerlich abzugsfähig, wogegen der Erhalt der Gleichstellungszahlungen auf seiten des weichenden Erben künftig steuerpflichtig geworden ist.

Sofern es sich bei dem per Teilungsanordnung zugewandten *349* Vermögen nicht um ein Unternehmen, sondern um **Privatvermögen** handelt, gilt Vorstehendes entsprechend, allerdings mit der selbstverständlichen Einschränkung, daß stille Reserven, die im Privatvermögen aufgelöst werden, grundsätzlich – abgesehen von Spekulationsgeschäften – nicht steuerpflichtig werden.

Beispiel: Der Erblasser ist mit 9% und damit einkommensteuerlich nicht wesentlich beteiligt an der Ackermann GmbH. Seine Beteiligung hat einen Wert von DM 2 Mio.; außerdem hat er ein Geschäftshaus im Wert von DM 1 Mio. Er wendet per Teilungsanordnung die GmbH-Beteiligung seinem Sohn, das Geschäftshaus sowie eine Ausgleichszahlung von DM 500 000,– seiner Tochter zu.

Da der Sohn den GmbH-Anteil (von 9%) zu 75% unentgeltlich erhalten hat (DM 2 Mio. Wert ./. DM 500 000,– Ausgleichszahlung = DM 1,5 Mio. = 75% des Wertes), erwirbt er 25% der Beteiligung entgeltlich.

Seine etwaigen Finanzierungsaufwendungen sind Werbungskosten.

Seine Schwester, die ihm 25% an der nicht wesentlichen GmbH-Beteiligung (von 9%) sozusagen veräußert hat, realisiert zwar einen Gewinn, dieser ist jedoch, da er im Privatvermögen stattfindet, steuerfrei.

---

350 | **Man kann sich also merken:**
Nur solche Erbauseinandersetzungen, die mit Ausgleichszahlungen verbunden sind, können zu einkommensteuerlichen Zusatzbelastungen führen.

---

351 Allerdings hat der Große Senat zugleich mehrere Möglichkeiten der **Steuervermeidung** geboten:
Übernimmt der zum Ausgleich verpflichtete Erbe statt einer Gleichstellungszahlung ein Mehr an den den Nachlaß belastenden Verbindlichkeiten, so daß sein Aktivwert sich dementsprechend auf den Betrag reduziert, den er hätte, wenn er die Ausgleichszahlung geleistet hätte, so ist der gesamte Vorgang als unentgeltlich zu beurteilen: Es kommt für den weichenden Erben nicht zu einer Einkommensteuerbelastung, allerdings auch nicht für den verbleibenden Erben zu einer Steuerentlastung durch Abschreibungen auf den Mehrerhalt.

352 **Beispiel:** Der Erblasser hat ein Unternehmen im Verkehrswert von DM 3 Mio., ein Geschäftshaus im Verkehrswert von DM 2 Mio. und private Schulden in Höhe von DM 1 Mio.
Der Sohn soll das Unternehmen fortführen, seine Schwester soll das übrige Aktivvermögen zuzüglich einer Gleichstellungszahlung in Höhe von DM 1 Mio. erhalten.

Beide Kinder haben Anspruch auf eine Vermögensteilhabe von DM 2 Mio.

353 Gestalten die Miterben entsprechend der Teilungsanordnung die Erbauseinandersetzung so, daß tatsächlich eine **Abfindungsleistung** fließt, so führt dies zur Teilentgeltlichkeit des Anteilserwerbs mit der Folge, daß die Schwester die durch das korrespondierende Ausscheiden aus der Unternehmung anfallenden Veräußerungssteuern zu zahlen hat.
Übernimmt dagegen der Sohn ein **Mehr an Verbindlichkeiten,** als er nach seiner gesetzlichen Erbquote tragen müßte, hier

also DM 1 Mio. statt nur DM 500 000,–, so bleibt die Unentgeltlichkeit des gesamten Vorgangs gewahrt mit der Folge, daß einkommensteuerliche Folgen überhaupt nicht auftreten.

Gestaltungshinweis:

Der Erblasser und die Miterben haben es durch Ausgestaltung der Realteilung demgemäß in der Hand, ob sie bei einer vermögensmäßig ungleichen Erbauseinandersetzung durch Mehrzuweisung von Schulden oder durch Statuierung von Ausgleichszahlungen Einkommensteuerfolgen auslösen oder vermeiden.

Ebenso lassen sich Einkommensteuerfolgen vermeiden, wenn *354* statt einer Erbeinsetzung Wirtschaftsgüter, die dem einen oder anderen zugedacht sind, per **Vermächtnis** diesem zugewandt werden. Denn das Vermächtnis schafft lediglich einen schuldrechtlichen Anspruch auf Verschaffung des Vermächtnisgegenstandes, d. h. weil nur der Erbe der unmittelbare Gesamtrechtsnachfolger des Erblassers geworden ist, der sodann kraft seiner **schuldrechtlichen Verpflichtung** dem Vermächtnisnehmer den Gegenstand verschaffen muß, liegt eine Erbauseinandersetzung unter den Beteiligten nicht vor: Der Vorgang bleibt somit in der Privatsphäre; eine Teilentgeltlichkeit, die Steuerpflicht auslöst, wird vermieden.

Beispiel: Der Erblasser hat ein Unternehmen im Wert von DM 2 Mio. (Buchwert DM 1 Mio.) und ein privates Geschäftshaus von DM 1 Mio.
Er testiert, daß sein Sohn Alleinerbe wird und belastet ihn mit einem Vermächtnis, seiner Schwester das Mietshaus sowie eine Zahlung in Höhe von DM 500 000,– zuzuwenden.

Obwohl wirtschaftlich dasselbe Ergebnis erreicht wird, als wären beide Geschwister zunächst Miterben geworden, die sich dann entsprechend der Vorstellung des Erblassers auseinandergesetzt hätten, ist der Vorgang einkommensteuerlich doch gänzlich anders zu werten:
Der Sohn hat das Haus und den Geldbetrag der Schwester zu übertragen, ohne daß er dies einkommensteuerlich geltend machen könnte; die Schwester erhält dieses Vermächtnis ebenfalls einkommensteuerneutral.

Aus diesem Grund ergeht folgender

Gestaltungshinweis:

Will man die Steuerfolgen vermeiden, die Ausgleichszahlungen regelmäßig auslösen, so steht dem Erblasser neben der oben aufgezeigten Möglichkeit die Variante offen, die gewollte Vermögenszuweisung durch Vermächtnis zu regeln (sogenanntes **Frankfurter Testament**).

---

355 Die Verbesserung, die sich für den Unternehmensnachfolger im einkommensteuerlichen Bereich ergeben hat, erfolgte zwangsläufig aus der neuen dogmatischen Sicht der Erbauseinandersetzung; eine bewußte und gewollte Entlastung des Betriebsnachfolgers durch sog. **Betriebsvermögenspräferenzen** hat der Gesetzgeber zunächst 1993, sodann in 1996 zusätzlich in § 13a ErbStG statuiert: Er hat dem Betriebsnachfolger einen einmaligen **Betriebsvermögensfreibetrag** für alle seine Betriebe eingeräumt von bis zu DM 500 000,–.

So leicht und eindeutig sich diese Vorschrift (§ 13a ErbStG) liest, so kompliziert ist sie doch in der Anwendung.

Beispiel: Im Anschluß an das vorangegangene Beispiel überläßt der Erblasser ein Unternehmen mit mit einem Steuerwert von DM 800 000,– und ein privates Geschäftshaus. Er testiert, daß sein Sohn Alleinerbe werde, belastet mit einem Vermächtnis zugunsten seiner Schwester, dieser das Mietshaus zuzuwenden.

In diesem Fall steht dem Sohn der Betriebsvermögensfreibetrag in voller Höhe zu: Er hat letztlich nur einen Steuerwert von (DM 800 000,– ./. DM 500 000,–) DM 300 000,–, diesen gemindert um den **Bewertungsabschlag** von 40% gemäß § 13a Abs. 2 ErbStG, der Erbschaftsteuer zu unterwerfen.

Beispiel: Testiert der Erblasser dagegen, daß Sohn und Tochter Erben werden, im Wege der Teilungsanordnung aber dem Sohn das Unternehmen, der Tochter das Mietshaus zustehen solle, so ist die Erbschaftsteuerbelastung eine andere:

In diesem Fall erben beide Kinder zunächst den Betrieb, so daß auch beide Anspruch auf den Betriebsvermögensfreibetrag haben.

Daß in Vollziehung der Teilungsanordnung der Sohn letztlich den Anteil seiner Schwester hieran übernimmt, ist ohne Bedeutung: Sie führt nicht zum Wegfall der Betriebsvermögenspräferenz auf Seiten der Tochter (ausdrücklich R 61 Abs. 2 ErbStR).

Folglich „verliert" der Sohn die Begünstigung zu $1/2$, obwohl nur er den Betrieb fortführt.

Der vom Gesetzgeber angestrebte Steuerentlastungseffekt für den Unternehmensnachfolger ist hier teilweise „verunglückt". Begünstigt wird ein Privatvermögensempfänger, was jedenfalls nicht der Zielsetzung des § 13a ErbStG entspricht.

Schon bei der vorangegangenen Gesetzesfassung in § 13 *356* Abs. 2a ErbStG a. F. war eine solche Fülle von Zweifelsfragen aufgetreten, daß die Finanzverwaltung in einem umfangreichen Erlaß vom 29. 11. 1994 (BStBl. I S. 905) Klarstellungen vornehmen mußte. Trotz der zwischenzeitlichen Erfahrungen ist es jedoch dem Gesetzgeber wiederum nicht gelungen, dem Unternehmensnachfolger den Betriebsvermögensfreibetrag und den Genuß des Bewertungsabschlages alleine zuzuweisen.

Bereinigt sind allerdings die noch unter Geltung des alten Rechts aufgetretenen Unstimmigkeiten, daß etwa der Unternehmensnachfolger, der kraft Vermächtnisses den Betrieb erhielt, von der Begünstigung des Betriebsvermögensfreibetrages ausgeschlossen war! Nach jetzt gültigem Recht erhält er, gleichgültig, ob er erbt oder im Wege des Vermächtnisses die Nachfolge antritt, diese Präferenz. Hierbei ist außerdem von hervorragender Bedeutung, daß diese Betriebsvermögensbegünstigung auch fremden Unternehmensnachfolgern zugute kommt, die überdies in den Genuß kommen, bezüglich des Betriebsvermögenserwerbs in der günstigsten Erbschaftsteuerklasse I beschenkt zu werden oder zu erben.

Diese erhebliche Auswirkung soll dargestellt werden an folgendem

Beispiel: Herr Groß beschäftigt in seinem Unternehmen, das einen Steuerwert von 5 Mio. DM aufweist, einen tüchtigen Prokuristen, der sich als Unternehmensnachfolger eignet. Herr Groß beruft seinen Sohn, der mit dem Unternehmen nichts zu tun haben will, zum Alleinerben, belastet ihn jedoch mit einem Vermächtnis zugunsten des Prokuristen, der den Betrieb unentgeltlich erhalten soll.

Unter Geltung des alten Rechts bis zum 31. 12. 1995 hätte der Prokurist keine Freude an seinem Vermächtnis haben können, denn er hätte die dafür anfallende Erbschaftsteuer nicht aufbringen können.

Der Steuerfall wäre wie folgt belastet worden:

Erwerb durch Vermächtnis	DM 5 000 000,–
./. Freibetrag	DM 3 000,–
steuerliche Bemessungsgrundlage	DM 4 997 000,–
Erbschaftsteuer hierauf 56%	**DM 2 798 000,–**

Diese Steuerschuld aufzubringen, hätte der Betrieb, ungeachtet der schon damals bestehenden Möglichkeit, die Erbschaftsteuer sieben Jahre, heute 10 Jahre lang zinslos stunden zu lassen (§ 28 Abs. 1 ErbStG), nicht überstanden.

Nach heutigem Erbschaftsteuerrecht sieht die Rechtsfolge dagegen wie folgt aus:

Vermächtnisweise Zuwendung	DM 5 000 000,–
./. Betriebsvermögensfreibetrag	DM 500 000,–
Bemessungsgrundlage	DM 4 500 000,–
./. Bewertungsabschlag 40%	DM 1 800 000,–
./. persönlicher Freibetrag	DM 10 000,–
Bemessungsgrundlage	DM 2 690 000,–
× 19% Erbschaftsteuer	DM 511 000,–

Jedoch hat der Gesetzgeber davon Abstand genommen, den Unternehmensnachfolger auch in den Genuß des für die Steuerklasse I typischen erhöhten Freibetrages kommen zu lassen, obwohl dies zur weiteren Schonung des Betriebsübergangs durchaus sinnvoll gewesen wäre. Nach dem Wortlaut von § 19a Abs. 3 ErbStG dürfte allerdings keine Chance bestehen, den gerade im betrieblichen Bereich dürftigen Freibetrag von nur 10 000,– DM, den der Prokurist als Familienfremder geltend machen kann, wenigstens auf die Größenordnung von 100 000,– DM für „die übrigen Personen der Steuerklasse I" auszudehnen.

Dessen ungeachtet zeigt sich aber, daß sich die Unternehmensnachfolge durch die Gesetzesneuregelung deutlich zugunsten der Unternehmenskontinuität verbessert worden ist.

Zugleich läßt sich aber auch aus dieser Erkenntnis „Honig für   357 Steuerpflichtige saugen".

Da sich praktisch jedes Vermögen dazu eignet, statt in der Privatsphäre auch in betrieblicher Rechtsform erfaßt zu werden, haben Steuerpflichtige die Möglichkeit, die Steuerbelastung für den Fall ihres Versterbens erheblich zu beeinflussen:

Beispiel: Herr Groß ist Inhaber eines Geschäftshauses in der Koblenzer City, das einen Mietertrag von jährlich 200 000,– DM erbringt. Er möchte dieses seiner Lebensgefährtin möglichst steuerschonend vererben.

Der Steuerwert des Hauses berechnet sich, wie oben dargestellt, durch Multiplikation der Jahresnettokaltmieten von 200 000,– DM mit 12,5, so daß der Steuerwert mit 2,5 Mio. DM datiert. Die Lebensgefährtin hat nur einen Freibetrag von 10 000,– DM, der hiervon in Abzug zu bringen ist, so daß sie im Falle des Falles 2,49 Mio. DM in Steuerklasse III mit immerhin 35% zu versteuern haben wird. Die Steuerbelastung liegt bei 871 500,– DM!

Herr Groß hat allerdings folgende Möglichkeit, die Steuerbelastung spürbar herabzusenken:

Nach altem Recht wurde in solchen Fällen die Adoption empfohlen, um die Erbschaftsteuerklasse I zugänglich zu machen. Das setzte allerdings gerade im Verhältnis von Lebensgefährten voraus, daß es gelang, plausibel ein Eltern-Kind-Verhältnis dem Gericht gegenüber zu schildern: Das dürfte nicht immer einfach gewesen sein!

Natürlich kann Herr Groß auch seine Lebensgefährtin heiraten, aber die beiden mögen ja hiergegen wichtige Gründe anführen können.

Heute bietet sich ihm, ohne diese Auswege, folgende **Alternative:**

Er bringt das Grundstück in eine gewerblich geprägte Vermögensverwaltungsgesellschaft ein, die die nach der Handelsrechtsreform vom Juni 1998 zulässige Rechtsform einer GmbH & Co. KG hat. Der Steuerwert dieser alleine das Geschäftshaus als Vermögen ausweisenden Gesellschaft liegt, wie zuvor, bei 2,5 Mio. DM.

Allerdings greift hier die Betriebsvermögensbegünstigung bei der Vermögensweitergabe:

Die künftige Erbschaftsteuer berechnet sich wie folgt:

Steuerlicher Nachlaßwert	DM 2 500 000,–
./. Betriebsvermögensfreibetrag	DM 500 000,–
	DM 2 000 000,–
./. Bewertungsabschlag 40%	DM 800 000,–
Bemessungsgrundlage	DM 1 200 000,–
./. Freibetrag (nur)	DM 10 000,–
	DM 1 190 000,–
× 19% Erbschaftsteuer	DM 226 100,–

Da Herr Groß zudem die Möglichkeit hat, schon zu Lebzeiten eine solche Gesellschaft unter reziproker Beteiligung seiner Lebensgefährtin herzustellen, kann er sogar über den Zeitablauf erreichen, daß die Erbschaftsteuer im Falle seines Versterbens praktisch vermieden wird.

358   Der bisher zusätzlich erzielbare doppelte Afa-Effekt, daß durch die Aufstockung des Einlagewertes auf Verkehrswertniveau nunmehr die stillen Reserven abgeschrieben werden konnten, wurde jedoch durch das Steuerentlastungsgesetz 1999/2000/2002 jetzt vereitelt (§ 7 Abs. 1 Satz 4 EStG!).

359, 360   (einstweilen frei)

b) Sonderfall: Personengesellschaft

361   Sonderfragen tauchen wiederum auf, wenn zum Nachlaß eine **Beteiligung an einer Personengesellschaft** gehört: Die steuerliche Beurteilung hängt dann davon ab, welche Rechtsnachfolgeklausel im Gesellschaftsvertrag vorgesehen war:

362   Lag eine **Fortsetzungsklausel** vor, wonach lediglich die überlebenden Gesellschafter die Gesellschaft fortzusetzen berechtigt sind, so löst der Erbfall keine einkommensteuerlichen Folgen aus, soweit dem nicht ins Unternehmen gelangenden Erben keine privaten Abfindungsansprüche zugesagt wurden. Übersteigen allerdings die privaten Abfindungsansprüche den Buchwert der Beteiligung des Verstorbenen, so kommt es zur – seit dem Steuerentlastungsgesetz 1999/2000/2002 nicht mehr tarifbegünstigten – Gewinnrealisierung beim Erblasser sozusagen als seinem letzten Akt.

Beispiel: Joachim und Manfred hatten eine Fortsetzungsklausel vereinbart. Die Erben sollten keinen Abfindungsanspruch haben.

Wenn einer der beiden Gesellschafter verstirbt, führt der Längerlebende den Gesellschaftsanteil fort unter Wahrung der Buchwerte mit der Folge, daß ein einkommensteuerlicher Anknüpfungsakt nicht vorliegt. Anders wäre dies, wenn der Erblasser bestimmt hätte, daß zwar der längerlebende Gesellschafter den Anteil fortführt, aber das Abfindungsguthaben den Erben in einer über dem Buchwert liegenden Größenordnung auszuzahlen sein soll: Dann ist die Differenz zwischen Buchwert und Abfindungsbetrag steuerpflichtiger Veräußerungsgewinn beim Erblasser, der den Nachlaß belastet.

Bei einer **Nachfolgeklausel** wird dies anders gesehen: 363
Zwar wird auch bei der Nachfolgeklausel der Anteil juristisch am sonstigen Nachlaß vorbeigesteuert, er zählt aber wertmäßig zur verteilungspflichtigen Erbmasse, so daß die Begünstigung des Nachfolgers bei der Nachlaßverteilung Anrechnung finden muß; damit entstehen ertragsteuerliche Konsequenzen.
Mit Urteil vom 13. 12. 1990 (BStBl. II 1991 S. 510) hat der 4. Senat des Bundesfinanzhofs dementsprechend geurteilt, daß auch Mitunternehmeranteile steuerlich in die Erbauseinandersetzung miteinzubeziehen seien, wenn sie wirtschaftlich zum Nachlaß zählten.

Bei der **einfachen Nachfolgeklausel,** dergemäß beim Tod eines Gesellschafters alle Erben nachfolgeberechtigt sind, führen 364
Ausgleichszahlungen an die weichenden Erben zu Anschaffungskosten, korrespondierend zu Veräußerungsgewinnen auf seiten der weichenden Erben (also nicht, wie bei der Fortsetzungsklausel, beim Erblasser!).
Aber auch hier besteht die Möglichkeit, durch entsprechende Gestaltung des Testamentes Steuerfolgen gänzlich zu vermeiden, etwa in der Weise, daß die Beteiligung trotz einfacher Nachfolgeklausel einem bestimmten Nachfolger kraft **Vorausvermächtnisses** zugewendet wird: Damit wird, wie bereits erläutert, eine Erbauseinandersetzung gänzlich vermieden **(Frankfurter Testament).**

365   Bei der **qualifizierten Nachfolgeklausel,** wonach zivilrechtlich der Gesellschaftsanteil des Verstorbenen unmittelbar und in vollem Umfang auf den qualifizierten Miterben fällt, werden die nicht qualifizierten Erben niemals Gesellschafter. Mitunternehmer ist ausschließlich der qualifizierte Erbe. Werden nun Abfindungszahlungen geleistet, so sind diese privat veranlaßt; es entstehen weder Anschaffungskosten beim Zahlungspflichtigen einerseits noch Veräußerungsgewinne beim Empfänger andererseits: Hier bleibt der Unternehmensnachfolger, wie nach der bisherigen Rechtsprechung üblich, mit den Steuerfolgen allein belastet (sog. Steuerfalle, s. oben Rz. 333).

366   Allerdings muß im Personengesellschaftsrecht auf die Besonderheit bei **Sonderbetriebsvermögen** Rücksicht genommen werden:

Beispiel: Joachim und Manfred sind Gesellschafter einer offenen Handelsgesellschaft. Joachim hat im Sonderbetriebsvermögen das Geschäftsgrundstück stehen. Der Gesellschaftsvertrag enthält eine qualifizierte Nachfolgeklausel zugunsten des ältesten Kindes eines jeden Gesellschafters. Per Testament verfügt Joachim, daß das Geschäftsgrundstück (Sonderbetriebsvermögen) aber seinem jüngsten Kind zufallen soll.

Da nach seinem Tod kraft der qualifizierten Nachfolgeklausel das älteste Kind den Anteil übernommen hat und Mitunternehmer geworden ist, kommt es zur **Entnahme** des dem anderen Kind zugewandten Sonderbetriebsvermögens mit der Folge der Versteuerung der stillen Reserven beim Erblasser.

367   Dasselbe Ergebnis wäre eingetreten, wenn der Gesellschaftsvertrag eine **Fortsetzungsklausel** zum Inhalt gehabt hätte: Denn in beiden Fällen wäre der Empfänger des Grundstücks nicht Mitunternehmer geworden, so daß das Grundstück als vom Erblasser entnommen zu behandeln ist.

Anders dagegen bei der sogenannten **einfachen Nachfolgeklausel** etwa des Inhalts, daß sämtliche Abkömmlinge eines Gesellschafters nachfolgeberechtigt seien: Hier wären alle Kinder als Mitunternehmer in den Gesellschaftsanteil nachgerückt, so daß auch das jüngste Kind Mitunternehmer geworden wäre, was die Entnahme vermieden hätte. Scheidet es später aus, realisiert es selbst – nicht der Erblasser – die Entnahme!

In jedem Fall ist bei Sonderbetriebsvermögen, das im Erbfall *368* oder bei vorweggenommener Erbfolge vom Betrieb getrennt werden soll, erhöhte Vorsicht angezeigt: Denn werden wesentliche Betriebsgrundlagen nicht mitverschafft, werden dem Betriebsnachfolger die Betriebsvermögenspräferenzen verwehrt.

c) Sonderfall: Sachwertabfindung

Ein besonderes und spezielles Problem erhebt sich dann, *369* wenn der Erblasser verfügt, daß die Abfindung an weichende Erben in Form der Zuwendung von betriebsverhafteten Sachwerten zu geschehen habe.

Beispiel: Zum gewillkürten Betriebsvermögen der Ackermann & Burkhardt OHG gehört ein betrieblich nicht mehr genutztes Grundstück mit einem Verkehrswert von DM 1 Mio., Buchwert DM 100 000,–.
Ackermann hat in seinem Testament bestimmt, daß sein Sohn den Gesellschaftsanteil bekommt, der unter Einschluß des Grundstücks einen Wert haben soll von DM 2 Mio.; der Sohn hat seiner Schwester das Grundstück als Ausgleichsleistung zu übertragen.

Bei dieser Sachverhaltsgestaltung kommt es zur **zweifachen Einkommensteuerbelastung**:
Da beide Kinder Miterben und damit Mitunternehmer geworden sind, kommt es beim Ausscheiden eines Miterben gegen Abfindungsleistung zur Gewinnentstehung in Höhe der Differenz zwischen dem Wert seines Abfindungsguthabens und dem Buchwert seiner Beteiligung. Der Wert des Abfindungsguthabens wird hier bestimmt durch den Wert des zu übertragenden Grundstücks.
Die stillen Reserven, die durch das Ausscheiden des Miterben aufgelöst werden, müssen sodann auf sämtliche Wirtschaftsgüter des Unternehmens einschließlich des auszuscheidenden Grundstücks gleichmäßig verteilt werden. Das Grundstück hat also einen **interpolierten** (neuen) **Buchwert,** bestehend aus dem ursprünglichen Buchwert und dem durch Entnahme erhöhten Teilwert. Verläßt dieses Grundstück nun den Betrieb im Wege

der Übertragung an den ausgeschiedenen Miterben, so kommt es für den betriebsfortführenden Miterben nochmals zu einem Entnahmegewinn, soweit er noch quotal an dem herausgelösten Grundstück zu seinem ursprünglichen Buchwert beteiligt war.

Gestaltungshinweis:
Die Sachwertabfindung sollte also wegen der zusätzlichen Besteuerung auch der verbleibenden Miterben möglichst vermieden werden.

---

d) Sonderfall: Vorweggenommene Erbfolge

370   Überträgt der künftige Erblasser sein Vermögen oder Teile davon bereits unter Lebenden mit Rücksicht auf die künftige Erbfolge auf seine Rechtsnachfolger, so spricht man von **vorweggenommener Erbfolge.** Der Übernehmer soll nach dem Willen der Beteiligten wenigstens teilweise eine unentgeltliche Zuwendung erhalten. Auch hier haben sich nach dem Beschluß des Großen Senates des BFH vom 5. 7. 1990 (BStBl. II 1990 S. 847) – insoweit korrespondierend zu seiner Rechtsprechungsänderung betreffend die Erbauseinandersetzung – neue Rechtsansichten ergeben, die ihren Niederschlag gefunden haben im Schreiben des Bundesfinanzministeriums vom 13. 1. 1993 (BStBl. I 1993 S. 80) zur ertragsteuerlichen Behandlung der vorweggenommenen Erbfolge.

371   Wird Privatvermögen oder Betriebsvermögen **unentgeltlich oder gegen Versorgungsleistungen,** das sind Renten oder dauernde Lasten, übertragen, so liegt ein unentgeltliches Rechtsgeschäft vor. Dasselbe gilt, wenn sich der Vermögensübergeber ein Nutzungsrecht an übertragenen Wirtschaftsgütern vorbehält: Weder Versorgungsleistungen noch Nutzungsrechte verschaffen dem Übertragungsgeschäft den Charakter der Entgeltlichkeit.

Beispiel: Der Vater überträgt seinem Sohn gegen Vorbehalt des Nießbrauchs ein Geschäftsgrundstück zu Eigentum.

Diese, wie bei Rz. 317 ff. dargestellt, erbschaftsteuerlich günstige Gestaltung ist also einkommensteuerlich neutral.

Verpflichtet jedoch der künftige Erblasser den Übernehmer zur Zahlung von **Gleichstellungsgeldern** an seine Geschwister oder sonstige Personen, so entsteht hier ein teilweiser Entgeltcharakter, und es kommt zu einem teilweisen Veräußerungs- und Anschaffungsgeschäft. Dasselbe gilt, wenn der Vermögensübernehmer Verbindlichkeiten des Übergebers als Ausgleich übernimmt (sogenannte Trennungstheorie, vgl. oben Rz. 95).

Sind die übernommenen Verbindlichkeiten dagegen Betriebsschulden des im Wege der vorweggenommenen Erbfolge übernommenen Betriebes, so bilden sie (infolge der sog. Einheitstheorie, vgl. oben Rz. 95) kein Veräußerungsentgelt, so daß der Betriebsübernehmer die Buchwerte des Übergebers fortzusetzen hat.

Der Unterschied dieser Behandlung wird deutlich: 372
Während bei der Vermögensübergabe von Todes wegen durch die überproportionale Tragung von Nachlaßschulden der Entgeltcharakter bei Ausgleichung von weichenden Erben vermieden werden konnte, führt hier die Übernahme privater Verbindlichkeiten des künftigen Erblassers stets zur Entgeltlichkeit des Geschäftes und damit zu Veräußerungsgewinnen und Anschaffungskosten.

Aus dieser Erkenntnis ergibt sich folgender

Gestaltungshinweis:
Gerade dann, wenn hohe stille Reserven einer kurzfristigen Abschreibung unterliegen können, empfiehlt es sich bei der Planung der Vermögensweitergabe, die Vermögensauseinandersetzung entgeltlich zu gestalten.

Das ist zum Beispiel bei der **Übertragung von Freiberuf- 373 lerpraxen** der Fall, weil hier der Praxiswert einer kurzfristigen Abschreibung von nur 5 Jahren unterliegt. Ein Freiberufler sollte also, wenn er an Übertragung der Praxis an Familienmitglieder denkt, dies möglichst im Wege vorweggenommener Erbfolge tätigen und hierbei entweder durch Übernahme privater Verbindlichkeiten oder durch Vereinbarung von Gleichstellungsgeldern die Entgeltlichkeit des Gesamtvorgangs favorisieren.

Beispiel: Rechtsanwalt Rainer möchte seine Praxis im Wege vorweggenommener Erbfolge auf seinen Sohn entgeltlich übertragen. Der Praxiswert beträgt DM 500 000,–.

Um dieses Geschäft entgeltlich zu gestalten, kann er entweder seinem Sohn zumuten, DM 500 000,– privater Schulden zu tilgen: Läuft diese private Finanzierung etwa über 15 Jahre (z. B. eine Baufinanzierung), so erreicht der Sohn dadurch, daß er den entsprechend hohen Praxiswert bereits in 5 Jahren abschreiben kann, einen entsprechenden Steuererfolg.

Oder er kann stattdessen in seinem Testament die Praxis dem Sohn reservieren, muß dann aber darauf achten, daß der Sohn nicht die bereits vorhandene Baufinanzierung übernimmt, weil dies gerade nicht zur Entgeltlichkeit der Erbauseinandersetzung führt: Der Sohn müßte dann die Schulden tragen und hätte dennoch nicht den steuerlichen Entlastungseffekt durch Abschreibung.

374 Es sollte deutlich gemacht werden, daß durch die Beschlüsse des Bundesfinanzhofs vom 5. 7. 1990 (vgl. Rz. 341 und 370) Erbfälle und vorweggenommene Erbfolgen nicht mehr nur unter dem Gesichtspunkt der Erbschaftsteuer beratungsrelevant und gestaltungsbedürftig geworden sind, sondern auch unter dem Gesichtspunkt der Einkommensteuerbelastung bzw. ihrer Vermeidung zu betrachten sind. Zusammenfassend ist darauf hinzuweisen, daß insofern eine Koordination des Willens des Erblassers, was mit seinem Vermögen zu geschehen habe, und der Vermeidung von Gefährdungen dieses Ziels durch unvorhergesehene Steuerabflüsse sowohl im Erbschaftsteuer- wie im Einkommensteuerbereich herzustellen ist.

375 Soweit die vorweggenommene ebenso wie die natürliche Erbfolge **Betriebsvermögen** betrifft, hat bereits das Standortsicherungsgesetz eine gerade von der mittelständischen Wirtschaft begrüßte Neuerung gebracht: Mit Wirkung vom 1. 1. 1994 an wird der unentgeltliche Betriebsübergang durch Gewährung eines einmaligen Freibetrages von DM 500 000,– erheblich erleichtert.

376 Die Erleichterung wurde verstärkt durch die mit dem Jahressteuergesetz 1997 auf 40% erhöhte Bewertungsbegünstigung,

wonach das Betriebsvermögen nur zu 60% zur Erbschaftsteuer-bemessungsgrundlage beiträgt. Außerdem hat der Gesetzgeber in § 28 ErbStG bestimmt, daß auf den Erwerb von Betriebsvermögen entfallende Erbschaftsteuern auf Antrag bis zu 10 Jahre zinsfrei gestundet werden können. Auch hiervon sollte der Unternehmensnachfolger Gebrauch machen, denn immerhin bedeutet die auf 10 Jahre zinslos gestundete Steuer einen Abzinsungseffekt von nahezu 50% der Steuerschuld.

Nicht zuletzt sollte innerhalb der Familienvermögensplanung darauf geachtet werden, daß die Betriebsvermögenspräferenzen möglichst mehrfach in Anspruch genommen werden können: Wie bereits dargestellt, steht der Betriebsvermögensfreibetrag dem Erblasser nur ein einziges Mal binnen des maßgeblichen 10-Jahres-Zeitraums zur Verfügung. Hat er mehrere Betriebe, so erhöht dies die Zahl der Betriebsvermögensfreibeträge nicht.

Deshalb sollte der Ehepartner, der beispielsweise kein Unternehmen hält, durch Einbringen privaten Vermögens in eine gewerblich geprägte Gesellschaft (GmbH & Co. KG) auch in seiner Hand Betriebsvermögen herstellen, um auf diese Art und Weise den Betriebsvermögensfreibetrag in der Familie – abgesehen von den weiteren Vorteilen der Bewertungsabschläge – zweimal nutzbar machen zu können.

Es muß allerdings darauf geachtet werden, daß das Gesetz eine **fünfjährige Behaltensfrist** statuiert (§ 13a Abs. 5, § 19a Abs. 5 ErbStG), d.h. der Erwerber darf den Gewerbebetrieb binnen fünf Jahren nach Erwerb weder veräußern noch aufgeben. Hierbei hat der Gesetzgeber in seiner steten Sorge, sein Entgegenkommen könne mißbraucht werden, wohl über das Ziel hinausgeschossen: Wenn der Betriebsnachfolger in Insolvenz fällt, dürfte es kaum die angemessene Reaktion des Fiskus sein, die bei Betriebserlangung gesparte Erbschaftsteuer nachzufordern! Ebensowenig dürfte verständlich sein, daß die Umwandlung des Unternehmens in eine andere Rechtsform, obwohl sie doch letztlich von der Begünstigungsteleologie des § 13a ErbStG gedeckt sein müßte, als Mißbrauchstatbestand diskriminiert wird.

Eine Steuerfalle kann beispielsweise bei folgender Gestaltung *377* auftauchen: Bei Übertragung von Anteilen an Kapitalgesellschaften ist nämlich zu beachten, daß die Vergünstigungen oder Betriebsübertragung nur greifen, wenn der Schenker oder Erblasser zu mehr als 25%, also – erbschaftsteuerlich – wesentlich, an der Gesellschaft beteiligt ist:

Beispiel: Herr Wolf hält an einer Familien GmbH einen Anteil von 30% mit einem Steuerwert von 3 Mio. DM. Er schenkt im Wege vorweggenommener Erbfolge seinem Sohn 10% an dieser Gesellschaft.
Unter Berücksichtigung des Betriebsvermögensfreibetrages, des Bewertungsabschlages und des persönlichen Freibetrages des Sohnes fällt für diesen Übertragungsakt keine Erbschaftsteuer an.
Herr Wolf verstirbt. Sein Sohn erbt die restlichen 20%.
Da Herr Wolf im Zeitpunkt der Schenkung nicht mehr zu mehr als $1/4$ an der Gesellschaft beteiligt ist, kommt für diesen Erwerb keinerlei Betriebsvergünstigung in Betracht, vielmehr muß Sohn Wolf den Anteilserwerb von 2 Mio. DM nunmehr (nach möglichem Verbrauch seines persönlichen Freibetrages) mit 19% versteuern!

Wäre dagegen zunächst die vorweggenommene Erbfolge unterblieben, so hätte der Sohn den wesentlichen Geschäftsanteil in Höhe von 3 Mio. DM steuerbegünstigt erhalten, so daß er hierauf insgesamt nur 209 000,– DM Erbschaftsteuern hätte entrichten müssen, anstatt alleine für den geringerwertigen 20%-Anteil annähernd 400 000,– DM!

> **Gestaltungshinweis:**
> Gerade bei der vorweggenommenen Erbfolge im Kapitalgesellschaftsbereich muß deshalb darauf geachtet werden, ob in nächster Zeit Umwandlungen anstehen oder sonstige Maßnahmen erfolgen werden, die die Inanspruchnahme von Steuervergünstigungen letztlich konterkarieren.

378 Bei der Übertragung von Kapitalgesellschaftsanteilen sollte ohnehin immer überlegt werden, ob von der Inanspruchnahme der Betriebsvermögensvergünstigung Gebrauch gemacht wird: Denn im Falle des fremdfinanzierten Erwerbs kann hier eine beachtliche Verschlechterung gegenüber der Nichtinanspruchnahme der Steuervergünstigung die Folge sein:

Beispiel: Herr Lutz hat einen GmbH-Anteil von 30% mit einem Steuerwert von 1 Mio. DM für 2 Mio. DM erworben. Er hat die Anschaffungskosten komplett fremdfinanziert.

Übertragt er die Anteile zum Steuerwert von 1 Mio. DM, kann er bei Verzicht auf die Vergünstigung des § 13 a ErbStG gemäß Absatz 6 einen Schuldenüberhang von 1 Mio. DM übertragen, der durch die gleichzeitige Übertragung positiver Wirtschaftsgüter aufgefüttert werden kann: Er übertragt also die GmbH zzgl. weiterer Wirtschaftsgüter im Werte von 1 Mio. DM, ohne daß auch nur eine Mark an Erbschaftsteuern anfällt.

Nimmt er dagegen die Vergünstigung des Betriebsvermögensfreibetrages und des Bewertungsabschlages in Anspruch, so kann er die Finanzierungsschuld nur im Verhältnis des Steuerwertes der Anteile zu dem Verkehrswert, der den Anschaffungskosten entspricht, geltend machen, somit in wesentlich geringerer Höhe, wodurch letztlich der Schuldenüberhang geringer ausfällt mit der weiteren Folge, daß nur weniger positives Vermögen zugleich mitübertragen werden kann.

Berechnung:

Der GmbH-Anteil hat einen Steuerwert von	DM 1 000 000,–
./. Betriebsvermögensfreibetrag	DM 500 000,–
	DM 500 000,–
./. Bewertungsabschlag 40%	DM 200 000,–
Ansatzwert	DM 300 000,–

Die abziehbare Schuld berechnet sich nach § 10 Abs. 6 Satz 5 ErbStG wie folgt:

$$\frac{2 \text{ Mio. DM} \times 300\,000,- \text{ DM}}{1 \text{ Mio. DM}} = 600\,000 \text{ DM}$$

Herr Lutz kann also bei Inanspruchnahme der Betriebsvermögensvergünstigung nur (300 000,– DM abzgl. 600 000,– DM =) – 300 000,– DM Schuldenüberhang – statt 1 Mio. DM – durch Übertragung positiver Wirtschaftsgüter kompensieren.

(einstweilen frei) *379, 380*

III. Der Steuersatz als Bruchteil der Bemessungsgrundlage

381　　Wenn eine steuerpflichtige Person von Todes wegen etwas erworben hat, wird die **Bereicherung** festgestellt, die die Bemessungsgrundlage für die Erbschaftsteuer ergibt.

Weil die Erbschaftsteuer, wie sich oben an den Beispielen gezeigt hat, in vielen Fällen der vertraglichen Modifikation zugänglich ist, hat der in der Einleitung zitierte Satz des englischen Advokaten, die Bemessungsgrundlage für die Erbschaftsteuer sei die Dummheit des Mandanten, eine gewisse Berechtigung:

Ausgangswert für den steuerpflichtigen Erwerb ist der in Geld umgerechnete Bruttovermögensanfall abzüglich der vom Gesetzgeber zum Abzug zugelassenen Nachlaßverbindlichkeiten und der steuerbefreiten Zugänge und der Freibeträge (§§ 10 Abs. 1, 10 Abs. 3–9; § 13 ErbStG sowie §§ 16, 17 und 5 Abs. 1 S. 2 ErbStG). Hierauf findet sodann der individuelle Steuersatz Anwendung (s. oben Rz. 117).

1. Nachlaßverbindlichkeiten

382　　Nach dem der Besteuerung zugrundeliegenden **Netto-Prinzip,** wonach nur der Saldo der Bereicherung steuerpflichtig ist, können grundsätzlich alle mit dem Erwerb verbundenen Erwerbsschmälerungen mit ihrem steuerlichen Wert in Abzug gebracht werden, und zwar sowohl die Erblasserschulden als auch die Erbfallschulden wie Pflichtteilsansprüche, Vermächtnisse etc.

383　　Ausgenommen von der Abzugsfähgkeit sind allerdings solche Schulden und Lasten, die mit Vermögensgegenständen im Zusammenhang stehen, die **nicht der Besteuerung** nach diesem Gesetz unterliegen (§ 10 Abs. 6 ErbStG).

Beispiel: Der Erblasser vererbt unter anderem ein in der Schweiz belegenes Chalet, das nach dem ErbSt-DBA Schweiz ausschließlich dort versteuert wird.

Etwaige Finanzierungsschulden kann der Erbe hier nicht steuerwirksam absetzen.

Soweit jedoch Schulden mit erbschaftsteuerpflichtigem Ver-   *384*
mögen in Zusammenhang stehen, und der häufig gegenüber dem
Verkehrswert niedrigere **Steuerwert** als Bemessungsgrundlage
zur Anwendung kommt, läßt sich durch Abzug der nominal
bewerteten **Nachlaßverbindlichkeiten** im Regelfall manche
Steuergestaltung zugunsten des Steuerpflichtigen herbeiführen.

Beispiel: Der Erblasser hat ein Vermögen von DM 8 Mio. in Geld,
das er seiner einzigen Tochter zuzuwenden gedenkt.

Diese wird (unter Vernachlässigung des Erbschaftsteuerfrei-
betrages) hierauf 19% Erbschaftsteuer zu entrichten haben, das
sind 1 520 000,– DM.

Geht der Erblasser aber hin und erwirbt er ein Grundstück
im Wert von DM 10 Mio. auf Fremdfinanzierungsbasis, so stellt
sich die Erbschaftsteuerbelastung im Versterbensfall wie folgt
dar:

Vermögenswerte:
geschätzter Steuerwert des erworbenen Grundver-
mögens etwa 50% =   DM   5 000 000,–
./. Schulden   ./.   DM 10 000 000,–
+ Geldvermögen   DM   8 000 000,–
zu versteuern   DM   3 000 000,–
mit 19% =   **DM   570 000,–**
statt   DM 1 520 000,–

Veräußert die Tochter nach Todesfall des Vaters das Grundstück zum Einstandspreis gegen Freistellung von Verbindlichkeiten, so hat sie insgesamt den Gesamtgeldnachlaß von
DM 8 Mio. für nur DM 570 000,– Steuerbelastung übernehmen
können.

Gestaltungshinweis:
Ein hoch steuerpflichtiger Nachlaß kann durch geschickte
Schuldenaufnahme, die den Steuerwert übersteigt (aber unter
dem Verkehrswert liegt) steuerwirksam verkürzt werden, weil
Schulden zum Nominalwert berücksichtigt werden, was für
das entsprechende Aktivvermögen nicht uneingeschränkt gilt.

Diese Konsequenz kann allerdings nicht im Wege der vorweg-genommenen Erbfolge erreicht werden: Hier werden die Schul-den nicht mit dem Nominalwert gegen den niedrigeren Steuerwert verrechnet, sondern nur anteilig in Höhe des Verhältnisses zwi-schen Verkehrswert und Steuerwert der Immobilie. Das hieße im

Beispiel:

Verkehrswert des Grundvermögens	DM 10 000 000,–
Steuerwert	DM 5 000 000,–
Nominalwert der Schulden	DM 10 000 000,–
steuerlich effektuierbarer Anteil	DM 5 000 000,–

Die Bemessungsgrundlage für die Schenkungsteuer beträgt somit 0,– DM, so daß der Schuldenüberhang von weiteren DM 5 Mio bei Übertragung unter Lebenden steuerlich ungenutzt bleibt (**gemischte Schenkung,** Trennungstheorie).

Um auch unter Lebenden denselben Effekt wie beim Erbfall herzustellen, könnte jedoch wiederum der allerdings **gewerblich geprägte Familienpool** (Rz. 311, 376) als Gestaltungsinstrument helfen, weil in diesem ohne weiteres eine Vollsaldierung der Schulden mit dem Steuerwert stattfindet (Einheitstheorie!), so daß der Schuldenüberhang steuerwirksam wird. Um diesen aus-zuschöpfen, könnte im Rahmen allerdings einer einheitlichen Schenkung des Pools weiteres positives Vermögen übertragen werden. Dasselbe gilt ausnahmsweise auch, aber auch nur bei Schenkungen von positivem und negativem Vermögen in einem zusammenhängenden Akt.

2. Steuerbefreite Gegenstände

385   In dem Katalog des § 13 ErbStG sind solche Gegenstände aufgezählt, die der Erbe innerhalb der angehobenen Freibeträ-ge steuerfrei erwerben kann (vgl. oben Rz. 107 ff.).

Hierzu zählen neben Hausrat und Wohnungseinrichtung auch Kunstgegenstände und Kunstsammlungen sowie solche Vermö-gensgegenstände, die Eltern ihren Kindern geschenkt haben und die an diese von Todes wegen zurückfallen, außerdem die Berei-cherung aufgrund des Verzichtes auf die Geltendmachung des Pflichtteilsrechts oder des Erbersatzanspruchs etc.

Auch diese Kenntnis kann für steuerwirksame Gestaltungen *386* effektvoll genutzt werden.

Beispiel: Der Inhaber einer werthaltigen GmbH-Beteiligung von 20% möchte sicherstellen, daß diese sein Sohn erhält, sollte der Sohn jedoch vorab versterben, daß sie an seine Tochter weitergegeben wird.

Würde er bei Hingabe des Gesellschaftsanteils an den Sohn diesen verpflichten, den Anteil bei seinem Tod auf seine Schwester zu übertragen, so würde die Schenkung an den Sohn in Erbschaftsteuerklasse I besteuert, die Vererbung von Sohn an Schwester in Erbschaftsteuerklasse II. Das würde eine doch beachtliche Erbschaft- und Schenkungsteuerbelastung mit sich führen.

Demgegenüber könnte der Vermögensinhaber wie folgt verfahren:

Er schenkt seinem Sohn **auflösend bedingt** die Beteiligung und schenkt zugleich, allerdings **aufschiebend bedingt** für den Fall des Rückfalles der Beteiligung infolge des Todes des Sohnes, dieselbe Beteiligung der Tochter.

Dadurch erreicht er, daß zwar die erste Schenkung an den Sohn mit Schenkungsteuer gemäß Steuerklasse I belegt wird; fällt der Anteil infolge des Versterbens des Sohnes auf den Vater zurück, so ist dies nicht nur erbschaftsteuerfrei (§ 13 Abs. 1 Nr. 10 ErbStG), sondern überdies wird die bereits gezahlte Erbschaftsteuer nach § 29 ErbStG zurückerstattet. Nunmehr greift die aufschiebende Bedingung: Der Anteil wird vom Vater wiederum in Erbschaftsteuerklasse I an die Tochter transferiert mit der Folge, daß die rückerstattete Erbschaftsteuer hier verwendet werden kann, um die jetzt neu entstehende Erbschaftsteuerschuld zu begleichen.

Der Vorgang löst also wirtschaftlich nur eine **einfache Erbschaftsteuerbelastung** und nicht eine infolge der höheren Erbschaftsteuerklasse erhöhte Steuerbelastung aus.

(einstweilen frei) *387–389*

3. Persönliche Steuerfreibeträge

Die Bemessungsgrundlage wird zusätzlich gemindert durch *390* die Ausschöpfung persönlicher Steuerfreibeträge, sowohl bei Schenkung als auch bei Erwerb von Todes wegen. Diese sind je nach Beziehungsgrad der beteiligten Personen unterschiedlich hoch. Hinzu kommt noch der persönliche Versorgungsfreibetrag nach § 17 ErbStG, der sozusagen als Äquivalent solchen Personen gewährt wird, die keine erbschaftsteuerfreien Altersrenten zu beziehen haben. Zwar hat der Reformgesetzgeber 1997 diese der zwischenzeitlichen Kaufkraftentwertung angepaßt, indem z. B. Ehepartner einen Versorgungsfreibetrag von DM 500 000,– (statt bisher DM 250 000,–) haben, aber schon durch eine Altersrente von monatlich ca. 3000,– DM würde dieser Sonderfreibetrag wieder voll kompensiert. Zu diesen anrechnungspflichtigen Renten gehören z. B. Freiberuflerrenten aus berufsständischen Versorgungswerken, Betriebsrenten aus dem Arbeitsverhältnis des Erblassers, Beamtenpensionen und ähnliche Versorgungsbezüge. Leistungen aus Kapitallebensversicherungen mit Rentenwahlrecht zählen jedoch nicht hierzu, da sie ohnedies nach § 3 Abs. 1 Nr. 4 ErbStG besteuert werden.

391 Der besondere **Steuerfreibetrag für Unternehmensnachfolge** in Höhe von DM 500 000,– wurde bereits mit dem Standortsicherungsgesetz mit Wirkung ab dem 1. 1. 1994 in das Erbschaftsteuerrecht eingefügt. Mit dem Jahressteuergesetz 1997 wurde diese Steuerentlastung auf jeden Betriebsnachfolger, unabhängig vom Grad der Verwandtschaft, ausgedehnt: Die bislang oft krampfhafte Interpretation, daß die Betriebsübertragung auch als vorweggenommene Erbfolge und nicht als bloße Schenkung an einen Dritten ausgestaltet war, ist im Interesse einer personen- und motivunabhängigen Förderung der Betriebserhaltung überflüssig geworden!

392 Ein **besonderer Steuerfreibetrag** ergibt sich aber aus **§ 5 Abs. 1 und 2 ErbStG.** Er steht in Beziehung zu dem gewählten Güterstand.

Beispiel: Die Eheleute Andreas und Daniela sind im gesetzlichen Güterstand der Zugewinngemeinschaft miteinander verheiratet. Andreas hat im Verlauf der Ehe ein Vermögen von DM 5 Mio. aufgebaut, wogegen seine Ehefrau keinen Zugewinn in der Ehe verwirklicht hat.

Verstirbt nun Andreas unter gleichzeitiger Berufung seiner Ehefrau Daniela zur Alleinerbin, so kommt es zum **Zugewinn-**

ausgleich gemäß §§ 1371 f. BGB: Daniela aktualisiert ihren Anspruch auf Teilhabe am ehelichen Zugewinn in Höhe von DM 2,5 Mio.

Dieser Betrag, der ihr nach den güterrechtlichen Verhältnissen wirtschaftlich bereits im Laufe der Ehe zugewachsen war, wenn er auch juristisch weder geltend gemacht noch dinglich in Form von Miteigentum an dem Vermögen des Ehemannes repräsentiert war, fällt der Ehefrau **erbschaftsteuerfrei** zu!

Die Berechnung sieht dann wie folgt aus:

Nachlaß	DM 5 000 000,–
./. allgemeiner Freibetrag	DM 600 000,–
./. Versorgungsfreibetrag	DM 500 000,–
./. **Zugewinnausgleichsanspruch** als Sonderfreibetrag	**DM 2 500 000,–**
steuerpflichtig somit	DM 1 400 000,–
Erbschaftsteuer 19% =	DM 266 000,–

Wäre sie dagegen in **Gütertrennung** verheiratet gewesen, so hätte zwangsläufig kein solcher Sonderfreibetrag entstehen können, weil ja in der Gütertrennung eben kein Zugewinnausgleich stattfindet, so daß die Berechnung dann wie folgt aussähe:

Nachlaß	DM 5 000 000,–
./. allgemeiner Freibetrag	DM 600 000,–
./. Versorgungsfreibetrag	DM 500 000,–
steuerpflichtig somit	DM 3 900 000,–
× 19% =	DM 741 000,–
Steuermehrbelastung durch „falschen" Güterstand	**DM 475 000,–**

393

> **Gestaltungshinweis:**
> Wegen der Möglichkeit, einen erbschaftsteuerfreien Sonderfreibetrag geltend zu machen, sollte deshalb unter Ehepartnern wenigstens auf den Todesfall die Zugewinngemeinschaft statt einer Gütertrennung vereinbart sein (sog. **modifizierte Zugewinngemeinschaft**).

Diese Gestaltung wird nicht nur solchen Personen empfohlen, die gedenken, die Ehe einzugehen, sie wurde vornehmlich in **sogenannten Altehen** nutzbar gemacht: Denn der Bundesfinanzhof hat durch Urteil vom 28. 6. 1989, BStBl. II 89, 897, bestätigt durch BFH-Urteil vom 12. 5. 1993, festgestellt, daß selbst die **rückwirkende Vereinbarung der (modifizierten) Zugewinngemeinschaft** auf den Tag der Eheschließung zulässig und steuerlich zu beachten sei.

Beispiel: Im Streitfall hatte ein annähernd 80 Jahre altes Ehepaar sich entschlossen, die bisher gültige Gütertrennung aufzuheben und stattdessen die Zugewinngemeinschaft als seinen ehelichen Güterstand zu vereinbaren.

Sie vereinbarten diesen mit Rückwirkung auf den Tag ihrer Eheschließung.

Der Bundesfinanzhof folgte ihnen, allerdings mit der Einschränkung, daß die Zugewinngemeinschaft nicht für einen weiter zurückliegenden Zeitraum als den 1. 7. 1958 vereinbart werden könne, da nämlich zu diesem Zeitpunkt das Gleichberechtigungsgesetz in Kraft trat, das erstmalig den Güterstand der Zugewinngemeinschaft als gesetzlichen Güterstand einrichtete.

Auf diese Art und Weise hatten auch Alteheleute, die bislang in Gütertrennung verheiratet waren, die Möglichkeit, noch nachträglich in den Genuß des Sonderfreibetrages zu gelangen.

Mit einem Überraschungscoup hat der Gesetzgeber diese Gestaltungsmöglichkeit im Dezember 1993 verbaut: Rückwirkende Vereinbarungen von Zugewinnausgleichungen auf den Todesfall wurden für steuerlich unbeachtlich erklärt (§ 5 Abs. 1 Satz 2–4 ErbStG).

Allerdings besteht immer noch die Möglichkeit, den Güterstand der Gütertrennung unter Lebenden durch Ehevertrag zu beenden, einen Ausgleich zu vereinbaren und tatsächlich zu bewirken und so den aufgelaufenen Zugewinn doch noch steuerfrei auf den Ehepartner zu übertragen: Denn § 5 Abs. 2 ErbStG bestimmt, daß die auch bei vertragsweiser Beendigung des Güterstandes anfallende, zivilrechtlich wirksam vereinbarte und tatsächlich ausgeführte Zugewinnausgleichung steuerfrei zu bleiben hat. Im übrigen ist die vertragliche Rückbeziehung des Zugewinnausgleichsanspruchs auf den Tag der Eheschließung auch unter folgendem Gesichtspunkt unverändert sinnvoll: Wenn der längstlebende Ehepartner z. B. die Erbschaft ausschlägt und stattdessen den Zugewinnausgleich und den kleinen Pflichtteil fordert, kann er ebenfalls, wenn das Vermögen vornehmlich während der Ehe erwirtschaftet wurde, immerhin einhalb dieses Vermögens steuerfrei beziehen! (vgl. § 5 Abs. 2 ErbStG, § 1371 Abs. 2 BGB: güterrechtliche Lösung, oben Rz. 43). Die Zugewinnausgleichung – und damit der Vermögenstransfer auf den „schwächeren" Ehepartner – ist hier erbschaft- und schenkungsteuerfrei!

Die neuen Erbschaftsteuer-Richtlinien versuchen in R 12 ErbStR nun, insoweit vom Wortlaut des Gesetzes nicht mehr gedeckt, schon die ehevertragliche Vereinbarung einer modifizierten, erhöhten Zugewinnausgleichsforderung als steuerpflichtige Schenkung zu erfassen: Die rückwirkende Umkehr von Gütertrennung in Zugewinngemeinschaft soll damit ausgeschlossen werden. Es wird sich zeigen, ob diese Sicht der Dinge Bestand haben wird.

Bei der Geltendmachung des Zugewinnausgleichsanspruchs als *394* Sonderfreibetrag ergibt sich folgendes Problem:

Bekanntlich ist der Zugewinnausgleichsanspruch ein nominal bewerteter, am Verkehrswert orientierter **Geldanspruch.**

Der Nachlaß, von dem der Zugewinnausgleichsanspruch als Freibetrag abzusetzen ist, wird aber keineswegs nominal bewertet, sondern nach den steuerlichen Vorschriften des Bewertungsgesetzes. Das kann zu folgender Konstellation führen:

Beispiel: Markus hat ein verkehrsbewertetes Vermögen von DM 10 Mio., das er im Laufe seiner Ehe mit Hanna, mit der er im gesetzlichen Güterstand lebte, erworben hat.

Der Steuerwert des Nachlasses beläuft sich aber nur auf DM 6 Mio., weil er im wesentlichen aus Grundvermögen besteht.

Wenn Markus nun verstirbt, müßte sich Hannas Erbschaft- *395* steuerbelastung unter Berücksichtigung des Zugewinnausgleichsanspruchs wie folgt errechnen:

Nachlaß	DM	6 000 000,–
./. allgemeiner Freibetrag	DM	600 000,–
./. Versorgungsfreibetrag	DM	500 000,–
./. Zugewinnausgleichsanspruch als Sonderfreibetrag	DM	5 000 000,–
steuerpflichtig somit	DM	0,–

Da der verkehrsbewertete Zugewinnausgleichsanspruch den Steuerwert bei weitem übersteigt, wäre die Steuerpflicht danach gänzlich ausgeschlossen.

396 Dem ist jedoch die Finanzverwaltung entgegengetreten, die den Sonderfreibetrag ins Verhältnis zu dem Steuerwert setzt, wobei nach den gleichlautenden Erlassen der obersten Finanzbehörden vom 20. 12. 1974/10. 3. 1976 (BStBl. I 1976 S. 145) folgende Formel gilt:

$$\text{Zugewinnausgleichsanspruch} \times \frac{\text{Steuerwert des Endvermögens}}{\text{Verkehrswert des Endvermögens}} = \text{geminderte Zugewinnausgleichsforderung}$$

Im Beispiel würde sich somit der Sonderfreibetrag wie folgt berechnen:

$$\text{DM 5 Mio.} \times \frac{\text{DM 6 Mio.}}{\text{DM 10 Mio.}} = \text{DM 3 Mio.}$$

Der Zugewinnausgleichsanspruch von DM 5 Mio. soll danach nur mit maximal DM 3 Mio. steuermindernd geltend gemacht werden dürfen.

Die Erbschaftsteuerberechnung sieht also wie folgt aus:

Nachlaß im Steuerwert:	DM 6 000 000,–
./. allgemeiner Freibetrag	DM 600 000,–
./. Versorgungsfreibetrag	DM 500 000,–
./. Zugewinnausgleichsanspruch als Sonderfreibetrag	DM 3 000 000,–
steuerpflichtig somit	DM 1 900 000,–
× 19% =	DM 361 000,–

Diese von der Finanzverwaltung seit jeher angewendete Formel, die in der Literatur stark angegriffen wurde, weil sie im Gesetz keine Stütze finde, ist zwischenzeitlich vom BFH mit Urteil vom 10. 3. 1993 (BStBl. II 1993 S. 510) bestätigt worden.

Der Bundesfinanzhof räumt zwar ein, daß der Wortlaut des § 5 Abs. 1 Satz 2 ErbStG (a. F.) insoweit nicht eindeutig sei, aber unter Berücksichtigung seines Regelungsziels sei diese Auslegung geboten. Dessenungeachtet sollte der Rechtsstandpunkt bezogen werden, daß nach § 5 Abs. 1 S. 5 ErbStG (n. F.) nicht der Freibetrag beschränkt wird, sondern lediglich der Steuerwert des Nachlasses die Grenze des Freibetrages darstellt, also lediglich eine Negativzuwendung ausgeschlossen sein soll!

(einstweilen frei) *397–400*

4. Veränderungen durch bestimmte Einzelmaßnahmen

Abgesehen von diesen gesetzlichen Änderungen der Bemes- *401* sungsgrundlage, die für die Erbschaftsteuer maßgeblich ist, bieten sich dem Steuerpflichtigen mannigfache Möglichkeiten, die **Bemessungsgrundlage** durch gezielte Maßnahmen zu verändern.

Beispiel: Der Senior möchte seine Immobilien mit einem steuerlichen Wert von 10 Mio. DM seinem Neffen vererben.

Die Erbschaftsteuer hieraus betrüge in Erbschaftsteuerklasse II 27%, das sind 2,7 Mio. DM Liquiditätsabfluß.

Da zur Aufbringung der erforderlichen Gelder letztlich Immobilien verkauft werden müßten, könnte der Senior seinen Neffen **adoptieren,** wodurch dieser in Erbschaftsteuerklasse I gelangen würde mit der Folge, daß sich die Erbschaftsteuerbelastung auf 19% reduzierte. Bei hohen Privatvermögen ist somit die Adoption – z.B. des nichtehelichen Lebensgefährten – auch künftig noch ein effektives Gestaltungsinstrument.

Das bislang belastende Problem der Unternehmensnachfolge durch nichtverwandte Personen, das früher nur mit dem „Vehikel" der oftmals emotional beschwerten Erwachsenenadoption gelöst werden konnte, ist durch das Jahressteuergesetz 1997 allerdings entschärft (s. oben Rz. 356 f.).

Im übrigen bietet sich die Möglichkeit, grundsätzlich steuer- *402* lich günstig bewertetes statt ungünstig bewertetes Vermögen zu halten.

Dieser Aspekt wird insbesondere relevant bei der Gestaltung der **Unternehmensnachfolge:**

Beispiel: Der Einzelunternehmer Flott, dessen Unternehmen mit hohem Ertrag wirtschaftet, beabsichtigt die Nachfolge auf seinen Sohn einzurichten. Er wandelt zuvor das Unternehmen in eine GmbH um.

Weil die GmbH nach dem sogenannten **Stuttgarter Verfahren** (heute: R 96 ErbStR) bewertet wird, wobei nach Aktualität der Erzielung (s. R 99 ErbStR) Ertragsgesichtspunkte den Wert der Unternehmung bestimmen, ist erfahrungsgemäß der gemeine Wert von GmbH-Anteilen, der für die Bemessung der Erbschaftsteuer maßgeblich ist, höher als der Einheitswert für das gleiche Unternehmen in allerdings personalistischer Rechtsform: Es wäre töricht, wenn das Unternehmen erst umgewandelt und dann übertragen würde; besser wäre es, erst die Übertragung des Unternehmens einzurichten und anschließend die Umwandlung vorzunehmen. Dann nämlich ist der höhere Wert ohne weiteres beim Unternehmensnachfolger verwirklicht, ohne daß er auf die nur rechtsformbedingte Werterhöhung Erbschaftsteuer hätte zahlen müssen.

Beispiel: Die Werbeagentur von Herrn Flott erzielt einen jährlichen Gewinn (nach kalkulatorischen Kosten wie Unternehmerlohn, Eigenkapitalverzinsung, Eigenmiete und nach einem pauschalen Abschlag von 15%) von DM 1 Mio. Da für den Betrieb der Agentur kein großes Sachvermögen erforderlich ist, beträgt der Steuerwert des Unternehmens DM 500 000,–.
Überträgt Herr Flott die Unternehmung auf seinen Sohn, so fällt in Anbetracht des gleichhohen Betriebsvermögensfreibetrages keinerlei Schenkungsteuer an.
Hätte Herr Flott jedoch die Agentur in Rechtsform der GmbH geführt, so wäre trotz der erst mit dem Jahressteuergesetz 1997 erfolgten Übertragungsbegünstigung auch für GmbH-anteile folgende Erbschaftsteuerbelastung zu gewärtigen:

Wert der GmbH nach Stuttgarter Verfahren:
 (Vermögenswert + 5-facher Ertragswert) × 68%
= (500 000,– + [5 × 1 000 000]) × 68%

= 3 740 000,–	DM 3 740 000,–
./. Betriebsvermögensfreibetrag	./. DM 500 000,–
	DM 3 240 000,–
./. Bewertungsabschlag 40%	DM 1 296 000,–
	DM 1 944 000,–
./. pers. Freibetrag	DM 400 000,–
	DM 1 544 000,–
× 19% = rechtsformbedingte Verteuerung =	**DM 293 000,–**

Gestaltungshinweis:

Vor jeder Vermögensweitergabe ist deshalb zu prüfen, ob die Bemessungsgrundlage durch Veränderung des Angehörigkeitsverhältnisses oder, soweit Unternehmensvermögen in Rede steht, durch Ausnutzung von Bewertungsunterschieden günstig beeinflußt werden kann.

Man kann sich merken:

Eine Unternehmung ist in Rechtsform der Personengesellschaft erbschaftsteuerlich dann günstiger zu übertragen als eine Kapitalgesellschaft, wenn sie hohe Erträge bringt; denn für sie gilt unverändert nur der Einheitswert ohne Ertragskomponente. Bis zu einer Rentabilität von ca 10%, bezogen auf den Einheitswert des Betriebsvermögens, sind beide Rechtsformalternativen ungefähr steuerlich gleichbelastet; bei höherer Rentabilität wird die Kapitalgesellschaft ceteris paribus erbschaft- und schenkungsteuerlich spürbar teurer!

Das Mittel zur Beeinflussung der Bemessungsgrundlage kann *403* auch die **letztwillige Verfügung** sein, wobei es steuerlich grundsätzlich unbedeutend ist, ob das Testament rechtswirksam ist:

Beispiel: Die Eheleute Thomas und Simone hatten ein gemeinschaftliches Testament errichtet, wonach die Kinder Kerstin und Torsten das gesamte Vermögen gemeinsam erhalten sollten. Nach dem Tod von Thomas testiert Simone erneut und beruft Kerstin zu $^3/_4$ und Torsten zu $^1/_4$ als Erben.

Obwohl die Errichtung des Einzeltestamentes nach dem Tod eines Ehepartners gemäß § 2271 BGB nicht wirksam ist (s. oben Rz. 60), wird es als Grundlage der Besteuerung anerkannt, soweit die Erben es wirtschaftlich im Interesse der Streitvermeidung vollzogen haben (es sei denn, sie haben eine Abweichung vom Erblasserwillen ausschließlich aus steuertaktischen Gründen vorgenommen).

Mit dieser Kenntnis konnte folgender Fall erbschaftsteuerlich *404* verbessert werden:

Beispiel: Die Eheleute haben maschinenschriftlich ein Testament errichtet und ihrem Sohn Siegfried ein Grundstück von DM 1 Mio., dem Sohn Gerhard ein solches von DM 500 000,– ohne Ausgleichspflicht zugewandt.

Korrekterweise haben Siegfried und Gerhard in gesetzlicher Erbfolge zu je $1/2$ und somit je 750 000,– DM geerbt. Denn das Testament war formunwirksam.

Setzen sie sich dessen ungeachtet nach dem ungültigen Testament auseinander, so legt das Steuerrecht die tatsächliche Vermögenszuteilung der Besteuerung zugrunde:

Siegfried versteuert DM 1 Mio., Gerhard nur DM 500 000,–.

405   Überhaupt bietet das Testament die weitestgehende Möglichkeit, die Bemessungsgrundlage zu beeinflussen.

Hat beispielsweise der Sohn bereits hohe Vorwegempfänge erhalten, so kann durch Testament sichergestellt werden, daß er die weiteren Empfänge erst nach Ablauf der zehnjährigen Zusammenrechnungsfrist gemäß § 14 ErbStG erhält (vgl. oben Rz. 118).

Beispiel: Dem Sohn war bereits ein Vermögen in Höhe von DM 1 Mio. zu Lebzeiten übertragen worden. Damit war der erbschaftsteuerliche Freibetrag und die niedrige Progression ausgeschöpft.

Der Vater möchte ihm die zweite Million übertragen.

Tut er dies binnen der zehnjährigen Zusammenrechnungsfrist, so wird letztlich der Erhalt von DM 2 Mio. steuerpflichtig.

Vererbt oder wendet er vermächtnisweise, aber aufschiebend bedingt, den Betrag der weiteren Million auf den Zeitpunkt zu, da der Zehn-Jahres-Zeitraum abgelaufen sein wird, so nutzt er wiederum die untere Progression und schöpft den Freibetrag neuerlich aus. Diese Gestaltung dürfte trotz der Diskriminierung aufschiebend bedingter Erbeinsetzung oder Vermächtniszuwendungen gemäß § 6 Abs. 4 ErbStG effektiv sein, weil die Bedingung nicht der Tod des Ersterwerbers ist, sondern der Fristablauf. § 6 Abs. 4 ErbStG erfaßt diesen Bedingungseintritt jedoch nicht.

> **Gestaltungshinweis:**
> Durch bedingte oder betagte Zuwendungen kann der Erblasser den Steuerentstehungszeitpunkt so hinausschieben, daß die wiederholte Ausnutzung des persönlichen Freibetrages und der Eingangsprogression trotz etwaiger Vorwegempfänge ermöglicht wird.

Daß durch die Aufteilung des Nachlasses an mehrere Empfänger eine Senkung der Steuerprogressionen erreicht werden kann, versteht sich von selbst. Hier kann der Erblasser zusätzlich Steuereinsparungseffekte verstärken, indem er etwa steuerlich günstig bewertetes Vermögen solchen Hinterbliebenen überläßt, die steuerlich ungünstig besteuert werden, steuerlich ungünstig bewertetes Vermögen aber denen, die steuerlich günstig erben. **406**

Beispiel: Der Vater hat ein Barvermögen von DM 1 Mio. und ein Grundstück von DM 1 Mio., das einen Steuerwert von DM 500 000,– aufweist.

Würde er seiner Lebensgefährtin das Barvermögen, seiner Tochter das Grundvermögen überlassen, so bekämen beide Erben je DM 1 Mio., aber die Lebensgefährtin müßte 29% Erbschaftsteuern zahlen, die Tochter (unter Vernachlässigung des Freibetrages) nur 11% von DM 500 000,–. Insgesamt würden also DM 345 000,– an Erbschaftsteuern abfließen.

Gestaltet er dagegen die Vermögensverteilung umgekehrt, so hat die Tochter 15% Erbschaftsteuer zu zahlen, die Lebensgefährtin 23% auf DM 500 000,– so daß insgesamt rund DM 265 000,– an Erbschaftsteuern anfallen bei wirtschaftlich gleichem Effekt.

Daß die beiden Bedachten nach Abwicklung des Erbfalles die erhaltenen Vermögenswerte gegeneinander erbschaftsteuerfrei austauschen können, sei nur am Rande erwähnt.

Eine ähnliche Konstellation taucht auf in folgendem **407**

Beispiel: Der unverheiratete Erblasser möchte sein nichteheliches Kind sowie die Kindesmutter gleichmäßig an seinem Nachlaß beteiligen. Der Nachlaß besteht aus einem Mietgrundstück mit einem

Steuerwert von DM 1 Mio., Verkehrswert DM 3 Mio., sowie Geldvermögen von ebenfalls DM 1 Mio.

Beruft er beide ihm nahestehenden Personen zu seinen Erben,
so haben beide je DM 1 Mio. zu versteuern, das löst bei dem
Kind 15%, bei der Mutter 29% Steuern aus, mithin DM
440000,–.

Beruft der Erblasser dagegen sein Kind zum Alleinerben und
vermacht er seiner Lebensgefährtin das Kaufrecht, das Grundvermögen gegen Zahlung von DM 1 Mio. erwerben zu können,
so wird die Lebensgefährtin steuerfrei den Wert von DM 2 Mio.
erhalten, das Kind wird lediglich mit 15% auf die ihm zugewie-
sene Million belastet: Letztlich hätte das Kind aber DM 2 Mio.
in bar (Kaufpreis + Erbe), die Mutter DM 2 Mio. in Vermögen
(Grundstück von DM 3 Mio. ./. Kaufpreis von DM 1 Mio.).
Zugleich werden aber fast DM 300000,– Erbschaftsteuern vermieden!

408–410   (einstweilen frei)

IV. Erklärung und Überwachung

411   Damit das Finanzamt auch Kenntnis von einem Erbfall erhält,
ist jeder, der an einer solchen Zuwendung beteiligt ist, zur **Abgabe einer Steuererklärung** verpflichtet. Hierbei ist es gleichgültig, ob der Erklärende tatsächlich steuerpflichtig ist oder nicht
(§ 31 ErbStG).

Anzeigepflichten treffen auch **Vermögensverwahrer, Versiche-
rungsunternehmen,** bei denen Lebensversicherungen bestehen,
Banken, bei denen Depots unterhalten werden und selbstverständlich auch **Gerichte** und **Notare,** bei denen die Verfügung
von Todes wegen gefertigt, eröffnet oder der Erbschein ausge-
stellt wurde oder ähnliches. Das ergibt sich aus den Bestimmungen der **Erbschaftsteuer-Durchführungsverordnung.** Außerdem
informieren sich die Finanzämter untereinander durch Aus-
tausch sogenannter **Kontrollmitteilungen,** in denen sie festge-
stellte, steuerrelevante Tatbestände einander zur Kenntnis bringen.

Weil letztlich die Abgabe der Steuererklärung unter der Strafandrohung steht, bei Unterlassen eine **Steuerhinterziehung** zu begehen, steht es im eigenen Interesse eines jeden Erben oder sonstwie von Todes wegen Begünstigten, die ihm gemachte Zuwendung ordnungsgemäß zu erklären. Wie vielfach dargestellt, haben sowohl Erblasser als auch Empfänger eine Fülle von legalen Möglichkeiten, die Erbschaftsteuer zu senken oder gar auszuschließen. Die illegale Möglichkeit der Nichterklärung ist keine Alternative.

Anhang

Mittlere Lebenserwartung,
abgeleitet aus der „Sterbetafel für die Bundesrepublik Deutschland
1986/88 nach dem Gebietsstand seit dem 3. Oktober 1990"
(die Zahlen der mittleren Lebenserwartung sind jeweils
auf- oder abgerundet)

bei einem erreichten Alter von . . . Jahren	beträgt die mittlere Lebenserwartung für		bei einem erreichten Alter von . . . Jahren	beträgt die mittlere Lebenserwartung für	
	Männer	Frauen		Männer	Frauen
20	53	59	45	29	35
21	52	58	46	29	34
22	51	57	47	28	33
23	50	56	48	27	32
24	49	55	49	26	31
25	48	54	50	25	30
26	47	53	51	24	29
27	46	52	52	23	28
28	45	51	53	23	27
29	44	50	54	23	27
30	43	49	55	21	26
31	42	48	56	20	25
32	42	47	57	19	24
33	41	46	58	19	23
34	40	45	59	18	22
35	39	44	60	17	21
36	38	43	61	17	21
37	37	42	62	16	20
38	36	41	63	15	19
39	35	40	64	14	18
40	34	40	65	14	17
41	33	39	66	13	17
42	32	38	67	12	16
43	31	37	68	12	15
44	30	36	69	11	14

bei einem erreichten Alter von . . . Jahren	beträgt die mittlere Lebenserwartung für		bei einem erreichten Alter von . . . Jahren	beträgt die mittlere Lebenserwartung für	
	Männer	Frauen		Männer	Frauen
70	11	14	85	4	5
71	10	13	86	4	5
72	10	12	87	4	4
73	9	11	88	4	4
74	8	11	89	3	4
75	8	10	90	3	4
76	8	9	91	3	3
77	7	9	92	3	3
78	7	8	93	3	3
79	6	8	94	2	3
80	6	7	95	2	3
81	6	7	96	2	2
82	5	6	97	2	2
83	5	6	98	2	2
84	5	6	99	2	2
			100	2	2

Stichwortverzeichnis

Die Zahlen bezeichnen die Randziffern

Buchanzeigen

Steuern

STEUERTIPS FÜR JEDERMANN

Grundlagen

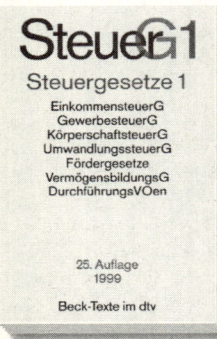

Steuer G 1
Steuergesetze 1
EinkommensteuerG
GewerbesteuerG
KörperschaftsteuerG
UmwandlungssteuerG
Fördergesetze
VermögensbildungsG
DurchführungsVOen

25. Auflage
1999

Beck-Texte im dtv

SteuerG 1 ·
Steuergesetze 1

Einkommensteuer
einschließlich Neben-
bestimmungen sowie
Einkommensteuer-
Tabellen, Gewerbe-
steuer, Körperschaftsteuer,
Umwandlungssteuer,
Vermögensbildung,
Fördergesetze.

Textausgabe.
25.A.1999. Rd. 580 S.
Ca. DM 14,90. dtv 5549

In Vorbereitung für
Mai 1999

SteuerG 2 ·
Steuergesetze 2

Außensteuer, Bewertungs-
recht, Erbschaft- und
Schenkungsteuer, Grund-
erwerbsteuer, Grund-
steuer, Umsatzsteuer, sonstige Verkehrsteuern.

Textausgabe.
25.A.1999. Rd. 400 S.
Ca. DM 13,90. dtv 5550

In Vorbereitung für
Mai 1999

AO/FGO ·
Steuerverfahrensrecht

mit Finanzgerichtsordnung
und Nebengesetzen.

Textausgabe.
23.A.1999. 445 S.
DM 12,90. dtv 5548

KSt ·
Körperschaftsteuerrecht

KörperschaftsteuerG mit
Körperschaftsteuer-Durch-
führungsVO und Körper-
schaftsteuer-Richtlinien.

Textausgabe.
10.A.1999. Rd. 240 S.
Ca. DM 10,90. dtv 5544

In Vorbereitung für
Mai 1999

GewSt ·
Gewerbesteuerrecht

GewerbesteuerG mit
Gewerbesteuer-Durch-
führungsVO und
Gewerbesteuer-Richtlinien.

Textausgabe.
11.A.1999. 154 S.
DM 9,90. dtv 5545

ErbSt ·
Erbschaftsteuerrecht

BewertungsG, Erbschaft-
und SchenkungsteuerG,
Erbschaftsteuer-Durch-
führungsVO, Grund-
steuerG, Erbschaftsteuer-
Richtlinien, Richtlinien für
die Bewertung des Grund-
vermögens, Grundsteuer-
Richtlinien.

Textausgabe.
9.A.1999. 592 S.
DM 18,90. dtv 5547

USt ·
Umsatzsteuerrecht

UmsatzsteuerG mit
Umsatzsteuer-Durchfüh-
rungsVO und Umsatz-
steuer-Richtlinien.

Textausgabe.
17.A.1999. Rd. 580 S.
Ca. DM 14,90. dtv 5546

In Vorbereitung für
Mai 1999

Meyer
Steuer-ABC
für Freiberufler

Arbeitszimmer, Bewirtungs-
aufwendungen, Betriebs-
prüfung, Direktversiche-
rung, Familienverträge,
Grundstücksgeschäfte,
Kleinunternehmer, Leasing,
Partnerschaftsgesellschaft,
private Pkw-Nutzung,
Steuerhinterziehung,
Zweikonten-Modell.

3.A.1996. 288 S.
DM 12,90. dtv 5065

Bombita/Köstler
Gewinnermittlung
für Selbständige
und Existenzgründer

Praktische Darstellung der
Einnahme-/Überschuß-
rechnung.
Für Existenzgründer und
Selbständige werden die
Einnahme-/Überschuß-
rechnung und die wichti-
gen Steuerarten – mit
einem ABC der Betriebs-
ausgaben – erläutert.

1.A.1998. 361 S.
DM 22,90. dtv 50823

Schäfer
Steuertips
für Studierende

mit Hinweisen zur Sozial-
versicherung.
Ein umfassender Steuer-
ratgeber für Auszubil-
dende und Studierende
sowie deren Eltern.

1.A.1997. 235 S.
DM 11,90. dtv 5661

Fromm/Vogt
Richtig schenken und
vererben

Erbschaftsteuerrecht 1999/
2000/2002: Steuertips und
Gestaltungshinweise.
Schenkung und Erbfall im
Bürgerlichen Recht, Schenkungsteuer, Erbschaft-
steuer und ihre Auswir-
kungen bei der Einkom-
mensteuer.

4.A.1999. 297 S.
DM 14,90. dtv 5614

Loipfinger
Lexikon
der steuersparenden
Kapitalanlagen

Von Agio bis Zweitmarkt.
Das Werk stellt die ver-
schiedenen Formen mit
ihren Besonderheiten dar
und gibt dem Anleger und
Berater Entscheidungs-
hilfen durch Berechnungs-
beispiele und Checklisten.

1.A.1996. 196 S.
DM 16,90. dtv 5892

Bornscheuer
Ratgeber
Steuerparadiese

Eine Analyse der
50 besten Steueroasen.

1.A.1999. 250 S.
DM 24,90. dtv 50830

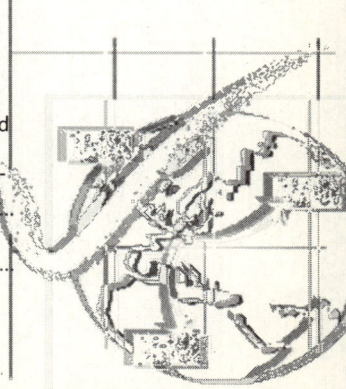

Helfrich
LEASCALC
Leasing oder Kauf
Entscheidungsfindung
am PC

LEASCALC zeigt Gewerbe-
treibenden, Selbständigen
und Privatpersonen,
welche Beschaffungs-
alternative am günstig-
sten ist.

CD-ROM. Version für
Windows. 1.A.1998.
Mit 127 S. Programm-
anleitung. DM 78,–
(unverbindliche Preis-
empfehlung incl. 16%
MwSt.). dtv 51010

**Einkommen-
und Lohnsteuer**

ESt · Einkommensteuer-
recht

EinkommensteuerG mit
Einkommensteuer-Grund-
und Splittingtabelle,
Einkommensteuer-Durch-
führungsVO und Einkom-
mensteuer-Richtlinien mit
den Einkommensteuer-
Hinweisen 1998.

Textausgabe.
13.A.1999. Rd. 960 S.
Ca. DM 17,90. dtv 5542
In Vorbereitung für
Mai 1999

LSt · Lohnsteuerrecht

Lohnsteuer-
DurchführungsVO sowe
Lohnsteuer-Richtlinien.

Textausgabe.
5.A.1999. 237 S.
DM 10,90. dtv 5540

Schreyer/Cämmerer

Einkommen-

Steuer-
Sparer
1999

Einkommensteuer-
Erklärung 1998
Eigenheimzulage
Kindergeld

Beck-Rechtsberater im dtv

Schreyer/Cämmerer
Einkommen-
Steuersparer 1999

Einkommensteuer-
Erklärung 1998,
Eigenheimzulage,
Kindergeld.

20.A.1998. 541 S.
DM 15,90. dtv 5263

Allgemeine
Lohnsteuer-
Tabellen 99

Tag, Woche, Monat, Jahr
Einkommensteuer-
Grund- und Splitting-
tabelle 1999
mit Berechnungsprogramm
auf CD-Rom und
EURO-Umstellung

10. Auflage
1999

Beck-Texte im dtv

Allgemeine
Lohnsteuer-Tabellen
1999

Tag, Woche, Monat,
Jahr.
Einkommensteuer-Grund-
und Splittingtabellen 1999.
Lohn- und Einkommen-
steuer-Tabellen (mit allgemeiner Vorsorgepauschale
nach §10c Abs. 2 EStG,
für alle Arbeitnehmer).
Mit CD-ROM mit sämt-
lichen Tabellen, kleinem
Berechnungsprogramm
und EURO-Umrechnung.
....
Textausgabe.
10.A.1999. 777 S.
Mit CD-ROM.
DM 29,90. dtv 5593
....

Besondere
Lohnsteuer-Tabellen
1999

Monat, Jahr.
Einkommensteuer-Grund-
und Splittingtabelle.
Lohn- und Einkommen-
steuer-Tabellen (mit be-
sonderer Vorsorgepau-
schale nach §10c Abs. 3
EStG, für alle Arbeit-
nehmer, die in der gesetz-
lichen Rentenversicherung
nicht versicherungspflich-
tig sind, z.B. Beamte,
Richter, Berufssoldaten,
Arbeitnehmer der
Sozialversicherungsträger,
Geistliche usw.).
Mit CD-ROM mit sämt-
lichen Tabellen, kleinem
Berechnungsprogramm
und EURO-Umrechnung.
....
Textausgabe.
3.A.1999. 495 S.
Mit CD-ROM.
DM 29,90. dtv 5594
....

Schreyer/Cämmerer

Der Lohn-
Steuer-
Sparer
1999

Arbeitnehmerveranlagung
1998
Lohnsteuer-Ermäßigung
1999
Kindergeld

Beck-Rechtsberater im dtv

Schreyer/Cämmerer
Der Lohn-Steuersparer
1999

Arbeitnehmerveranlagung
1998, Lohnsteuer-
Ermäßigung 1999,
Kindergeld.
....
28.A.1998. 492 S.
DM 15,90. dtv 5262
....

Behindertenrecht

SchwbG · BVG Schwerbehinderten- gesetz · Bundesversor- gungsgesetz

Durchführungsverordnungen zum SchwerbehindertenG, OpferentschädigungsG, SozialgerichtsG, GdB/MdE-Tabelle, Steuervergünstigungen für Behinderte.

Textausgabe.
21.A.1998. 359 S.
DM 13,90. dtv 5035

Majerski-Pahlen/Pahlen
Mein Recht als Schwerbehinderter

Erwerbstätigkeit, VersorgungsR, SteuerR, Erleichterungen, Sozialversicherung, Pflegeversicherung, neue Bundesländer.

5.A. dtv 5252
In Vorbereitung

Knauth
Behindertes Kind

Ratgeber durch das BehindertenR, das SorgeR, das SteuerR sowie durch die Regelungen der Sozialhilfe, Pflegeversicherung und der öffentlichen Förderung.

1.A.1996. 413 S.
DM 12,90. dtv 5649

Betreuung und Alter

BtR · Betreuungsrecht

Stand: 1. September 1998.

Textausgabe.
3.A.1998. 123 S.
DM 9,90. dtv 5570

Betreuungs-
recht 1999
Hilfe für Betreute und Betreuer
Von Walter Zimmermann
4. Auflage 1999

Zimmermann
Betreuungsrecht

Dieses Buch gibt Antwort auf alle wesentlichen Fragen zum Betreuungsrecht. Ausführlich dargestellt ist das seit 1.1.1999 geltende BetreuungsrechtsänderungsG.

4.A.1999. 277 S.
DM 12,90. dtv 5604

Jürgens
Mein Recht bei Pflegebedürftigkeit

Ein Praxisleitfaden für Betroffene, Angehörige und Helfer.

2.A.1999. Rd. 400 S.
Ca. DM 16,90. dtv 5650

In Vorbereitung für Herbst 1999

Zimmermann
Rechtsfragen bei einem Todesfall

Ein Ratgeber für die Hinterbliebenen.

2.A.1996. 237 S.
DM 13,90. dtv 5632

P108677-3-58

Erben und Vererben

**Erbrecht
von A–Z**
Über 220 Artikel
zur aktuellen Rechtslage
Von Karl Winkler
7. Auflage 1999

Winkler
Erbrecht von A–Z

Errichtung, Inhalt, Widerruf und Anfechtung von Testamenten und Erbverträgen · gesetzliche Erbfolge und Pflichtteilsrecht · Haftung und Haftungsbeschränkung des Erben und der Erbengemeinschaft · Vor- und Nacherbschaft · Erbschein und Erbschaftsteuer · Testamentsvollstreckung und Vollmacht · Erbrecht in der ehemaligen DDR und in den neuen Bundesländern.
Jetzt aktuell: Erbrechtliche Gleichstellung nichtehelicher Kinder.
7.A.1999. 290 S.
DM 13,90. dtv 5061

Frieser
Was tun im Erbfall?

Rechte und Pflichten des Erben.
2.A.1996. 195 S.
DM 9,90. dtv 50610

**Testament
und Erbrecht**
Mit Vertragsmustern
und dem Erbschaftsteuerrecht
Von Walther J. Friedrich
18. Auflage 1998

Friedrich
Testament und Erbrecht

Testamentsinhalt, Testamentsmuster, Erbvertrag, Erbverzichtsvertrag, Gemeinschaftliches Testament, Widerruf und Anfechtung, Steuerfragen, Gesetzliche Erbansprüche, Erbrecht in den neuen Bundesländern.
Stand: 1. Juli 1998.
18.A.1998. 485 S.
DM 15,90. dtv 5084

Frieser
Wie gestalte ich mein Testament?

Alle wichtigen Rechtsfragen für den Erblasser.
3.A.1997. 182 S.
DM 9,90. dtv 50609

Waldner/Rausch
Das Testament des Unternehmers

Richtige Gestaltung von lebzeitigen und letztwilligen Übertragungsregelungen für Unternehmer, Handwerker und Selbständige.
1.A.1997. 231 S.
DM 15,90. dtv 5639

Versicherungen und Altersvorsorge

SGB · Sozialgesetzbuch

U.a. mit sämtlichen Büchern des SGB (ohne SGB VIII) sowie Pflege-VersicherungsG, GesundheitsreformG, GesundheitsstrukturG, RentenreformG 1992, Renten-ÜberleitungsG und Anspruchs- und AnwartschaftsüberführungsG.

Textausgabe.
25.A.1999. Rd. 1400 S.
Ca. DM 29,90. dtv 5024

In Vorbereitung für Sommer 1999

VersR · Privatversicherungsrecht

mit VersicherungsaufsichtsG, VersicherungsvertragsG, EinführungsG zum VVG, PflichtversicherungsG, Kraftfahrzeug-PflichtversicherungsVO, AGB-Gesetz, Wettbewerbsrichtlinien der Versicherungswirtschaft und Auszügen aus BGB, HGB, EGHGB.

Textausgabe.
4.A.1999. 271 S.
DM 12,90. dtv 5579

Merkens/von Birgelen
Gesetzliche oder private Krankenversicherung?

Was man über Kranken- und Pflegeversicherung wissen sollte.
Beiträge und Leistungen, gesetzliche Krankenkassen, private Krankenversicherungsunternehmen, Vergleich GKV – PKV, versicherte Personen, Verträge, Wahl der Krankenversicherung.

2.A.1998. 580 S.
DM 22,90. dtv 5622

SGB V · Gesetzliche Krankenversicherung

mit SGB I und IV, Auszügen des Gesetzes über die Sozialversicherung, des Gesundheits-Reformgesetzes und des Gesundheitsstrukturgesetzes.

Textausgabe.
8.A.1999. 361 S.
DM 15,90. dtv 5559

Eller
So gestalte ich meine Altersvorsorge

Zukunftssicherung für Arbeitnehmer und Selbständige.
Von der Kapitallebensversicherung bis zum steuerfreien Sparen mit Aktien, Investmentfonds, festverzinslichen Wertpapieren.

1.A.1993. 255 S.
DM 14,90. dtv 5843

Birk
Betriebliche Altersversorgung

Ein Ratgeber für Arbeitnehmer und Betriebsräte.

1.A.1996. 258 S.
DM 14,90. dtv 5646

P108677-2-S31